中华优秀传统文化的传承与创新研究

闫　帅◎著

线装书局

图书在版编目（CIP）数据

中华优秀传统文化的传承与创新研究 / 闫帅著. --
北京：线装书局，2023.7
  ISBN 978-7-5120-5545-2

Ⅰ. ①中… Ⅱ. ①闫… Ⅲ. ①中华文化－研究 Ⅳ.
①K203

中国国家版本馆 CIP 数据核字(2023)第 127258 号

中华优秀传统文化的传承与创新研究

ZHONGHUA YOUXIU CHUANTONG WENHUA DE CHUANCHENG YU CHUANGXIN YANJIU

作　　者：闫　帅
责任编辑：曹胜利
出版发行：线装书局
　　　　地　　址：北京市丰台区方庄日月天地大厦 B 座 17 层（100078）
　　　　电　　话：010-58077126（发行部）010-58076938（总编室）
　　　　网　　址：www.zgxzsj.com
经　　销：新华书店
印　　制：河北创联印刷有限公司
开　　本：787mm×1092mm　1/16
印　　张：13
字　　数：293 千字
版　　次：2023 年 7 月第 1 版第 1 次印刷

定　　价：88.00 元

线装书局官方微信

前 言

中华优秀传统文化现代转化，既是当代中国应对全球文化竞争态势的现实需要，又是解决文化发展相对滞后问题的迫切需要，更是中华文化现代转型的内在要求。以文化自信建设为视角对中华优秀传统文化现代转化进行研究，在对文化、文化自信、中华传统文化等基本概念进行界定的基础上，可以看出中华优秀传统文化不仅有利于树立起强大的文化自信，同时通过文化自信建设也能够为培育现代化的中华优秀传统文化提供强大的驱动力。

随着中国现代化建设的快速发展和国际地位的提升，中华优秀传统文化现代转化迎来了崭新机遇。与此同时，人们对传统文化历史性存在认识不清、社会转型期中华优秀传统文化面临的碰撞与冲突和现代化带来的全球化与物化的挑战给中华优秀传统文化现代转化带来巨大挑战。因此，在新时代的大背景下，在坚持中国共产党领导、坚持"二为"方向和中华文化立场、坚持多元并存，协同发展原则的基础上，针对性地提出中华优秀传统文化现代转化的现实路径：扬弃继承，转化创新；科技引领，创意表达；教育为先，人文化成；五位一体，协同发展；交流互鉴，走向世界。唯有如此，方可以消解新时代中华优秀传统文化现代转化的困境；才可以进一步发挥中华优秀传统文化现代转化的意义，即有助于巩固社会主义核心价值观的引领地位，抵御各种不良社会文化思潮，增强中国文化软实力，提升道路自信、制度自信、理论自信，实现中华民族伟大复兴的中国梦。

近年来，文化的发展程度已成为评价一个国家综合国力的重要指标，无论从个人、社会，抑或是国家角度而言，中华优秀传统文化的创新性发展都展示出了独特的价值意蕴。随着中国特色社会主义进入新时代，中华优秀传统文化的创新性发展也迎来了前所未有的机遇，然而，中华优秀传统文化的创新性发展并非是一帆风顺的，其发展过程中依然存在一些挑战。文化载体尚未充分利用、文化精华尚未充分挖掘、文化创新仍需加大力度、文化传播仍需系统推进，是中华优秀传统文化创新性发展的四大挑战。究其原因，造成这些问题的因素离不开文化认知片面化、文化宣传不到位及西方文化的冲突。为此，在新时代背景下，抓住中华优秀传统文化的发展机遇、进而推动中华优秀传统文化创新性发展便显得尤为重要。

目　录

第一章　文化与中华传统文化

第一节　文化概述

一、文化的含义

在《现代汉语词典》中对于文化这个词主要有三种解释义项，即：第一，文化就是人类在社会历史发展过程中所创造的物质财富和精神财富的总和；第二，文化指运用文字的能力及一般知识；第三，文化是考古学用语。本文所讲中华传统文化中的"文化"即是第一个义项。《辞海》中"文化"词条的第一个义项也是：通常指人民群众在社会历史实践过程中所创造的物质财富和精神财富的总和，也专指社会的意识形态以及与之相适应的制度和组织机构。在长期的社会实践中，人们对"文化"一词从不同的角度做出了多种解释。

广义方面来说，人类有意识在自然界或是社会进行一切行为活动与结果，其中的精神与物质生活总和就是文化。也正是由于文化的广义性，常常致使研究文化的人有无从着手的尴尬。美国文化及人类学家洛威尔说：我被托付一件困难的工作，就是谈文化。

文化的成分没有固定标准，因此在这个世界上，文化可以说是比较难以捉摸研究的东西，更不能够以标准的方式进行分析。文化无处不在，形式多样，有看得见的物质文化，也有摸不到的精神文化，如哲学文化、儒家思想等，因此对于没有固定形状的文化就难以客观详细叙述，我们想用文字规范它的意义，这正像要把空气抓在手里似的。当我们去寻找文化时，除了不在我们手里之外，它无所不在。这既说明了人们对"文化"一词难以下定义，更说明了"文化"一词内涵的广泛性。狭义上讲，文化仅指人们的精神生活领域。它是排除了人类社会生活中关于物质创造活动及其结果部分的内容。狭义文化在逻辑上从属于广义文化，两者有不可分割的联系。

二、文化的分类与特征

（一）文化的类型

由于广义意义上的文化蕴含着丰富的对象内容，具有多方面、多层次的内容体系，针对于此，国内外相关学者在对文化进行研究的时候曾经对文化结构层次进行过分析，并以此细化出了四种层次的文化结构，即物质文化、制度文化、行为文化以及精神文化等。

1. 物质文化

物质文化又可以称之为物态文化，是人类从事物质生活创造活动以及劳动物质产品的总和。因此可以说，物态文化以满足人类生存发展所必需的衣、食、住、行诸种条件为目标，直接反映人与自然的关系，反映人类对自然的认识、利用和改造的程度与结果，反映社会生产力的发展水平。这是一种可以感知的、具有物态实体的文化事物，是人类从事一切文化创造的基础。

2. 制度文化

所谓制度文化，就是人类在社会实践过程中所构建的各种社会规范的总和，如政治制度、法律制度、经济政策、宗法制度以及婚姻制度等，主要是对于人们日常行为的一种约束。也就是说，人类在社会实践中建立的各种社会规章制度、组织形式，构成了人类的制度文化。人类的物质生产活动是一种社会活动，只有结成一定的社会关系才能进行。制度文化实际上就是指人类的社会组织法则。恩格斯在《私有制、家庭和国家的起源》一书中曾对此做过详细论述。

3. 行为文化

所谓行为文化，就是人类在社会实践活动中所形成的关于人际交往的习惯性行为模式。因此，行为文化具有一定的区域性与民族性，且行为文化多以民风民俗形态出现，见之于人们的日常起居、婚丧嫁娶、礼仪交往之中。民族的、时代的文化既有物质的标识、制度的规范，又有具体社会行为、风尚习俗的鲜活体现。以民风、民俗形态出现的行为文化，首先不是个人有意无意地创作，而是集体的、社会的，即便有的原来是个人或少数人创立和发起的，但是它们也必须经过集体的认可和反复履行，才能成为民俗。其次，这种现象的存在，不是个性的，而是类型的或模式的。再次，它们在时间上是传承的，在空间上是传播的。

4. 精神文化

精神文化也就是狭义上的文化概念，主要是人类在社会发展过程中所孕育出来的思想、概念、意识等精神衍生品。精神文化由于民族的不同、地域的差异以及时代的演变，都会存在鲜明的差异性，不同宗教信仰也会形成独具特色的精神文化。可以说，精神文化是文化的核心组成部分。细化而言，精神文化又可进一步区分为社会心理和社会意识形态两个子文化层。社会心理指人们的日常精神状态和精神面貌，是尚未经过理论加工和艺术升华的流行的大众心态，包括人们的情绪、愿望和要求等。社会意识形态是指经过系统加工的社会意识，往往是由文化专家对社会心理进行理论归纳、逻辑整理、艺术升华，并以著作或作品等物化形态固定下来，流行传播，垂于后世。

在文化结构的四个层次中，由于外在的物质实体比较容易产生变化，因而物质性的文化往往随着生产力这一因素的变革而迅速变革；处于中层的制度文化随着社会革命或快或慢地发生、发展和变化，并由于统治阶级文化的改变而影响人们的社会行为方式，而行为、心态文化则长久地积淀于各民族文化深层，构成各民族的独特心理结构与行为准则，尤其是最核心部分，如思维方式、价值观念和对生活意义的体认，它们是整个文化层面中最难发生变化的部分。比如，对于外来文化，人们最容易理解和接受的是外显的物质实体性文化，对中层的制度文化已有很大的选择性，而对于深层的精神心理文化则很难认同和接受。

（二）文化的特点

1. 人类共同性

文化是人类改造自然、改造社会的实践活动在物质和精神两方面取得成果的总和。物质文化以物质实体反映人对自然界进行的利用和改造，其人类共同性非常明显。即使是在不同社会环境中形成的制度文化、行为文化、心态文化，彼此之间亦有可借鉴性。文化为全人类所创造，又为全人类所享有、继承，因而，文化具有人类共同性。例如，具有永恒生命力的文学艺术作品，会受到东西方人们的普遍欢迎和欣赏，如英国莎士比亚的戏剧还有我国的四大名著等；科学技术发明、科技产品与设备、先进的管理方式等，已成为全人类共有的文化，一些维护公共卫生、净化生存环境等社会公德和行为规范也普遍为人类所接受。有了文化的共同性，才会有各民族文化的相互吸收、交融和进步。文化正是通过各民族之间相互学习、渗透才得以逐渐发展进步。因此，文化作为全人类活动的结晶，必然具有人类共同性特点。

2. 时代性

人类活动必定是在特定的历史背景下开展的，也就是说任何文化的诞生都会带有深刻的时代印记，无论是政治文化还是思想文化都是具有时代性特点的。也可以说，文化是一定社会、一定时代的产物，是一个历史性的概念。每一代人都生活于一个特定的文化环境下，他们很自然地从上一代那里继承传统文化，并根据新的时代需要对其进行利用和改造，使其适应新的时代要求。因此，文化又同时具有传承性和变异性。

3. 民族性

就文化的产生过程与存在形式而言，首先文化是源于民族的，然后通过文化交汇形成了世界的文化。人类与动物的显著区别就在于人类的社会性，因此人类的活动总是带有社会集团性质，以实现社会集团的利益为活动的目的和方向。当不同的社会集团分化，整合为民族的时候，反映这种以集团利益为活动方向的社会文化，便自然地带有民族文化的特征。特定民族所恪守的共同语言、共同利益、共同的风俗习惯和民族性格，是民族文化的突出表现。

此外，当社会集团内部产生阶级分化的时候，文化就会带有一定的阶级性。

三、中华传统文化的观念

（一）中国文化与中华传统文化

所谓中国文化是相对于外国文化而言的，是指由中华各民族及其祖先在华夏大地上所创造的并传播到世界各地的文化总和。可以看出，中国文化不仅是历史与发展的概念，同时也是具有悠久的历史、博大精深的特点。

之所以说中国文化是一个历史的、发展的概念，这是因为古代的"中国"一词，最初并不具有统一的国家实体的含义，而是一个地域的、文化的概念。中国的"国"字，本义是城邑。"中国"一词，最早出现于西周铜器铭文，指的是以洛邑为中心的地区。早在龙山时代（距今4000—5000年），我国南北各地都已经发生了由氏族到国家的转变，各地的社会首领都筑城而居，由于国君住在城里，因此都城是政治、经济、文化中心。龙山时代晚期，由于居住于黄河中游一带的夏人所处之地居中，所以，最早的中国指夏人所居之城，最早的中国人是夏人。《说文》："夏，中国之人也。"

中国文化主要是由中华民族创造出来的，中华民族是当下新中国境内由华夏族演化而来的汉族及其他 55 个少数民族的统称。"中华"的含义可以通过拆分进行理解，"中"就是位居四方之中，"华"则指代华夏民族。元人王元亮说：中华者，中国也。亲被王教，自属中国，衣冠威仪，习俗孝悌，居身礼仪，故谓之中华。（《唐律疏议释文》）

中国文化是中华民族对于人类的伟大贡献。独具特色的语言文字，浩如烟海的文化典籍，嘉惠世界的科技工艺，精彩纷呈的文学艺术，充满智慧的哲学宗教，完备深刻的道德伦理，共同构成了中国文化的基本内容。

所谓传统文化，是指在长期的历史发展过程中形成和发展起来的，保留在每一个民族中间具有稳定形态的文化。传统文化是一个民族的历史遗产在现实生活中的展现，它有着特定的内涵和占主导地位的基本精神。它负载着一个民族的价值取向，影响着一个民族的生活方式，聚拢着一个民族自我认同的凝聚力。

中华传统文化，是指在长期的历史发展过程中形成和发展起来的，保留在中华民族中间具有稳定形态的中国文化。它包括思想观念、思维方式、价值取向、道德情操、生活方式、礼仪制度、风俗习惯、宗教信仰、文学艺术、教育科技等诸多层面的丰富内容。

由于中华民族以及中国文化多源一体的发展格局特点，直接决定了中华传统文化具有身兼百家长的特点与优势。而这个特点，不仅体现在它的形成之际，也保留在它的发展之中。所以，不论在哪一个历史时期，中华传统文化都能够及时地吸收时代精神要义，不断地实行自我更新、自我完善，以适应社会发展的需要。数千年来，中华传统文化成功地保护和维系了中华民族的持续发展，并长期处于世界领先地位。

（二）中华传统文化的统一性表现

中华传统文化统一性主要体现在三大方面。其一，中华传统文化是统一性与多样性的对立统一。中华传统文化虽然在秦汉时期开始形成封建的大一统文化，黄仲舒倡导的"独尊儒术"更是把这个统一性推向极致。但是，这样并不代表中华传统文化成了单一化的文化内容与形式，实际上中华传统文化还是多样化的统一。例如，就中华传统文化的内容上而言，既有对自然界的认知，又有关于社会人文的、政治的、经济的、科学技术的思考，其中无疑包含有或多或少的合理而深刻的认识，这是中华民族的共同精神财富，不能因为强调封建社会的意识形态的阶级性而对其合理性也加以否定。

其二，中华传统文化也是连续性与变革性的对立统一。统一性与连续性的概念有重合的关系，一个民族的文化若在空间上有统一性的特点，那么在时间上它就应该具有连续性，否则就很难保持它的统一，但又是相区别的。中华传统文化的连续性在世界文化发展史上是独一无二的。由远古文化到夏商周的三代文化，中华传统文化已表现为一个长期发展、不断积累的过程。

其三，中华传统文化又是独立性与融通性的统一。独立性的体现就是中华传统文化是由中华民族所独立创造出来的，同时也是代表该文化在历史发展过程中较早形成了独特的文化体系。中华传统文化作为一种本土文化源于远古时代，从这个时候起我们不仅有着独特的汉字语义和语音体系，而且还以这种方块汉字为载体独创了自己的哲学、道德、宗教、文学艺术的学术思想体系，形成了华夏民族独有的礼仪典章制度、风俗习惯和民族性格、民族心理，建立了独一无二的诸如中医学那样的医学理论体系。

（三）中华传统文化的现代意义

1. 提升人文素养，实现自我完善

改革开放之后，中国发展的大门向世界敞开着，特别是加入了 WTO 之后，伴随着世界全球化趋势的深化发展，新中国的发展面临世界多元思想与文化的冲击，这也使得文化软实力为内容的综合国力竞争显得越发重要。我们在打开国门与外界交往时，既不能无视我国与发达国家经济发展的差距而妄自尊大，更不能因学习和吸收世界各国包括资本主义发达国家所创造的一切文化成果而妄自菲薄。不同国家、不同民族、不同地域的人们在不同历史时期所创造的文化，各具特色，交相辉映。认真学习中西文化，继承和借鉴人类创造的一切优秀文化成果，将知识化为健全高尚的心理品格，全面提高自己的人文素质和思想境界，树立正确的世界观、人生观、价值观和审美观，不断地充实和完善自己，才能抵御高科技社会中的精神空虚、人格堕落、缺乏社会责任感等消极现象带来的负面影响。

2. 全面认知民族文化，增强爱国热情

进入二十一世纪后，人类科技发展迅猛，进入了信息化时代，世界各民族之间相

互交流的广度与深度也在进一步拓展，世界也越变越小，形成了"地球村"。在这样的时代大背景下，中华民族及其文化以怎样的姿态参与"地球村"的合作与竞争，是每一个炎黄子孙都应该思考的问题。真切把握一个民族的文化特征，较之把握诸如皮肤、头发、眼睛的颜色之类体质特征要困难得多。然而，任何民族，其文化形态尽管纷繁多彩，但都可以寻觅到该民族文化的主色调、主旋律。

学习、研究中华传统文化，正是我们认识自己、把握中华民族精神的可靠途径。当代中国人面临的历史使命是建设中国特色社会主义，完成这一千秋伟业的认识前提是切实认清中国的国情。国情不是空洞物，其实质就是文化的历史与现状。数千年传统文化给我们留下了丰厚的遗产，同时也带来负面的影响。外来资本主义文化的积极因素，我们吸取得还很不充分，但其负面的东西已对广大青少年产生较大影响。深入剖析传统文化与外来文化对今日中国的影响，总结我们走过的道路，是认清国情的必要工作。

3. 继承优秀传统文化，开拓创新发展

人之所以成为人而不是与其他任何动物相混的一般动物，人能成为万物之灵并统治着这个地球，不仅是因为人能创造，更重要的是人能记忆，能主观地继承。中华传统文化是我们直接碰到的、既定的、从过去继承下来的，是影响中国人过去、现在和将来的。从一定意义上讲，传统是社会的一种生存机制和创造机制。借助于它，历史才得以延续和发展，社会的精神成就和物质成果才得以保存和实现。正因为如此，文化传统并非仅滞留于博物馆的陈列品和图书馆的线装书内，它还活跃在今人和后人的实践当中，并在这种实践中不断改变自己。每一个有志于为民族的未来贡献心智和汗水的中国人，都应该努力熟悉传统、分析传统、变革传统。而学习、研究中华传统文化，正是培育这种理性态度和务实精神的最好课堂之一。

文化是创造性的精神劳动，在继承的基础上不断创新，是文化发展的生机所系。一个没有创新能力的民族，难以屹立于世界先进民族之林。我们既要学习中华传统文化，吸取精华，剔除糟粕；与此同时，还要吸收外来文化中的积极内容，站在历史与现实、东方与西方的文化交汇点上，着眼于世界文化发展的前沿，发扬民族文化的优良传统，汲取世界各民族的长处，为建设具有中国特色社会主义做出一代新人应有的贡献。

第二节　华夏文明的历史演变

一、中华传统文化的发端与奠基：夏商周

（一）中国原始文化的起源、特征和表现形式

伴随着中国原始人类活动的足迹而发展起来的中国原始文化，从一开始就体现出多元多样的特征。

1.从时代和地域看，中华民族在远古不同的时期和地域创造了不同的原始文化。

主要体现在几个方面：夏族与仰韶文化及其延续龙山文化关系密切，西部地区民族与马家窑系统的文化关系密切，东部地区的东夷诸部族与大汶口文化和今山东的龙山文化关系密切，南方地区的诸部族中，古越人与河姆渡文化、马家浜文化、良渚文化的关系密切，荆蛮、百濮等族与大溪文化和屈家岭文化关系密切：东胡诸部族与新乐下层文化、富河文化、红山文化关系密切，北方地区的戎狄诸族与以细石器为主的新石器文化关系密切。

2.从表现形式看，主要包括两个方面即原始物质文化与原始精神文化。

所谓的原始物质文化，是指中国远古时代人们所创造的各种物质财富和系于物质财富之上的各种文化内涵，主要包括反映社会生产力水平高低的生产工具发展状况、人类所需要的生活资料等物质条件的发展变化情况，以及满足人类精神需要所出现的物质成果。

距今约10万年前，氏族公社开始形成，分为母系氏族公社和父系氏族公社。考古发现比较有代表性的母系氏族公社为：山顶洞人遗址、河姆渡文化遗址、半坡村遗址、仰韶文化遗址等。父系氏族公社著名的有：大汶口文化、龙山文化、良渚文化等。距今18000年的山顶洞人已经能磨制骨针和骨、石饰物。在距今6800年的河姆渡文化时期，中华先民已进入新石器时代，生产、生活用具已是精致的石器、骨器，手制的陶器，农业已有相当发展。公元前5000年到公元前3000年的仰韶文化时期，居民已过着定居的农业生活，家畜饲养已经开始，陶器已有了颜色花纹。距今4000—5000年的良渚文化，稻作农业、竹木制作、养蚕、丝织、麻织等都有了重要的发展，并有

较精美的玉器。象形刻化符号、彩绘、岩画、雕刻反映了4000多年前中华先民的经济、文化、艺术的发展。原始宗教在此阶段也已产生,崇拜自然,崇拜祖先、生殖,崇拜图腾,各种祭祀活动盛行。

再就是原始精神文化,主要是指中国远古先民在认识自然、改造自然过程中所创造的一切精神财富的综合。原始精神文化主要包含了原始宗教文化和原始艺术文化,主要表现为自然崇拜、图腾崇拜、祖先崇拜、生殖崇拜等。同时,先民们在日常生活中,还充分发挥自身审美情趣,把各类生产工具和生活用品,进行美化,创造出很多精美的玉器、陶器、绘画和雕塑。如新石器中晚期江苏连云港将军崖岩画,绘画手法全为清晰的长线条,或刻画圆圈,或画直线,图像中的内容为人面、兽面、花草、星云等,还另有一些含意不清的抽象符号,其内涵大抵是祈盼丰收与降灾兴族。

(二)中华传统文化的雏形和奠基

夏、商、周时代(前2000年—前300年),是中华传统文化雏形和奠基时期。这时期华夏族已成为一个稳定的共同体,中国许多传统文化的基础都是在这一时期奠定的,春秋战国时期的思想流派都能在这一时期找到渊源。

夏朝开始中国社会发展由原始社会进化到了奴隶社会,夏朝最高统治者是夏王,夏王之下会设置诸多的官职,百官为大小贵族,建立了刑罚体系,奴隶成为被统治、被剥削者。此时,农业、畜牧业、手工业有了较快的发展。随着农业生产的需要,天文历法也有了新的发展和提高,我国传统的六十甲子计日方法此时已经出现。到商朝,实行王位继承制,封君、侯、伯。科技文化发展方面,从发掘出的殷墟甲骨文看,象形、指事、会意、假借、形声等汉字结构规则兼具,中国文字已进入了成熟时期。文字的使用,使商人最先有了典册,形成了尊祖、重巫术的文化特色。

夏朝之后,便是周代,前期是西周,主要推行分封制度,并以血缘为基础构建了嫡长子继承制以及宗法制度,从而进一步确立了森严分明的尊卑等级制度,这就是最初的礼制雏形。中国传统的礼制文化始于西周。先由周公制礼作乐,又由敬天思想发展形成了"敬德保民""以德配民"等思想观念。配乐歌唱的诗歌《诗经》也在西周产生,有很高的艺术性。而具有阴阳对立整体哲学思想的《周易》一书,虽是最早的占卜用书,但体现出了货物的阴阳对立、交感互斥和发展变化。

二、中华传统文化的形成与成熟期：春秋至秦汉

公元前770年周平王把都城从镐京迁到洛邑（今河南洛阳）。从这一年起到公元前476年为春秋时期。从公元前476年到公元前221年秦灭六国为战国时期，这一时期"礼崩乐坏"，出现了百家争鸣的学术齐放繁荣局面，战国七雄开始了相互吞并的战争，各国变法运动此起彼伏，整个社会处于大变革的特殊时期。

这个时期社会科技逐步提高，而奴隶制度逐渐没落，封建地主阶级成为社会核心，这为传统文化的形成奠定了必要的经济基础。而百家争鸣局面的形成则为中华传统文化的体系格局提供框架，其中比较著名的有以孔子、孟子、荀子为代表的儒家；以老子、庄子为代表的道家；以管仲、子产、韩非子为代表的法家；以墨子为代表的墨家；以孙子、吴起等为代表的兵家；以邹衍为代表的阴阳家，以许行为代表的农家；等等。各学派著书立说，对宇宙、社会、人生等各个领域进行探索，发表议论，让中华传统文化从各个方面得以展开并升华，成就了中国古代传统文化发展史上第一批百科全书式的经典书籍。

秦汉时期（前221年—220年），是我国封建社会发展的第一个高峰时期，专制主义中央集权的统一局面初步形成，多民族之间的政治经济加强了联系，促进了中华传统文化的发展和成熟。这时期，中华传统文化的基本精神和内容都有了较为长足的发展进步，而且逐渐倾向于统一。

三、中华传统文化的曲折、鼎盛发展与定型发展期：魏晋至宋元

魏晋时期，由于五胡乱华特殊时代的原因使得整个社会发展趋于停滞，十六国先后成立，政治上呈现出分裂割据的局面，统一的政权形式被打破。西汉中期已定型的以经学为主干、以儒学独尊为内核的文化模式土崩瓦解，出现了生动活泼多元发展的局面。总的来说是儒、玄二学及佛、道二教相互冲突、相互结合，意识形态结构激烈动荡，加上匈奴、鲜卑等北方少数民族入主中原，引发胡汉文化的大规模冲突与交融，使这一时期文化呈现出多元性、丰富性。

这一时期，官学屡遭毁坏，门阀家学成为典章学术传承的重要形式；佛道文化在

动荡中相争相补，空前发达；玄学为填补世族心灵的空虚应运而生；由于各民族和中西方文化交融的促动，科技、文艺和史学奇遇般地得到进步；制度、风俗也在动乱中整合创新。魏晋南北朝时期，中华传统文化在动荡的过程中走向多元。

589 年，隋文帝灭掉陈国，结束了长达 300 多年的四分五裂局面，重新建立了统一的多民族国家隋朝。隋朝的建立，结束了中国长期动荡不安的局面，华夏各族复归一统。隋文帝时，社会财富加剧积累，人民生活安定富足。虽因隋炀帝统治多行暴政，以致隋朝短命，但隋朝创造的科举制，为历代文人提供了入仕佳径。继承隋朝主要遗产的唐王朝国力更加强大，出现了贞观之治、女皇治世、开元盛世、玄奘西行、鉴真东渡等历史事件。周边的突厥、西域、吐蕃、契丹等少数民族归顺，与朝鲜、日本、印度以及中亚、西亚、北非等地的国家关系密切，交往频繁，形成了宽容开放、兼收并蓄、气派宏大的唐朝文化。儒、佛、道相互渗透，并存发展。以李白、杜甫、白居易等为代表创作的唐诗，无论内容、风格、形式、技巧都达到了炉火纯青、辉煌巅峰的境界，绘画、书法、音乐也是盛极一时。经济繁荣，社会比较安定，文化昌盛，令世界为之目眩。

宋朝活字印刷、指南针及火药的发明和应用，对人类做出了杰出的贡献。宋朝因为极其重视文教，学术文化的成就极高。理学以儒家思想为核心，吸取佛、道的思想建立起新的理论体系，成为南宋以后占据统治地位的官方学说。宋元时期，市民文化蓬勃兴起，成为民间文化的主流，在中国文化的发展中具有重大的影响与作用：戏剧表演开始出现，特别是元杂剧，作为一种舞台演出的综合艺术，已经具有相当的水平，为此后的戏剧艺术奠定了雄厚的实践基础。

宋朝文学成就中比较突出的是词的创作，词与歌的结合，使词得到了广泛的传播。词有婉约派、豪放派之分，婉约派的代表词人有柳永、李清照等，豪放派的代表词人有苏轼、辛弃疾等，可以说宋朝词人辈出，宛如夜空上璀璨的群星。欧阳修等人倡导的古文运动，宋诗的创作也有突出的表现。同时绘画领域，山水画、人物画展示了多姿多彩的时代风貌和美学意趣。因此，种种迹象表明，宋代文化空前进步，这是中国古代文明发展的高峰阶段。

四、中华传统文化的繁盛发展与危机发展期：明清时期

明、清前期，商品经济继续发展，海上"丝绸之路"冲开封建统治者的重重束缚

和限制，通向世界各主要资本主义国家，社会经济生活领域不断扩大，明清文化处于传统文化的衰落时期，同时又为传统文化向鸦片战争之后近代文化的转型准备好了历史条件。

明清之际，古老的帝国已渐渐出现夕阳西垂的光景，外国传教士的进入，带来了西方的科技、思想，中西方文化冲突显现。而大清帝国虽然创造了康雍乾盛世，但鸦片战争爆发，帝国被西方殖民者的坚船利炮击破。1840年以后的百年时间里，中华民族历经沧桑磨难。

明清时期盛行文化专制，最明显的就是文字狱的兴盛，抑制人们思想的自由与开化，为统一专制思想服务。由于社会经济不断发展，在江南地区甚至出现了雇佣关系的资本主义萌芽，顺应出现了早期的启蒙思想，各类图书典籍出版，如《永乐大典》《古今图书集成》《四库全书》《康熙字典》《本草纲目》《农政全书》《天工开物》等。文学方面，小说的成就尤其突出，如长篇小说《水浒传》《三国演义》《西游记》《金瓶梅》《红楼梦》《儒林外史》；短篇小说《三言二拍》《聊斋志异》等，还有汤显祖、孔尚任、洪昇等的戏剧。总的来说，明清时期可以说是中华传统文化由全盛走向衰落的时期，也是传统文化向近代文化转型的准备时期。

明清两代是中华传统文化的总结时期。明清戏曲占据了古代文化艺术的中心地位。明代编撰的《永乐大典》是世界最早最大的一部类书。《本草纲目》《农政全书》《天工开物》是总结性的科学著作。清代编就的《古今图书集成》则是我国现存的最大的一部类书。《康熙字典》是世界上最早的字数最多的字典。《四库全书》则是迄今为止世界上页数最多的丛书。这些都是传统文化的总汇和大成。

第三节　中华文化的特征

一、中华传统文化的延续性

人类文明发展历史上，古埃及、古印度、古巴比伦以及中国并称为四大文明古国。但是唯有中国文明延续至今，其他文明早已中断，这就使得中华传统文化具有了延续性的特点，呈现出强大的生命力。

农业经济的连续性是中华传统文化不曾发生断裂的经济基础。三代以来，王朝的兴衰更替不可避免，短期的国家分裂、军阀割据时有发生，特别是游牧民族的侵扰与入主中原，都曾在中国历史的不同时期掀起悲惨壮烈的一幕。然而，一个个王朝灭亡，取而代之的王朝仍然推行并重视小农经济，中国的农业经济依然向前发展，建立在这一基础上的中华文明亦未曾被割断。相反的，短期的战乱与分裂，更增进了中华传统文化的坚韧性和向心力。魏晋南北朝是"五胡乱华"的动荡时代，恰恰也是中国农业文化得到进一步扩展传播的重要时期。鲜卑族在中原建立北魏王朝，推行汉化政策，体现了中华民族无法抗拒的认同感和文化的向心化合力。辽夏金元是中国历史上又一个较为动荡的时期，但文化的传承一如既往，少数民族政权推行的汉化措施，为推动游牧文化与汉文化的融合，做出了积极的贡献。清朝也是如此，满洲贵族入主中原不久，便已学汉语，入汉俗，渐忘满洲旧制。在各民族的共同努力下，中华传统文化历经动乱与分裂而不断得到充实升华，这种文化传统是任何外来势力所无法割断的。

政治的连续性是中国文化不曾发生"断裂"的内在依据，主要指的是政治传统的继承性，中华传统文化中的政治传统直接可以上溯到夏商周的奴隶社会时期。夏、商、周三代是中国青铜时代小邦林立的时期，三代的王不过是不同规模的邦的联盟的首领。这三代在中国远古史上相启相承、相袭相革。周代商，即袭用商的政治传统。东周时期，北方的戎狄和南方的蛮夷（楚）逐渐强盛，曾一度威胁诸夏的安全。齐桓、晋文先后提出"尊王攘夷"的口号，代替周王继续推行原有的政治传统。中国古代政治的一体化至秦汉完成，承袭了春秋战国时代的传统，从政治组织形式上做了新的调整，以郡县制代替分封制，更适合当时中国的发展。

二、中华传统文化的统一性

中华传统文化历经数千年发展始终呈现出统一性的特点，从政治方面看，中华传统文化经历了持久的统一过程。在夏朝建立以前，中国和其他国家一样，也是有许多各自独立的氏族部落。经尧、舜、禹的苦心经营，以黄河流域为中心的中原地带趋于统一，但仍保留着小邦林立的局面。"当禹之时，天下万国，至汤而三千余国"（《吕氏春秋·离俗览》）。"春秋之初，尚有千二百国"（《晋书·地理志》）。这些小邦与当时的奴隶制国家夏、商、周保持一种从属关系，每一小邦都受宗主国的保护，因此，虽然从形式上看是小邦林立，但它们都有共同的政治、文化中心。《诗经·商颂》："邦畿千里，维民所止，肇域被四海。"自西周以来，大一统的观念更深深植根于中国人的心中。春秋战国时期，在经济和政治的变更中，出现了诸侯争霸的局面。这从表面上看是一种分裂，但仍保持着中国内在的统一。孔子说："管仲相桓公，霸诸侯。一匡天下，民到于今受其赐。"（《论语·宪问》）也正是在春秋战国时期，中国出现了两件大事：一是小邦合并成地区性的王国；一是封建制（分封诸侯和附庸的制度）的建立。前者表明，国家的领土范围在扩展；后者表明，国家的政权在集中。这两者显然不是分裂的趋势，而是统一的趋势。正是在此趋势下，秦始皇统一了中国。继秦汉大一统之后，是魏晋南北朝的分裂，随之隋唐大一统，五代十国后的辽、夏、金、宋、元、明、清。在人类历史上，多次出现过因为异族入侵而导致文化中绝的悲剧，但是在中国，此类情形从未发生，并不是中国没有经受外族入侵，而是因为中国文化具有强大的同化力，多次"同化"了以武力入主中原的北方游牧民族，反复演出了"征服者被征服"的戏剧。

其次是思想上倡导统一，这在人类发展史上是较为超前的思想理念，"普天之下，莫非王土；率土之滨，莫非王臣"即是对统一思想的明确表述。从中国古代的帝王、贤哲，一直到中国的下层百姓，都有强烈的统一愿望。

再就是文字的统一，中国文字至少从殷周起就有一贯的发展。从甲骨文到现代的简化字，虽有很大的差别，但有一条清晰可辨的发展演变道路。尤其是经过秦朝统一文字之后，发展方向更加明确。统一的文字不仅为巩固国家政权的统一做出了贡献，更为中华民族经济领域的发展和交流，为文化领域的"万里同风"，以及形成同一民族心理提供了有利的条件。这种文字的统一，对中国人群的凝聚、政治的统一、文化的传承、民族间的同化，以及中华民族共同的道德心理的形成，无疑起着重大作用。

三、中华传统文化的伦理性

中华传统文化具有伦理性的特点，主要来源于古代封建社会中的宗法制度以及礼制。同西方社会有着明显的差异，古代中国是在血缘纽带解体不够充分的情况之下进入到阶级社会的，古代人们的社会活动都以家庭为中心，形成了独具特色的宗法制度，由此血亲意识则构成了社会意识的核心，经过历代统治者及其学者的改良加工，逐渐演变成了明文的伦理制度，例如束缚女性的三从四德、"不孝有三，无后为大"的伦理观念等礼制形成，更主要的是形成宗法式的伦理道德，长久而深刻地影响着传统社会心理和人们的行为规范。

伦理道德学说作为对社会心理状况的一种理论升华很快就成为传统文化的核心内容，在多种文化形态中占有非常显著的位置。可以说，中国古代文化理论知识体系所呈现出来的就是一种典型的伦理体系。中国传统哲学，无论儒、道、佛，其核心部分都是伦理道德学说，这一点在儒学中体现得尤为鲜明。学者专注礼义，终日论道。与伦理教化无关的知识，往往被看作是"无用之辩""不急之察"，或斥之为"奇技淫巧"。中国的文学艺术也是以"善"为价值取向的，主张"文以载道"，美善合一，强调教化功能。中国传统史学，往往以"寓褒贬，别善恶"为己任，围绕伦理纲常论定是非，而不以记录保存历史资料为基本任务。传统教育更是主张"首孝悌，次见闻"，"行有余力则以学文"，以伦理价值的传授为首，知识的传授倒退居其次。其他如政治理想是"德治"，经济理想是"不患寡而患不均"，法律方面强调"德主刑辅"，莫不以道德为基础。世界多元文化中，唯有中国文化将伦理道德提升到如此显著的位置，伦理道德学说甚至发展成为当下诸多学科的基础，从而使得中华传统文化呈现出伦理道德至上的文化精神特点与价值趋向。

四、中华传统文化的人文性

中华传统文化还具有人文性的特点，人文性同宗教性是相对的，主要包含了中国文化在内的人类文化。由于早期原始人类存在着自然崇拜的心理，因此那个时候出现的文化并没有体现出很好的人文性特征。伴随着人类社会阶级压迫的产生，人类对自然的恐怖感转向对社会、对人生的疑惑与不安。基督教和佛教在其初期，都是针对社会和人生问题而提出救世主张，其救世主张和方式是灵肉分离。中华传统文化以人为中心建构起自己的理论体系，将天、地、人三者并列，认为人是"万物之本"，"最为天下贵"，向世人展示了其理性的一面。

中华传统文化中的人文精神，以礼乐为中心，它渗透于伦理、政治、社会规范等方面，成为统治者的统治工具与社会教化工具。经过长期的熏陶，使每一个人都能自觉地把自己置于现实社会的五伦关系中来考虑自我生存之道，明确政治上的君臣关系，家庭中的父子、夫妇、兄弟关系，社会上的朋友关系，以及应该遵从的道德规范。人生价值实现方面，中华传统文化主张内在道德修养同外在道德实践的有机结合，并非主张灵魂不朽，倡导立功、立德以及立言的契合，最终实现理想化的个人品格。正是由于中华传统文化所具备的人文性特点使得中国人普遍关注人世、重视人生，继而极大程度上推动了社会与文化的发展与进步。

五、中华传统文化的兼容性

中国幅员辽阔，区域差异明显，不同的自然条件中造就出了迥然有异的地域文化，如西北的秦文化、山东的齐鲁文化、河北地区的燕赵文化、湖北地区的荆楚文化、四川重庆地区的巴蜀文化以及江苏的吴越文化等，使得中华传统文化具有了多样化的特点。秦汉以来，中国大部分时间是统一的，而文化也逐渐融合在一起，不仅包容了诸子百家学说和汉族不同地区的文化精华，还吸取了周边少数民族和国外的优秀文明。佛教自汉代传进中国以来，至魏晋南北朝隋唐时期形成一个高潮。中国固有的儒、道、玄等文化，通过与外来佛教文化的会通交融，获得新的营养而走上了一个更高的层次。明末清初时期，西方的耶稣会士东来，带来了西方的文明。虽然这时的中国已渐趋保守，文化的包容性有所减弱，但许多有识之士仍积极吸收借鉴耶稣会士们传进的科学技术，对当时社会生产力的发展起到一定的积极作用。近代以来，面对西方列强的欺凌压迫，大批热血的知识分子仍然不忘吸取西方文化，从早期洋务派所提出的"师夷长技以制夷"到借鉴西方民主共和以及君主立宪制度，再到后期学习马列主义思想，都能够深刻体现出中华传统文化所具有的兼容性。

六、中华传统文化的变动性

传统文化具有稳定性并不代表是一成不变的，因为文化并非是假化的，而是伴随着历史不断发展的，任何传统文化的稳定都是在其动态变化中实现的。针对于此，现代解释学者伽达默尔指出，"传统不单单是我们进入其中的某一先在条件，传统是我们自己创造出来的，因为我们理解，参与传统的演变，从而传统就由我们进一步加以决定"。这种理解和参与传统的演变，当然包括我们当下的经验来理解和诠释古代的经典，但更重要的是人们在现实生活中的创造性实践对传统的改塑。在他看来，传统是流动于过去、现在、未来这整个时间性中的一个流动的生成过程，永远处于"制作"之中；传统是主客体之间的一种关系，传统并不只是我们继承得来的一宗现成之物，而是我们自己把它生产出来的，因为我们理解着传统的进展，并且参与到传统的进展之中，从而也就靠我们自己进一步规定了传统；传统只有创新，无法摆脱，不管人们愿意不愿意，传统都先于我们而存在，而且是我们不得不接受的东西，主体在与传统之间的理解、分析、互补关系中，体现了主动性。尽管在这里过分夸大了传统的流动性和主体创造性的一面，忽视了传统的稳定性和滞后性因素，但的确抓住了传统的最本质含义，即传统是一个自我否定、自我超越的变异系统。

文化在一定程度上能够如实反映出社会生活，并且文化具有时代的特点，不同时代的生活也能够在文化上体现出来。伴随着民族群体社会生活的不断发展与演变，人们学会了创造新的文化来迎合时代发展的需求，从而使本民族文化不断增加新内容，以适应新的社会生活的实践需要。另一方面，在这个创造过程中，以往的传统作为每一代人进行文化创造的起点和资源，只有在符合当代人要求的前提下，才有其作为"传统"的价值，通过不断地筛选、重组、整合为新文化的构成部分，赋予新的时代内容和新的表达方式，才可能被继承和传递下去。那些虽在历史上存在过，但却没有对后来的传承发挥作用的某些文化因子，不构成传统。凡是传统总会在某些方面、某种程度上对当代人的生活产生影响，总会以某种方式参与到新时代的实践创造中。传统是通过对现代人的制约和支配而获得自己的规定性的。这就意味着，传统不是消失在历史中的东西，不是仅仅沉睡在遗存下来的书面文献中的东西，同样也并非现代人的身外之物，传统文化应当借助现代化的多元手段与媒介进行创新与转化，从而起到服务现代人生活的作用。传统文化并非仅仅代表着历史与过去，同时也能够为当下与将来贡献力量，更是实现文化传承与创新的重要内容，所以说文化既是继承与创新的统一，又是稳定与变动的统一。

第二章 中华优秀传统文化理论

第一节 中华优秀传统文化释义

一、中华优秀传统文化的概念

中华传统文化包含中华优秀传统文化，两者之间是整体与部分的关系，传统文化中有积极意义的精华部分被称为中华优秀传统文化，它是对中华历史的记录与传承，是对人类精神、社会文明的思考与总结。文化凭借它独有的魅力记录着历史，推动着历史，改变和传承历史。

中华优秀传统文化可以激发民族自信心和自豪感，鼓励人们前进，反映中国社会健康的精神方向，有很强的生命力，具有持续性和稳定性。中华优秀传统文化在当代的表现为：自强不息的奋斗精神，厚德载物的博大胸襟，崇德重义的精神境界，团结统一的价值方向。

二、中华优秀传统文化的基本内容

中华传统文化曾以辉煌的火焰照亮了东方，但是伴随近着代中国的落后和屈辱，中华传统文化也一度落后。正确处理当代与历史的关系，有助于增强民族自信心。总的来说，中华优秀传统文化包括以下基本内容。

（一）重德精神

中华民族以重德著称于世，道德是人的行为修养，对国家、民族的发展有积极的影响。儒家思想核心为"仁爱"，崇义、尚仁体现了中华民族的重德精神内涵。

（二）宽容精神

孔子提出的"仁即爱人"，孟子提出的"仁政"，以及墨子提出的"兼爱"，都是宽容精神的体现。《易经》指出，君子应当具有像大地一样宽广的胸怀，用宽厚的德行包容世界。

"君子和而不同"，根据《易经》所云，人需要有伟大的胸襟，可以容纳一切，有能力在对立中求统一，通过包容、融合成为一个整体。"中庸"思想很好地诠释了"和"字。

（三）自强精神

作为中华民族精神的一部分，自强不息蕴含于传统文化中，正是坚韧不拔、自立自强的精神支撑着我们民族发展和进步。中华民族自立于世界民族之林靠的就是由此拓展出来的刚正不阿、不屈不挠等精神。

（四）求实精神

中华文化比较关注社会、人生问题，比较关照人心和人性、看重现实，坚持一切从实际出发，实事求是。

孔子教育弟子实事求是，反对主观臆测，就是实事求是精神的体现。中国人一向务实，主张踏实的作风，在性格上被打上了朴实、脚踏实地的烙印。

三、中华优秀传统文化的特征

（一）崇德尚贤的伦理性

在中国几千年历史中，优秀传统文化遵循德育至上，以伦理道德为核心。儒家思想中提到，大学教育旨在彰显德行，去除污点，达到至善至美。《论语》中也对修德有要求，孔子认为，人应该遵守修养，通过道德教育，将人与动物区别开来，社会应该弘扬德行。

中华传统文化在古代典籍中有记载，在古代人们道德践行中有反映。一方面，古代统治者以道德手段教育感化人们，实现其统治目的。另一方面，古代人们崇尚理想的圣贤人格，以儒家思想为标准约束行为，从而提升境界，实现价值。

（二）延绵不绝的生命力

根据英国历史学家汤因比的观点，在近 6000 年的人类历史上出现过 26 种文化形态。其中，比较早的文化体系除了古中国文化，还有古印度文化、古巴比伦文化、古希腊罗马文化、古埃及文化等。中华传统文化属于这些文化形态中唯一一种延绵不绝的文化。中华传统文化在东亚大陆按照逻辑演化历经 5000 多年而不中断，这些体现出它较强的生命力和稳定性。

（三）开放、包容、内化的自我革新性

古代中国属于开放的国家，国家内部之间各个诸侯国相互合作，同时，与其他国家的交流和文化传播具有兼容性和开放性。

中华传统文化发源于黄河流域，随着北方游牧民族的入侵，逐渐受到游牧文化影响，农耕文化与游牧文化在交融中，保存特质，互相融入吸收。

中华传统文化具有包容性，吸收外来文化的精华。比如，古印度的佛学从汉代时期传入中国以来，与儒家、道家一起成为中国传统文化的重要组成部分。包容力展现了中国传统文化的胸怀与气魄，以及文化的自我革新精神。

四、中华优秀传统文化的道德力量

（一）正心修身

1. 安贫乐道

中华民族最讲究修身，在中华传统文化中，修身占据的地位非常重要。修身影响个人的处世与事业发展。我们应该将传统美德内化为力量，按照传统文化的要求把自己培养成为有道德的人。

每个人的成长道路都有逆境、挫折和痛苦，有些经历可能会超出一般人的承受能力，如何才能经受住这些严峻的考验，渡过难关？关键不是靠外力的支持，而是靠自己的修养。"安贫乐道"告诉我们，虽然处境贫困，但仍需要坚持信仰。"道"字原义为儒家的道德，后来被引申为人生的信念、理想、行为准则。孔子认为吃着粗粮、饮着自来水、把胳膊当枕头也是充满乐趣的，他的话给我们的启发为：一个人的快乐不在于物质享受，而在于精神追求。人一旦把心思都用在追逐金钱和名利方面，就会滋

生很多执着心，不能一心向道。而且，古人认为，财富多了会滋长很多欲望与私心，干扰求道。

人是最具备适应能力的动物，所以在贫困中生存下来很容易。问题是，当我们面对贫困境遇时，是痛苦地活下去还是选择过一种快乐的生活。在这个时候，我们心中应该有一个光明的信念，同时坚持自己的信念。相信"梅花香自苦寒来"就能够忍受当下的苦寒，就会产生出刻苦用功的动力。作为一种正心修身的方法，安贫有助于我们更好地求道，修炼自己的心智；乐道则有助于我们克服当下的贫苦，坚定自己的理想和信念。

2. 勤劳节约

中华民族勤劳、勇敢，万里长城、大运河、都江堰等伟大工程是我们民族辛勤劳动的见证。在中华文化历史上，流传着许多用劳动征服大自然的动人心弦的故事。中国古人很早就认识到"赖其力者生，不赖其力者不生"的真理。

热爱劳动是立身、安家、兴邦的根本。中国古代最伟大的医药学家李时珍就是一个把热爱劳动这一美德发扬光大的人。我国古代人民很懂得劳动的重要性。有句古诗说："锄禾日当午，汗滴禾下土。"墨子认为，劳动是人与动物的根本差别。人跟动物不同，人类如果想要生存下去，必须自食其力，"赖其力者生，不赖其力者不生"。勤劳的美德是开源，节约的美德是节流。勤劳节约让人类积累了大量的物质财富和精神财富，帮助中华民族历经磨难依然屹立在世界的东方。

《左传》中说："俭，德之共也；侈，恶之大也。"意思是说：节俭，是善行中的大德；奢侈，是邪恶中的大恶。《尚书》对一国之君的要求是："克勤于邦，克俭于家。"中国古代的圣贤之君都是国事勤劳，家庭节俭。

作为中华民族一直持有的传统美德，节俭影响着我们历代人的行为，崇尚节俭在物质财富相对富足的今天仍然适用。我们应该培养节俭这一美德。因为只有具备了这一美德，才能不为物欲所羁绊。纵观古今，凡是留名青史的人，都拥有节俭这一美德。

3. 明礼诚信

《论语》中说："民无信不立。"这句话被后人归纳为中华传统美德之一，即明礼诚信。

中国之所以有礼仪之邦、文明古国的美誉，就是因为自古以来，中国特别讲究隆礼。这里所谓的"礼"指的是"礼仪""礼貌""中和""谦敬"。《礼记》上还专门有这样的规定:"入境而问禁,入国而问俗,入门而问讳。"意思是说:进入一个地区,先要问当地的法制禁令;进入一个国家,先要问该国的风俗习惯;进入别人家里,先要问主人有什么忌讳。以上都是自古以来中国文化中讲究"礼仪""礼节""礼貌"的一些代表性言论。

"明礼"和"诚信"两者存在密切联系。"诚信"只有通过"礼仪"才能真实地表达出来;"明礼"只有通过"诚信"的本质,才能免于虚伪。"忠信,礼之本也;义理,礼之文也。无本不立,无文不行。"古人把"忠信"看作"礼"的本质。"诚"于内而"礼"于外,是对两者关系最恰当的解说。

在"诚信"这个词语中,"诚"指诚恳、诚实;"信"指信用、信任。"诚"和"信"合在一起,就是指做人需要忠厚,信任他人,也让他人信任自己。

4. 浩然正气

根据孟子的观点,浩然之气是刚正之气,是大义大德造就的一身正气。更加直接点,就是骨气和节操。中国人最注重这两点,正所谓"三军可夺帅也,匹夫不可夺志也"。《荀子》一书中说:"大节是也,小节是也,上君也;大节是也,小节一出焉,一人焉,中君也;大节非也,小节虽是也,吾无观其余矣。"从修身的角度而言,小节无疑也是重要的,在小的事情上能够让自己的行为符合道德要求,是个人美德的具体体现。但从政治生活而言,古人更注重的是大节,一个人在原则问题上坚持底线,"临大节不可夺"是保持气节的关键。因此,大节是指一个人对国家、君主忠诚与否;而小节则是指一个人个人生活中个性品德的好坏。

气节一直是古代思想家推崇的精神力量,属于一种崇高的美德。孟子认为,坚持道义到一定高度,自然会产生一种至刚的力量,鼓舞人们勇猛前行。那么,我们应该具备哪些气节呢?

首先,每个人都有自己的尊严和人格,尽管人格表现出明显的不同,但人们在评价它时总会有一些共同的标准。这些共同的标准就是人格的尊严和独立。其次,人应该有正义感,可以为了正义不惜牺牲一切,大义凛然。最后,人应该维护民族和国家的利益。

（一）与人为善

中国人始终把人际关系当作人生中的一件大事，围绕着这件大事，产生了诸多传统美德。这些美德主要有以下四种：忠、孝、仁、义。这四者分别规定了中国传统社会最为重要的四类人际关系：孝，讲处理家庭生活中各种关系的基本准则；忠，讲处理个人与社会、国家关系的道德规范；仁，讲人与人之间、个人与陌生人、上级与下级之间的相处之道；义，讲处理人际关系，尤其是利益关系的道德要求。

忠、孝、仁、义这四个基本道德规范，是中国传统社会道德生活的基石。在此基础上，传统道德的其他规范得以建立和发展。总体而言，这四种传统道德的终极目标可归纳为四个字：与人为善。

1. 尽己之谓忠

《论语》中"三省吾身"的第一省"为人谋而不忠乎"说的就是，替别人做事时，有没有不尽自己心力去做的时候啊？在这里，"忠"是尽心竭力的意思。"忠"还表现为尽职尽责，认真做好自己的本职工作。最后，"忠"表现为忠于民族和国家，忠于自己的祖国和民族，将个人命运与祖国、民族的命运紧密相连，时刻关心国家和民族的命运。

2. 孝为人本

孔子说，孝是为人之本。中华传统美德第一经的《孝经》更是把"孝"提到了无与伦比的高度："夫孝，天之经也，地之义也，人之行也。"

"孝"不仅仅是一种美德，它还是做有道德的人的根基。《论语》中有这样一段话："君子务本，本立而道生。孝悌也者，其为仁之本与！"由此可知，孝顺父母是做人的根本，一个人只要在家庭生活中是一个孝子，那么当他走向社会后，就不会干什么坏事。对这个观点的理解思路是这样的：连养育自己的父母都不孝顺，那这个人还能对得起谁呢？

或许正是这种思路的影响，古人将"孝"界定为诸德之本，国君可以用"孝"治理国家，臣民能够用"孝"立身理家。由于对"孝"的这种推崇，所以在中国古代选举官吏时，孝顺父母是一条重要的道德标准，汉代的董仲舒就说："求忠臣必于孝子之门"。

3. 仁者爱人

中华传统文化中分量最重的一个字是"仁"。孔子提出"仁者爱人","爱人"就是仁，是中华传统道德的精髓。这一传统美德要求我们在日常生活中、与人打交道时要常怀一颗爱人之心，与人为善。因此，爱人应当是真实的、发自内心的想法，虚伪就是不仁。

"仁"有很多种表现形式，比如：系身成仁，仁政爱民，大仁不拘小节，其核心在于推己及人。所谓推己及人，就是设身处地为别人着想，这就是最高尚的仁。推己及人的对象主要有两个层面：一是自己身边的人；二是整个社会中的人群。从影响身边人的角度而言，己所不欲，勿施于人；己欲达而达人，己欲立而立人。这两个方面的内容在传统道德学说中被称为"恕道"。

在日常生活中，人们将心比心，不损害他人。你自己不愿意做的事情，不能要求其他人去做或者替你去做。作为子女，我们自己在家里不愿意干的活，不应该要求父母替我们去干；作为朋友，我们自己不愿意做的事情，不应该要求他人帮助我们去做；作为社会的一分子，我们自己不愿意尽的责任，不应该要求他人对我们履行或替我们尽责。

"己欲达而达人，己欲立而立人"则要求人们将心比心，积极利人、助人，给他人以机会和力所能及的帮助。你自己想在困难的时候获得别人的帮助，那么在别人困难的时候，就应该去帮助他人；你自己想获得成功，那么就应该帮助他人获得成功，至少是不阻碍他人获得成功；你自己愿意成为一个善良的人，那么就应该创造条件去帮助他人培养他的善良本性。

孟子所说"穷则独善其身，达则兼济天下"，这句话是古代知识分子的理想人格和道德标准。这句话的意思可以理解为：当一个人能力有限时，应尽力提升自己的修养；能力较强时，那么就要努力为天下人造福。概言之，"恕道"的基本思想是用自己的感受去理解他人的感受，用自己的品德帮助别人的品德成长，懂得换位思考。"己所不欲，勿施于人"属于基本的、起码的要求，这一要求在现代社会中被称为道德的"黄金定律"；而"己欲达而达人，己欲立而立人"则是更高的要求，由此可以成为中国传统道德所要求的"仁人"。

4. 义在利先

义，就是我们今天常提的"道义，它是中国传统道德的"五常"之一，也是古人与人相处中使用频率最高的一种道德规范。义，繁体字写作"義"由"羊"和"我"两字构成。在后来的形变中，"义"作为一种道德规范，含义十分丰富。对"义"的道德要求进行系统论述的是孟子。《孟子》一书中，使用"义"字108次，将义作为人的立身处世的根本。自孟子后"义"开始成为中国人道德生活的基本规范，影响至今。

谈"义"，必然绕不开"利"，"义利"是中国传统文化中无论如何都绕不开的道德话题。孟子把"义利"问题谈得十分透彻。

孟子对"义利"孰轻孰重，如何把握进行了详细的说明，明确提出"重义轻利"。那么，在我们的人生中该如何来行"义"呢？

（1）"义"为宜，是一个人适合做的、应当做的事情。古人多以"宜"来解释义。事得其宜之谓"义"，"义者，事之宜也"，而"宜"在古代就是应当的意思。面对一件事，采取最为适宜、恰当的行动，做出最为合理的反应，便是"义"，当我们看到歹徒正在行凶，当事人生命受到威胁时，挺身而出，采用一定的行动加以阻止，这就是义；否则就是不义。"义"的要求超越个人利益的考量，关注的是应不应该，而不是个人利益的大小。一旦考虑了利益的大小，那就是利在义先了。

（2）"义"要求做出的行为，是一个人在特定环境下应该做出的行为，这种行为本身应当是以对是非善恶的正确判断为前提的。我们现在生活中流行一个词叫作"讲义气"，但古人早就说过，"义"的道德要求一定不能违背善，"夫义者，所以限禁人之为恶与奸者也"。朋友的正当需求，我们当然应该倾力相助，但如果朋友想做的事情是违法或不道德的，我们更有义务维护道德和法律的尊严。孟子说："言不必信，行不必果，唯义所在。"我们遇到的所有事、许给别人的所有诺言，都不一定是必须履行的，关键是看这些事情和诺言是否符合道德和法律的要求。"义"要求的是做好人，而不是做一个为了所谓"义气"敢于作奸犯科的愚人。

（3）"义"的要求内容是因人的身份、职业不同而有所不同的。所谓"义"者，"为人臣忠，为人子孝，少长有礼"。前面两条已经说过，现在重点讲述"少长有礼"，在古人的传统道德规范中，"待人以礼"是相当重要的，对任何人都应该以礼相待。尊师重教就是其中之一的礼，也是中华民族的传统美德。

（三）君子怀德

在中国传统文化中，君子人格是每个人都可以通过修德获取的人格，君子境界也是每个人都能到达的境界。仅仅从人格来讲，具备前面所讲的美德就是"内圣"；但只有具备隐忍、知耻、无私，才可以做到"外王"。

1. 隐忍

中华民族是一个极具坚忍力的民族。无论佛家、道家还是儒家，都对"忍"情有独钟，都认为"忍"是成大事的一种必备美德。儒家特别看重"忍"，《论语》中多处记载孔子论"忍"。他说："小不忍则乱大谋。"意思是小事不能忍让，就会破坏大事情。中国传统典籍中有很多关于"忍"的论述。中国民间对"忍"的理解更是别有趣味。

2. 知耻

对于知耻，我们应该明确以下三个问题。首先，知耻必先知善。中国古人很重视独立人格的培养，认为人人都有自己的价值，都有行仁德的能力，强调"人人有贵于己者"，我们以礼来节制自己，以广德之心为人处世，就会成为正直的人。

没有高尚品德的人只会为自己的个人利益算计，不会感到羞耻，所以一个人需要努力做到心怀坦荡、严于律己，知道什么是"善"方能知什么是"耻"，在此基础上，才可以做到言行如一。

其次，知耻必先自知，知耻需要发自内心，需要主动进行；知耻需要做好自己的权衡与选择；知耻需要认识、了解自己。看清楚自己，认知自己的优点和缺点，了解自己的责任与位置，这样才能知道"耻"的内容，勇于改正问题。

最后，知耻后必有行动。我们常说"知错要改"，知耻后也一定要有相应的行动，停留在心中的"知耻"是于事无补的。

3. 无私

儒家从天人合一的思想中总结出"无私"二字是道德中的重要组成部分。《道德经》用辩证法的思路指出，"非以其无私邪，故能成其私"。意思是：只要你"无私"，才能获得"自私"；只要你"无私"了，"自私"自然不请自来。在中国人的心灵深处，"无私"历经千百年的发展，已经成为传统文化的一部分。

总之，中华优秀传统文化的本质包含民族精神，它协调、推动民族的生存和发展，是一个民族凝聚力、创造力的表现，也是一个民族生存发展的核心基础和灵魂。优秀传统文化与民族精神相互交融，密不可分。

民族的伟大复兴需要优秀传统文化的支持，优秀的传统文化可以传之久远，让我们民族更有底气和信心，可以提升我们的思维能力。

中华优秀传统文化在世界文化中独树一帜，它对整个世界文化的发展也产生了重大的影响。高校青年学生作为发展中华优秀传统文化的主力，必须相信优秀传统文化的力量，充满自信，以昂扬的斗志推进事业的发展。

第二节　中华优秀传统文化的影响力

国内外众多民族长久、共同发展出很多优秀的文化，和其他民族的文化一样，中华传统文化是属于全人类的财富，具有独特意义。

一、中华优秀传统文化的传播

中国历史文化博大精深，丰富的科学、文学、艺术、军事、政治等成果传播到国外，与国外交流的同时，从无序发展为有序。近代的落后不能全盘否定传统，中华优秀传统文化始终是世界优秀文化的一个组成部分。

新加坡借鉴了中华优秀传统文化，将其融入社会发展中，提升了总体文明程度。现代性是传统文化的一个因素，有积极意义。我们不能全部否定传统，而应该懂得扬弃，让文化在重新认知和磨合中焕发出新的光彩。

今天的世界东西方思想碰撞摩擦，在这种形势下，我们应该尊重文化的民族性。建设中国特色社会主义先进文化需要发扬"中国风格""中国气派""中国特色"。弘扬优秀传统文化也需要我们把继承与创新相结合，这样才能让优秀传统文化欣欣向荣，繁盛不息。

二、中华优秀传统文化对亚洲的影响

在整个中国古代，中华文化一直推动亚洲文明的演化与发展。比如朝鲜文化，它深受中国文化的影响，自古以来，中朝之间物质文化交流促进了思想的交融。在中国文化的影响下，朝鲜出现诸多儒学名人。

中国文化对日本文化的影响根深蒂固，从古代开始，中国的文学、艺术、美术、哲学等传入日本。但是，日本史料对此记载较少，我们可以在中国史书中找到根据。

中国文化对日本文化的深远影响体现在以下几个方面：

首先，日本文字起源于中国。日本文字是由中国汉字经过发展而形成的，与汉字有很多相似之处。

其次，日本在体制等精神方面一直在仿效中国。日本一些编年史等体裁的书籍学习中国的史书，在君臣观念、正统观念等方面受到儒家传统的深刻影响。

最后，佛教作为中国文化的一部分被传入日本。日本受到佛教的影响很深远，将中国文化、文学、工艺等带入日本，这些深受日本人民和广大佛教徒的尊敬。

三、中华优秀传统文化对东南亚国家的影响

在东南亚，很多国家的文化与中华优秀传统文化有着深厚的渊源。我国与越南、泰国、马来西亚、缅甸、柬埔寨、印尼、文莱等国家保持着友好的关系。越南和泰国的礼俗就是受到了中国传统文化的影响，菲律宾的饮食和新加坡的生活习惯等都或多或少有着中国文化的影子。儒家思想在其国民教育中扮演着重要角色。

我国古代航海事业的发展有利于我国和世界各国建立友好往来，唐宋时期，对外交流较多，东南沿海的人们向东南亚流动，对文化的传播起到一定辅助作用。

四、中华优秀传统文化对西方的影响

首先，古代器用技术对西方产生广泛影响。从6世纪开始，中国的四大发明传入欧洲，中国的瓷器、丝绸、养蚕等在推动西方文明发展方面起到了关键作用。可以说，中国古代科技在一定程度上开启了西方近代文明。

其次，中国园林艺术对西方产生了深刻影响。每一种艺术形式都包含了独特的结构特点，中国园林艺术具有很大的魅力和极高的欣赏价值，它代表着中国精神和气质。欧洲很多国家学习和借鉴中国园林艺术，这种艺术形式影响了他们的生活方式和情调。

此外，中国的文学作品在欧洲有一定的影响力。在欧洲很多国家的剧作家眼里，中国戏剧有劝善的作用，中国小说、诗歌、戏剧被翻译成英文和法文等，传播中国思想。

最后，中国学术思想对西方产生深远影响。西方人从16世纪开始翻译儒家经典，将儒家经典翻译为拉丁文和法文，传入欧洲。

欧洲著名思想家伏尔泰等深受中国哲学思想的影响。德国哲学思想受到中国哲学的深刻影响，德国哲学家莱布尼兹曾针对欧洲文明中心论，努力为中国文化辩护。法

国重农主义经济学家认为，中国实现了道德理性化。康德和费尔巴哈的哲学思想与中国儒家人本主义在逻辑上是一致的。

然而，黑格尔否定了中国哲学和文化，这说明欧洲文化在启蒙运动之后踏上了近代历程，中国文化对西方的贡献渐渐被西方人忘记。

五、理性看待中华传统文化的世界影响

一方面，中华传统文化具有世界性意义。作为世界文明进步的一部分，中华传统文化为中国和世界各国的发展贡献了很大力量。中华传统文化包含儒学世界观中的人道主义思想、道教顺其自然的道德观等，这些理念蕴含着巨大的魅力与强大的力量。

当今社会，人们的生活越来越世俗和功利，物质文明和精神文明没有做到同步发展，因此精神追求缺失，人的精神世界空虚，人与人之间的关系冷漠、势力。经济建设飞速发展的今天，中国的文化建设明显处于落后状态，关注伦理和人心的优秀传统文化可以为现代人走出困惑和迷茫提供智慧启迪，指导人类文明发展。

另一方面，一个民族的文化是世界文化的一部分，当今世界进入高科技信息时代，各个国家、民族间联系日益密切，我们不能闭关自守，需要立足国家，放眼世界，开拓一条具有中国特色的现代化道路。

世界文化这个整体和不同民族文化的分支之间是对立统一的关系，共同为人类文化发展涂抹绚丽的色彩。不同民族的文化具有不同的智慧与闪光点，中华文化也应该取长补短，提升文化性格，紧跟世界发展潮流，拓宽视野，走向世界舞台。

总之，以国为家、家国一体、先国后家，是中国传统文化的重要内容。学习中华优秀传统文化可以帮助青年培养"天下兴亡，匹夫有责"的情怀，对国家统一、民族团结、民族发展具有长远意义。在为实现"中国梦"努力奋斗的道路上，每一位中国人都需要以国家繁荣为最大光荣，增强对国家的认同意识，培养爱国热情，树立对本民族的信心，做自信、自尊、自强的中国人。

儒家以"仁"为思想核心，以"义"为价值准绳。"仁爱共济、立己达人"是儒家思想中非常重要的价值观念和道德追求。孔子认为，他人和自己不能分割，只有每个人把自己的事情做好，整个社会才可以好。当代大学生需要学习中国传统文化中"仁爱共济，立己达人"的道德思想，做一个讲文明、有素质的中国人。修养人格是儒家思想的重要组成部分，讲人格修养，首先要讲"正心"，就是修养自身的品性。"正心"

的关键在一个"正"字。正就是端正，端正内心的同时坚持一心一意，在做人和求学的过程中坚持"笃志"，持之以恒、坚持不懈。"正心笃志"和"崇德弘毅"在今天指的是心理素质的陶冶和培养，这对年轻人来说很有意义。

当代青年学生要在明辨是非、遵纪守法、发奋图强的基础上自觉弘扬优秀传统文化，形成良好的道德品质，做守诚信的中国人。。

第三节　文化、传统文化和中华优秀传统文化的关系

一、文化、传统文化和中华优秀传统文化的不同

（一）时代性

社会在不同的时代具有不同的特点，它的产物——文化也具有时代性。

社会在发展进步，各种新文化形式不断出现，无论多么丰富，主流传统文化的地位不能动摇，传统文化必须与时俱进。生活中处处可见传统文化的痕迹。比如，民间故事、历史传记被制成影视剧；综艺类节目结合中华优秀传统文化，用不同的形式呈现；学校开始重视国学经典的教育。从娱乐休闲到正规教育，从低龄学童到高素质人群，传统文化展现出时代性，渗透到社会的方方面面，让很多人体验和领悟到传统文化的精华。

中华优秀传统文化是中华民族的精神标识和特有的思维方式，它为中华民族伟大复兴提供精神动力和智力支持。优秀传统文化集合了传统美德、人文精神等积极因素，作为高校教育管理工作者，我们需要正确对待传统文化的优缺点，努力实现优秀传统文化的创新型发展，为社会主义现代化建设和发展提供精神养料，中华传统文化具有包容性，随着社会的发展还需要具有世界性，从而具有当代性和现代性，这样才能最大限度地发挥中华传统文化的力量。优秀传统文化的传承需要适应时代发展，与现代社会相协调，在扬弃和创新中推动社会的发展，成为解决实际问题的文化，让民族精神发扬光大。

（二）民族性

一个民族的特质包括其独特的价值观念、思维方式、精神追求等，这些从文化中

可以反映出来。文化的民族性展现出该民族的风格和气派，它让一个特定的民族与其他民族不同，表现出特有的文化心理和文化结构，具有超越时空、地域的意义。

文化的民族性在历史进程中沉淀、稳固，具有相对的稳定性，同时不断更新和发展。因此，在考察传统文化的过程中需要关注文化的连续性，肯定本民族文化的历史内涵，不能割断历史，不能用片面的眼光看文化。我们需要保持文化的民族性，传承传统文化的优良品德，解决好面临的问题，正确理解其价值。

中华传统文化的形式与内容在继承和发展中不断革新，但有一些基本价值观念是不变的，比如爱国主义思想、自强不息的精神和兼容并包的胸襟等。中华民族精神孕育于中华传统文化之中，反映了民族特有的民族性，体现了民族的气派和风格。

在当今时代，各种文化和思想的碰撞对各个国家的文化和思想产生影响。我们应当维护中华传统文化的民族性，努力发展中华传统文化的民族性，合理运用中华传统文化资源。

（三）群众性

文化由人类创造，包括衣、食、住、行、文等，文化的群众性可以反映出群众的声音，为大众服务。

传统文化中既有精华，也有糟粕；既有群众性的优秀文化，也有脱离群众的糟粕部分。摒弃糟粕部分，传统文化中具有群众性的部分就是优秀传统文化。中华传统文化本质上就是一种关于人的学问，深刻影响着中国社会。传统文化尊重人性，关注人和伦理道德，提倡严于律己，实现价值。

从秦朝以来，集权的封建专制制度历经两千多年，中国文化多元发展，各民族文化互添活力，增强了中华传统文化的凝聚力和生命力。中国人提倡"天人合一"在人与人、人与事物、国家与民族的关系中追求"和谐"，在"和"中实现国家的进步以及个人的幸福。对"和谐"的追求，体现出优秀传统文化对"和而不同"的认可，这就是对人民意愿的尊重，就是群众性的体现。

（四）创造性

精神力量可以转换为物质力量，进而产生更大的影响，精神力量对个人的成长发展、对国家的繁荣进步起着举足轻重的作用。

中华优秀传统文化是中华传统文化的精华，在很长一段时间处于世界领先地位。

诸子百家的典籍、唐宋文人的诗词等，都是人类创造的优秀文化成果。中华优秀传统文化属于中华传统文化中具有活力的部分，充满创造性，不断适应社会的发展，成为中华文化的瑰宝。

二、文化、传统文化和中华优秀传统文化的联系

（一）主体相似性

文化、传统文化、中华优秀传统文化之间最大的联系就是主体相似性。文化核心是人。传统文化、中华传统文化也是这样，人创造文化，也享受文化，同时受制于文化。人始终是文化、传统文化、中华优秀传统文化的创造者、享受者、变革者。

（二）时代联系性

文化在经历时间的沉淀之后才被称为传统文化。不是全部的传统文化都值得传承和弘扬，"取其精华，去其糟粕"，才有了阐释中国道路与制度、凝聚中国力量的中华优秀传统文化。

（三）长久性

文化、传统文化、中华优秀传统文化对社会的影响都是长久的。相对于现在来说，传统文化是已经发生和存在的，是长久的。中华优秀传统文化是具有中国特色的优秀理念、传统、人文情怀的集合，展现出中华民族独特的思维意识，它的影响更为深远。在当代，中华优秀传统文化是建立在坚持和发展中国特色社会主义理念之上的。

（四）创新性

从背诵古代诗词到学习孔子、孟子的观点，我们一直在学习中华传统文化。如今的大中小学生不仅学习和了解本国的文化，还开始涉猎其他民族的文化。这时，我们已经不是通过肤色、外貌来理解一个民族，而是通过语言、文化进行辨认。

中华优秀传统文化是经历磨难和沉淀形成的，我们如果想实现超越和新的构建，必须遵循科学方法，反思当下，努力实现转型。优秀传统文化经过革命、建设、改革被传承和弘扬，如今，运用优秀传统文化治国理政，将其提升到新阶段。

第四节　如何传承中华优秀传统文化

如何传承中华优秀传统文化值得我们思考和研究。在正确看待文化融合与矛盾的基础上，我们需要客观评判生存困境，同时，我们需要从精神家园的建构角度科学对待和传承中国传统文化。

一、努力构建文化关系的新模式

处理好主流与多元、"一"与"多"的关系，有利于我们构建文化关系新模式，这是传承中华优秀传统文化的逻辑前提。

发展主流文化的同时不能忘记倡导多元文化共存的发展道路，科学处理"一"与"多"的辩证关系，坚持唯物辩证法的观点与原则，允许其他外来文化与之结合，共同发展，统一起来。与此同时，我们既反对文化专制，又反对文化自由，要增强主流文化凝聚力和领导力。

中国文化发展的科学之路是构筑文化关系的新模式，在民主革命时期和社会主义政权巩固时期，人们需要斗争的理念。现在的"和谐"理念正是文化在改革开放中考虑中国国情的前提下所做出的理性选择。

传承中华传统文化首先需要合作互动，在不同文化的和谐统一中巩固社会主义文化的主导地位。在具体实践方面，中国文化需要包容差异，整合多样性文化，达到巩固社会主义文化主导性的目的。

在努力构建文化关系的新模式中，我们需要在全社会确立社会主义文化的先进性和主导性，从不同社会需要出发，做出文化宣传的层次性判断，不能太过理想化。

二、科学地对待各种社会思潮

社会发展必然带来文化领域的多元化，为了更好地传承和发展中国传统文化，我们需要遵循唯物主义历史观，丰富和更新文化内容。正确处理多元文化之间的关系，全面掌握文化基础，科学合理地看待各种社会思潮。

在复杂的文化领域，我们必须以马克思主义为引领，发挥其在社会中的思想整合功能，根据社会实践的变化及时调整，保持社会主义文化的先进性，改变阶级斗争的思维，关注人的价值，反对"左"和"右"的错误。

一般意义上，我们认为社会思潮反映了一定阶级利益，具有一定影响力，有比较系统的体系。我们需要保持文化自觉性，客观对待多元社会，科学地处理好复杂的文化问题，正确看待社会思潮。

一些社会思潮具有反马克思主义的特点，试图瓦解社会主义文化形态，争夺领导话语权，影响文化发展方向。因此，我们需要认清各种社会思潮的本质，理性看待它们，提高侦察能力，正确辨别不同社会思潮的本质差异。

多样性的社会思潮反映了学术性与政治性关系的统一。

理论一旦被掌握，能够变成物质力量，社会思潮通过理论优越性和学术求真性获得人们的认同，确立地位。人们必须用科学理论武装自己，看清楚文化现状，巩固马克思主义文化主导地位。

三、辩证对待中国文化传统

中国文化传统具有丰富的思想精华，指导我国文化的复兴。传承与创新之间的辩证关系需要在发展和弘扬中国文化的过程中处理好。

在中国文化的传承和发展过程中，我们不能全盘否定，也不能认为中国文化传统很完美，没有任何不足，既反对历史虚无主义，又反对国粹主义，辩证看待问题，客观面对现状，不带有偏见。

对中华传统文化需要批判地传承，因为它本身就是一个庞杂的体系，正面与负面因素同在，所以需要在正确的方向指导下，运用科学方法，推动文化前进。

四、积极弘扬民族精神与时代精神

优秀的民族精神可以增加人们的归属感和自豪感。中国文化的价值观念和精神为我们民族提供了独特的精神气质，是安身立命之本。

我们需要发扬中华传统文化中的优秀思想，构建中华民族共有的精神家园，让中华传统文化成为民族性格，融入民族血脉，创新传统文化，与此同时，弘扬传统文化与创新不冲突，传承传统的同时，不忘吸收新的内容，保持文化的与时俱进。

第一，要取其精华，去其糟粕。

中华传统文化当中有许多封建文化的糟粕。这一点也不奇怪。因为，中华传统文化在很长时期是在封建社会的母体内发展、演变的。历代以来，中国的封建统治者为了维护其统治，拼命地把中华传统文化作为救命稻草，对中华传统文化进行改造加工，对老百姓实行文化愚昧和文化统治，使得中华传统文化，尤其是作为其核心的儒家文化，里边有许多理论是为封建统治服务的，需要我们认真地进行识别。

第二，要以立德树人为根本目标，用文化来育人。

中华传统文化关注立德树人。总的来说，不同于近代西方关注知识和专业技能的教育，中华传统文化一向以"立德树人"为宗旨。今天，我们需要抓住教育的关键问题与急需解决的矛盾。将德育、育人与文化学习相结合，把学生发展与德育相结合，让学生深刻体会到我国传统文化的内涵，同时解决他们发展中遇到的具体困难。

第三，要寓教于乐，在体验中学。

文化教育应该让学生在体验中学习，寓教于乐。文化不是一个独立存在的学科，各种知识中都涵盖文化的方方面面。

在教育过程中，教师要通过切实体验，表现出积极的文化精神，学习中华传统文化不仅依靠课堂讲授，而且需要在社会实践中进行。

第四，要立志传承、创新中华优秀传统文化。

学习的目的是传承，传承的目的是发展和创新。传承与创新密不可分，我们在前面也提到，传承中有创新，创新中不忘传承。

第三章　中华民族与优秀传统文化

我们中华民族是世界上最古老的民族之一。从很早的古代起，我们的祖先就劳动、生息、繁衍在这块广大的土地之上。就是从夏商有文字可以考证的时候算起，中华民族一脉相承、生生不息，也已有了5000年的历史。在这一漫长的岁月中，中华各民族经过几次大的迁徙和融合，遂形成了以汉民族为主体的多民族共同体。在中华民族形成与发展过程中，创造了灿烂的中华文明，形成了优秀的中华传统文化。中华优秀传统文化产生于我们民族开拓、奋斗、前进的漫长历史岁月中，又反过来给中华民族的进一步发展与进步以滋养，成为我们民族永恒的宝贵财富，成为我们民族对世界、对人类不朽的贡献。

第一节　中华民族的由来与发展

我们中华民族是一个由众多民族逐渐融合而成的整体。不但有人口最多、居域分布面最广的汉民族，而且还有50多个少数民族。无论是汉族还是哪一个少数民族，又都是由许多氏族、部落以及其他民族的成员在漫长的历史发展过程中逐渐演变，由分散而至融合，由弱小而变得壮大的。

从中国古代神话传说中，我们可以了解到这样的信息，早在远古时代，在中原及其逐渐向外辐射的广大地区，就有九黎、三苗、炎帝、黄帝等氏族、部落生息和繁衍。夏商之时在被叫作"方"的地方，也即异族占据的地方，就数以百计。当时居于中原的民族自称华夏，而将自己周边的其他民族称为蛮、夷、戎、狄。在我们看到的古籍《左传》《国语》中，关于民族的称谓就有华夏、诸华、诸夏、方夏、区夏、东夏以及与之同义的中邦、中国、上国等；也还有蛮夷、戎狄、夷狄等。到了战国时，尽管加上地域的称谓来代表某一类民族，开始出现了东夷、西戎、南蛮、北狄等，但实际上，边地也有华夏族居住，中原也居住着蛮、夷、戎、狄诸族。

周代人称为华夏族的，其实也包括了虞、夏、商三代的后裔，乃至传说中的黄帝、帝尧的遗裔。但虞、夏、商、周的先祖都不是华夏族。按孟子的考证，舜帝是东夷之人，文王是西夷之人。司马迁则在其《史记·六国表》中称，"禹兴于西羌"。

通婚、迁徙及战争，这三大因素在中国古代民族由分而聚、直至融合为更大的民族中，起到了至关重要的作用。通婚、迁徙及战争，加强和发展了不同民族之间政治、经济、文化乃至其他各个方面的交往与联系。在此过程中，落后的民族往往接受发展上先进民族的熏陶和影响。在向先进民族学习乃至融合的过程中，既有对先进者好的东西的吸收、消化乃至变革，又有对自己民族优点的继承及保留，从而大大加快了自身的发展，缩小了融入先进民族中去的距离。随着频繁的朝代更替，统治民族与被统治民族易位的发生，虞、夏、商、周四族汇合成了华夏，而只有到了周朝灭掉了商，又大封商人及虞夏的遗裔时，华夏作为一个民族才开始具有了初步的规模。但在此之后，各少数民族融入华夏的进程也一直没有停止过。以楚为例，春秋早期时，在华夏诸国眼中楚与蛮夷相差无几，而楚也采取一种超乎华夏与其他少数民族之上的态度，到了春秋晚期，由于受到吴这个蛮夷之地的严重威胁，加之在意识形态等方面与华夏的相对接近，楚改变态度，与华夏攀亲，自封为"上国"，以示与其他少数民族的区别。秦人最初为夷，以后迁徙入戎，最后才化为夏的。春秋时的楚、秦、吴、越四大国的国人，早期均为夷、狄，而到了战国时代，则都华夏化了。随着这一进程的演进，更多的一些小国的少数民族也卷入进来。当时的濮人、蛮人、庸人、舒人等蛮族，被楚国带入华夏之中；而巴人、蜀人等戎族，则是由秦国带入华夏领域的。其他边疆少数民族诸侯国的融入，也相类似。因此，从族源上讲，华夏族包容了蛮、夷、戎、狄诸血统。华夏民族形成与壮大的过程，也是蛮、夷、戎、狄诸民族同化、融合的过程，中华民族正是在这种同化、融合中产生和发展起来的作为中华民族中人口最多，遍布华夏大地大部分地区的汉民族，其发展也经历了一个不断吸收少数民族的优秀文化因素，充实和完善自己，从而融合少数民族，发展壮大起来的过程。

从历史上看，春秋战国至秦的统一，是汉民族形成发展史上的第一次大融合时期。经历几个世纪，形成了华夏民族共同体，产生了以华夏族为主体的、统一的、多民族的中央集权制国家。第二次民族大融合发生在魏晋南北朝时期。东汉之后，北方及西北边疆地区居住的匈奴、鲜卑、氏等少数民族陆续向内地迁徙，并与内地居民交错杂居。在华夏文化影响下，各少数民族的生产和生活方式发生了很大的变化。经过一个漫长而反复的过程，迁居内地的少数民族逐渐与内地居民融合，成为华夏民族共同体的组成部分。唐代大诗人元稹出自鲜卑拓跋氏，白居易出自"西胡"的龟兹，都有自己的少数民族族属，但他们都俨然以汉胄自居，而不再承认自己是什么少数民族，魏晋南北朝时期出现了"汉人"的名称。最先还是入居中原的少数民族对内地居民的贬称，对西胡、鲜卑等与汉人气质相近者也被骂为"汉人"。中国历史上第三次民族大融合时期历经宋、辽、金、元各代。随着契丹、女真、蒙古族相继进入中原并建立起以本民族为主的多民族国家，各少数民族学习中原文化，学习汉人治国的政治方式，以巩固自己的统治，从而导致了被汉族同化的直接后果。如《续资治通鉴长编》所说，他们"得中国土地，役中国人力，称中国位号，仿中国官属，任中国贤才，读中国书籍，用中国车服，行中国法令"。其结果，当这些政权结束时，除少数者外，大部分定居内地的少数民族就逐渐和当地汉族融为一体了。"汉人"这一称呼在这一时期又一次大量出现，但已不再是贬称或骂人的称谓了。

这三次民族大融合，同时也使以华夏为主的统一的多民族国家的版图不断扩大。对于扩大的新地区，中央政府或者以当地占多数的民族为主，实行隶属中央政权的民族自治；或者迁当地居民于内地，使其与汉族杂居，虚其故地；或者迁内地汉族实边，分其地为郡县。这些措施都使得少数民族的一部分或全部融入了华夏族，从而较大地扩充了汉族的人口数量和居住的分布地区。

明清时期，汉族规模进一步扩大。朱元璋颁布法令来禁止胡服、胡语、胡姓、胡俗，更加速了留在内地的少数民族同汉族的融合。满族早在关外时就已吸收了大量中原文化的因素，因此，它进入中原，在汉族中加入满族血统的同时，又更加迅速地进入了被汉族同化的过程。现今的汉族也正是在这个基础上发展过来的。

中华民国取代了清帝国的统治，实现了汉、满、蒙、回、藏"五族共和"的新体制。到了这个时候，汉族才正式成为了汉人共同体的族称出现在史册，尽管在此之前，它已经历了漫长的发展过程，并且早就以一个较为稳定的民族共同体在活动了。在中华民族形成与发展的过程中，各民族都做出了自己的贡献。

第二节　中华各民族共同创造了优秀传统文化

　　中华民族具有悠久的历史，创造了灿烂的文化。在这种创造中，不光是作为主体民族的汉族有所贡献，也不光是"五族共和"的汉、满、蒙、回、藏做出了贡献，而是中华各民族都做出了贡献。

　　中华民族传统文化的发端与形成，最早可以追溯到 170 万年前的旧石器时代就已形成的华北和华南两大文化谱系，包括元谋文化、周口店文化、蓝田文化、许家窑文化、丁村文化等。发展到距今 9000～4000 年前的新石器时代，又形成了旱地农业经济区文化、稻作物农业经济区文化和狩猎采集经济区文化。而其中距今 7000～4600 年前又形成了黄河流域的仰韶文化和大汶口文化，长江流域的马家窑文化，黄河下游的龙山文化。这些文化所各具的发展内容与形式上的差异，实际上表明创造这些文化的氏族、部落也即后来的民族的前身，是有很大差别的。这些文化绝非某一个氏族、部落或者说民族所单独创造。在中国史前文化人谱系相互联系与影响的过程中，它们趋同发展和最终导入古代文明，形成古代文化，应当说也是众氏族、众部落或众多民族之力共同作用的结果。

　　古代传说中像燧人氏、伏羲、神农、黄帝、尧、舜、禹等被视为中华民族祖先的人物，这些发明了种种有益于民众社稷生存的器物或方法，有征伐兼并或治理社会国家的功绩，保持、推动民族文化发展的圣人，也都并不是出自同一个民族。燧人氏钻木取火，伏羲教人结网捕鱼，驯养牲畜；神农百草，发明医药耕而作陶"，发明陶器；黄帝伐蚩尤，兼并扩疆；尧、舜治世，择贤而"禅让"；禹治大水，"传子"而治。他们的种种业绩，无不与中国传统文化中的某些东西、某些精神有着渊源上的联系。这些祖先、圣人的作为，证明中华各民族的祖先都对优秀传统文化的发端做出过自己的贡献。

　　在中华优秀传统文化的形成发展过程中，出现了许多杰出人物。这些人物中，有哲学、史学、文学、艺术、科技的精英；有治国有方、文韬武略过人、开创盛世的政治家；有运筹帷幄中、决胜千里外的军事家；有反抗外来侵略、反对分裂、维护国家统一的民族英雄；有变革图强、致力民族兴旺发达的志士仁人。这些杰出人物、民族精英，有的出自汉民族，也有的出自各少数民族。他们都以自己的成就和业绩，为中华优秀传统文化增添了光彩。构成中华优秀传统文化的方方面面中，有光辉灿烂的古代科技发明与创造，有风采独异的古代建筑、园林艺术，有令世界感到神奇的中医药学，有独具魅力、深不可测的汉字文化，有灿烂辉煌的中国文学，有绚丽多姿的中国艺术，其中，风韵独具的中国书法篆刻，意境天成、融诗书印画于一体的中国画，气魄宏大、手法细腻的中国雕塑，神奇瑰丽、令人拍案的中国戏曲等都是它的代表；有完备翔实的中国史籍，有举世闻名的兵家典籍。如此种种，不胜枚举。在这方方面面中，有汉民族的创造，也不乏少数民族的创造与成就。例如，中国诗歌由《诗经》而至《楚辞》，从《汉乐府》再演变为唐诗，最终形成韵律铿锵、表达隽秀凝练、句式长短整齐、形式简洁严谨的五言、七言律诗，也是包括汉族诗人在内的中华各民族诗人共同探索、创造和实践的结果。

在中华各民族共同创造优秀传统文化的过程中，各少数民族的贡献是相当突出、不容忽视的。从历史上看，各少数民族都在相对集中的居住区内建设和发展当地的经济、文化事业，最后融入中华民族的经济、文化事业之中，使之更加丰富和完善。最早在我们今天的东北地区开发建设的民族就相继有乌桓、鲜卑、朝鲜、高丽、契丹、奚、室韦、女真等。在北方和天山以北地区，匈奴、丁零、乌孙、鲜卑、突厥、回纥、蒙古、哈萨克等少数民族都相继在此居住、开发和建设过。天山以南地区则是由氐羌诸族和阿拉伯系统的各城邦、游牧民族及维吾尔、蒙古等族开发建设的。青藏高原由吐谷浑、吐蕃等民族，云、贵、川、湘则是由百越诸族最初开发建设的。像承德、遵义、昆明、大理、拉萨、呼和浩特、镇远、丽江、日喀则、银川、喀什等名城，有的完全由少数民族建成，有的则最初是由少数民族开发建设的。国务院批准确定为有重大价值的62座历史文化名城中，就有承德、拉萨等12座是由或者最初由少数民族兴建的。作为国家重点文物保护单位的秦汉以来的37处古遗址中，就有楼兰故城遗址（新疆若羌县）、辽中京遗址（内蒙古宁城县）等13处属于少数民族在古代建成的。其他古建筑、古文物之类，出自少数民族的也不为少数。直至今天，新疆和田的玉雕，维吾尔族的地毯，彝族、白族的漆器，阿昌族的刀具，壮族、黎族、苗族、傣族、侗族的织锦、桃花和纺织，苗族、瑶族、布依族的蜡染等工艺美术制品，都仍然被作为中华民族优秀传统文化中的重要组成部分，受到国际国内广泛的赞誉和肯定。

中华各民族在历史上首先是努力创造自己优秀独特的文化，并在历史发展过程中不断充实、丰富和完善自己的民族文化。以后随着各民族相互交往和联系的增多，又彼此吸收、消化其他民族文化的优点和长处，对自己的民族文化加以发展，或者将自己的文化融入到一种更先进、更博大的文化之中。中华民族的形成与发展，为中华各民族文化的融合奠定了基础、创造了条件，从而最终形成了包容广泛、博大精深的中华民族的传统文化。这是中华各民族共同奉献与创造的结果，也是中华各民族都足以引为自豪的成就与业绩。

一方面，中华优秀传统文化产生于中华各民族的交往与融合的过程之中，伴随这一过程的深化而升华。另一方面，中华优秀传统文化一经形成，又以自己凝聚人心的魅力给予中华各民族以巨大的熏陶和影响，从而巩固民族融合的成果，增进民族大家庭的团结；通过自己所推崇的精神、气节、道德、价值观念等，把中华民族凝聚成为一个牢固的整体。因此，中华民族的形成、巩固与发展，是形成优秀传统文化的土地、根基，而优秀的传统文化则是产生于这片土地、这一根基之上的参天大树，反过来对这片土地、这一根基以回报。二者相辅相成，相得益彰。任何割裂二者关系的看法或观点，都是不正确的。

第三节　中华优秀传统文化的基本特征

中华民族在漫长的形成和发展过程中，孕育形成了优秀的传统文化。中华优秀传统文化产生于民族形成的过程，又反作用于民族的形成和发展的过程，显示出与世界上其他民族文化所不同的一些基本特征。这便是重"和"、重"人"、重"德"。

一、重"和"的中华传统文化

在中华传统文化中，儒家的孔子提倡"礼之用，和为贵，先王之道，斯为美"，把"和"视为儒家文化所追求的最宝贵的美的理想；道家的庄子则把与人和，称为"人乐"与"天和"，称为"天乐"，视"和"为道家文化追求的乐的最高境界。

"和"者，和谐也。中华传统文化讲求的是：人与人的"和"，即人类社会要和谐；人与自然的"和"，即人类与自己赖以生存和发展的自然环境要和谐。在作为中华传统文化载体的文化典籍、名人言论，乃至一些器与物的造型设计上，我们都不难看出一个个大写的或者小写的"和"来。

在中华传统文化中占有一定地位的我国古代最早的一部哲学著作《周易》中，就体现出这种注重"和"、追求"和"的宇宙观。《周易》用乾、坤、震、巽、坎、离、艮、兑八卦，分别代表天、地、雷、风、水、火、山、泽，以包罗世界万事万物。八卦的每一卦自相重叠，又推演出八八六十四卦，用以说明宇宙间纷繁复杂、运动多变的自然现象及其相互间的关系。并且八卦又是以阴爻与阳爻互相重叠而成的，以此来表示万物的对立与统一，"和"与"失和"的因果关系。以《周易》的观点来看万物之所以能生成变化，是因为阴阳的相互组合即相互作用的结果，如果这种相互作用的结果趋于平衡，那么自然界、人类社会或相互作用的对象就能获得和谐发展的根本条件；但如果这种阴阳相互作用的结果失和，则必然招致灾祸或失败。这自然要求人们凡事当关注一个"和"字。而八卦结构的设计上，也保持了阴阳总体上的平衡。八个卦中的阴爻与阳爻总数相等，各 12 个；八卦两两相对，乾坤、震艮、离坎、巽兑四对，相反相成；八卦在空间位置的摆列上，震（东）、巽（东南）、离（南）、坤（西南）、兑（西）、乾（西北）、坎（北）、艮（东北）占定八个方位，形成一个周而复始，能自身无限循环的和谐的圆圈，从有限中生出"和"的无限来。尽管《周易》对宇宙的观念中有其神秘的色彩，但它认为"有天地然后有万物，有万物然后有男女"，讲求"天人合一"，把包括人类社会和自然界在内的整个宇宙视为一个和谐的生命统一体；认为事物内部相互对立的双方，必须贯通、联结、趋和、平衡，事物才能顺利发展；认为对立面的和谐，表现于不断的运动、变化和更新的过程之中，即所谓"刚柔相推而生变化""日月相推而明生焉""寒暑相推岁成焉"，而贯穿一个"和"，突出一个"和"的宇宙观，也极大地影响了传统文化，并成为其精神内核。

在追求人生的和谐方面，古代的思想家，一是要实现个体生命与宇宙生命的和谐，即人生应当追求与自然界高度和谐统一的精神境界，而不在于什么与躯体同朽的功名利禄之类；二是强调以中庸为准则的处世哲学，即人生在处理各种面对的问题与矛盾的过程中，要避免"过"或"不及"这样两种失"和"的偏向，而保持一种恰当的、中庸的或者说"和"的态度来待人处事，以保持各种矛盾与关系的和谐统一。当然，这种中庸也好、"和"也罢，正如孔子所要求的"君子和而不同"。"和"是和谐，"同"则是苟同，二者是完全不同的。"和"贯穿于待人处事中，是要积极地去保持矛盾的和谐统一，而苟同则不过是一种消极地维持矛盾的办法而已。正是由于中国古代这种重"和"的人生观，使我们民族形成了注重个人品德修养，待人处事讲礼仪、讲谦恭、讲宽厚的品格，使我们民族具有了崇尚和平的精神；并且我们的传统文化中也特别推崇那些能实现政通人和、开太平盛世的贤君明主，因为他们在治理社会中实现了"和"的要求，创造了社会的和谐统一。

此外，在器物的制造、建筑物的设计与建造、中国画、中国园林、中医药学等方面，追求和谐、重视和谐的例子更是不胜枚举。

二、重"人"的中华传统文化

中华传统文化贯穿着一个看重人和注重对人的研究的特征。周朝时已有了"天视自我民视，天听自我民听"之说。到了春秋时代，人们已经能做到把自然界看成是一种与人相通、为人而存在的环境了。"天""地""人"被并称为"三灵"，同时还强调人是"万物之灵"，是天地的"心"，把人看成宇宙的中心和主宰。到孔子那里则变成了"仁者人也"。其学说强调"仁"，也即强调"人"。因此，有人称孔子的学说就是关于人的学说。正是由于先秦时代开始形成的这样一种注重"人"、看重"人"的传统文化特征，并在以后的历朝历代不断完善和强化，所以能使中华民族执着追求于现实中安排人生而拒绝把自己全部交给上帝或天国，从而避免了由宗教对国家、社会乃至民族的长久统治所引起的愚昧与灾难。

中国传统文化重"人"的特征还表现在重家庭上，把家庭视为人一生活动的一个中心，把家庭和谐融洽的关系扩大而推广至社会国家。之所以这样，客观上是因为中国古代建立在封建小农经济与宗法制度基础上的家庭，不但是一个生产单位、教育单位、宗教活动单位，而且还是一个法律单位，即在家长或父母带领下，家庭成员一起劳作以求衣食之源；子女的教育主要从家庭内开启蒙；祭祀祖宗，以求避祸降福也主要以家庭为单位进行活动，遇纠纷也由家长或族长来裁决是是非非。家庭、宗族成为一个小社会，是人安身立命的基础。于是家国难分、家国一体。要治国平天下，先得修身齐家；君被称为君父，臣自称臣子，地方官成了父母官，治下百姓自认子民，老师被尊为师，"天下一家""西海之内皆兄弟"成了人们追求的理想的人际关系，"老吾老以及人之老，幼吾幼以及人之幼"，也是由家庭关系推广于社会的。几千年中国封建社会所以能稳固与发展，与传统家庭的地位、人们重视家庭的观念及传统文化对这种家庭关系、观念的推崇是有极大关系的。而传统文化对家庭及其稳固的重视，乃是与它致力于社会、人生的安定与和谐相一致的，仍然是一种重"人"，或者可称之为人本主义文化的反映与体现。

三、重"德"的中华传统文化

中华优秀传统文化以重"德"为一大本色。这种重"德",一方面强调要注重个人的品德修养,以实践道德的最高要求,另一方面则强调以道德作为整个社会、整个文化立足的基础。

传统文化,特别是儒家文化,推崇看轻物质享受而追求道德修养与精神境界升华的行为。虽强调人具有社会性,因而人的道德还应表现在处理人际关系中能遵礼守义,自觉与他人、与社会保持和谐与安定;更进一步的要求则是把个人的品德修养与实现理想社会的目标联系起来,使个人的品德修养成为一种首要的条件"修身、齐家"都不仅只是为了独善其身、独善其家;更主要的是为了要去"治国、平天下"把"修身"与"平天下"联系在一起,从而将造就道德人格的意义上升到为最终实现建功立业的出发点与先决条件的高度,使这种道德行为具有宏大的气魄。孔子说"三军可夺帅也,匹夫不可夺志也",把普通人道德志向不能丢掉这一点提到了相当的高度。曾子告诫"士不可以不弘毅,任重而道远",责任使之然。孟子认为,有远大抱负的人、担当大任的人,更应当刻苦磨炼自己的道德意志,提高自己的道德修养,否则就会经受不住考验,一切都难以实现。因为"天将降大任于斯人也,必先苦其心志,劳其筋骨,饿其体肤,空乏其身,行拂乱其所为,所以动心忍性,曾(增)益其所不能",传统文化中推崇的最高道德境界是"贫贱不能移,富贵不能淫,威武不能屈",直至"杀身成仁""舍身取义"。这无论是对一般人、有志向的人,或者是准备每当大任的君子,传统文化都提出了一个怎样注重并搞好个人品德修养的问题,而且将此问题摆到了一个极为重要的位置上。

中华优秀传统文化还以道德作为自己的基础,让道德观念渗透于自己的各个方面,并以道德观念为标准判断当褒还是应贬,判断世事的是与非。例如,对好的政治称为"德政";好的军队誉为"仁义之师";文学讲究"文以载道";做人要求重自我约束,将心比心地与人交往,"己欲立而立人,己欲达而达人,己所不欲,勿施于人",等等。这样,传统文化形成了以伦理为本位,辐射整个文化各个层次、各个领域的德的体系,使之对社会的引导力、凝聚力也大大增强。

尽管传统文化强调重视的"德",有其历史、时代及阶级的局限性,但这一特征的积极意义仍然是显而易见的。一方面,它从人与社会、个体与群体的关系中揭示出一个质朴的道理,即每一个人都应当具有一种社会责任感,个人与社会群体的关系中,社会群体的利益是高于一切的,个人应当在追求国家、民族最大利益的实现中去实现、去完善、去超越自我,这样才能达到人与社会群体的真正和谐。另一方面,传统文化重视"德",以"德"作为自己整个的基础,则在保障社会的和谐安定,使中华民族始终保持稳固的大一统中,发挥了自己独特的不可比拟的积极影响和作用。这些都是值得我们很好总结与发扬光大的。

第四节　了解认识中华优秀传统文化的意义

一、了解、认识中华优秀传统文化,是正确看待我们民族的历史的需要

中华民族何以曾经能够长期居于世界的前列,直接或间接地影响和推动世界文明发展的进程?这需要我们去学习、了解和认识中华传统文化的渊源及其发展。

世界上任何一个国家、任何一个民族,都有自己的历史和文化,有自己的文化传统。但世界上还没有任何一个国家、任何一个民族的历史文化能像中华传统文化这样,在世界古老文化中几千年源远流长,绵延不断,博大精深。也没有任何一个国家、任何一个民族的文化传统能够像中华优秀传统文化这样,蕴含如此丰富的思想内容和无比巨大的向心力、凝聚力和奋进力。

中华传统文化在长期的积淀和发展中,在各个领域都有极其丰硕的成果,对世界文明发展的贡献也是举世公认的。这包括思想、学术、哲学、教育、宗教、典章制度、伦理道德、语言文字、文学艺术、天文地理、农学医药、科学技术、文化典籍、文物宝藏,乃至衣食住行、社会风尚、民间习俗等方面所取得的成就、成果,以及对周边诸国乃至世界产生的广泛而深刻的影响。

只有对中华优秀传统文化有了深透的了解和认识,对中华民族历史的认识和评价才会趋于正确,而不致在企图贬低或丑化我们民族历史的风浪面前产生怀疑或动摇。

中华传统文化所代表的以黄河、长江为标志的"黄色文明",是否就如同某些人所说的那样,会在西方的"蓝色文明"兴起的面前自惭形秽,而最终不得不被送进

历史的博物馆？这需要我们去学习、了解和认识中华优秀传统文化的基本特征、精神内涵及其所褒扬的品质等。一个民族是要有一点精神的。一个民族的自尊、自信，离不开对自己历史和文化的深刻认识。在那些"言必称希腊""誉不离欧美"的人那里，对哥伦布1492年10月抵达美洲新大陆是洲际航海的里程碑之论，津津乐道且深信不疑。其实，只要稍微了解一点中国历史的人，就会知道，早在明永乐三年（1405年），中国人就已经开始了大规模的洲际航海的壮举。在时间上，中国人郑和早哥伦布87年立下了洲际航海的里程碑；人数上，郑和所率之众达27800多人，比哥伦布区区87人的数量多了300倍；规模上，哥伦布不过小船3艘，而郑和所率的船队有几十丈长、十几丈宽的大船62艘，二者相差也在数百倍，就是一艘宝船上所载，也是人上千，物更不计其数，比起哥氏3艘小船的运载量，也在十数倍以上。哥伦布自1492年起10年间四次西航去美洲。而郑和自之后的28年中，是七下西洋。沿途经过30余国，曾到南亚诸国、阿拉伯地区和非洲东岸各国。船队还曾绕过非洲好望角到达西南岸的大西洋海域，航程涉三洋连两洲。因此，无论从时间、次数、人数、规模、装备、通商贸易、文化交流、友好外交，还是闯过的海域等任何一个方面来看，欧洲人哥伦布的洲际航海，在中国人郑和的洲际航海面前，不过是小巫见大巫！所以，是中国、是中国人郑和首先创下了洲际航海的里程碑。这样的自尊与自信，是建立在对我们民族历史文化了解和认识的基础之上的。欧洲中心主义者的无知与偏见，又岂能动摇得了它？

一部"二十四史"，构成了世界上绝无仅有的系统完整的中华历史长卷，在世界文化宝库中是当之无愧的精品中的精品，瑰宝中的瑰宝。字里行间，是中国五千年的辉煌历史。不知道中华民族优秀的传统文化，不了解中华辉煌灿烂的历史，不清楚我们民族传统中有哪些是值得永远珍视并需要继续发扬光大的传家之宝，就难以真正牢固地树立强烈的民族自尊心、自信心和自豪感。而这些正是我们今天十分需要确立又必须确立，不容丝毫含糊和动摇的。

二、学习、了解、认识中华民族优秀传统文化，是进行爱国主义教育的需要

中华民族是一个有着爱国主义光荣传统的民族。爱国主义作为团结和鼓舞中国人

民奋勇前进的伟大旗帜，是推动中国社会不断前进的巨大力量，是中华各民族人民共同的精神支柱。在新的形势下，进行爱国主义教育，继承和发扬爱国主义传统，就具有更加重大的现实意义。

进行爱国主义教育有各种方式、许多内容，而进行中华民族优秀传统文化教育，使全国各族人民，特别是广大青年，知我中华、爱我中华，更是主要的内容和有效的方式。所以中共中央在1994年9月印发的《爱国主义教育实施纲要》中，将进行中华民族优秀传统文化教育列为爱国主义教育的主要内容，特别强调中华民族优秀传统文化"这笔丰厚的文化遗产是进行爱国主义教育的宝贵资源"。

用我中华具有强大生命力，内容博大精深，蕴含崇高民族精神、民族气节和优良道德的优秀传统文化教育人民、教育青年，用我中华产生了哲学、社会科学、文学艺术、科学技术等诸多领域的成就，孕育了无数杰出的政治家、思想家、文艺家、科学家、教育家、军事家，留下了丰富的文物史迹、经典著作的优秀传统文化激励人民、激励青年，就必能振奋民族精神，增强民族凝聚力，树立民族自尊心、自信心和自豪感，巩固和发展最广泛的爱国统一战线，把广大人民群众、广大青年的积极性、创造性引导和凝聚到建设中国特色社会主义的伟大事业上来，引导凝聚到为中国的统一、繁荣和富强作贡献上来，从而早日实现四化，振兴中华。

事实证明，学习、了解和认识中华优秀传统文化，不但具有重要的现实意义，而且随着时间的推移，还将产生深远的历史影响。

第五节　中华优秀传统文化是文化自信的基石

中华优秀传统文化是中华民族在5000多年的历史长河中积淀下来的理性和生存智慧，具有强大的生命力。中华优秀传统文化是文化自信的基石。

一、立足中华优秀传统文化是增强传统文化生命力的必然要求

汤因比曾把人类历史上出现过的文化形态统计为26个。时至今日，只有七八个文化形态依然传承。其他的文化，要么衰落了，要么消亡了，要么被征服了，要么出

现过中断。唯有中华文化在几千年的历史长河中历经磨难和挫折，但不曾中断过。这足以说明中华优秀传统文化有着强劲的生命力。延续中华优秀文化生命力，必须将中华优秀文化和时代相结合，"只有融入当代中国的文化建设之中，成为当代中国文化新形态的有机组成部分，中华优秀传统文化才能延续其生命、彰显其价值、展示其魅力，中华文化的发展才不至出现断裂"。党的十八大后，以习近平同志为核心的党中央越来越强调文化自信的重要性。培育和提升文化自信成为建设中国特色社会主义文化的重要工程。将传统文化与这一工程结合起来，将传统文化的积极基因植入提升文化自信这一工程的方方面面，必将增强和延续传统文化的生命力。

二、立足中华优秀传统文化是文化发展的必然要求

提升文化自信，是当代中国文化建设的重要内容。任何一个民族的文化建设、文化发展都是在既有的条件和基础上进行的，也就是说，必须继承历史上留下的已有的文化。毛泽东在《新民主主义论》中曾深刻阐述了这一观点，"中国现时的新政治新经济是从古代的旧政治旧经济发展而来的，中国现时的新文化也是从古代的旧文化发展而来，因此，我们必须尊重自己的历史，决不能割断历史"。在批判继承中国传统文化的基础上，中国共产党人创造出了民族的、科学的、大众的新民主主义的文化。这种新文化一经提出，就成为近代中华民族实现民族独立和人民解放的重要思想武器。它一改鸦片战争后中国人文化自卑的心态，成为中华民族自立于民族之林的思想基石。在新时期，要提升文化自信，建设中国特色社会主义文化，也必须立足于中华优秀传统文化。

三、立足中华优秀传统文化是提升软实力的需要

一个国家的综合实力既包括经济、科技、军事为主要内容的硬实力，还包括以文化、意识形态、价值观为主要内容的软实力。当今世界，国与国之间的竞争与较量不仅仅取决于硬实力，也取决于以文化为核心的软实力。早在几千年前，中国的先哲们就提出了重视软实力的思想。《黄帝四经》曰："重柔者吉，重刚者灭。"老子的《道德经》曰："天下之至柔，驰骋天下之至坚。"软实力强调的是国与国之间的合作与吸引，这是一种通过塑造本国良好的外在形象影响他国的能力。这种能力主要来自于文化、政治价值观和外交政策。中国传统文化蕴含的软实力因子是提升文化自信的重要资源。

习近平总书记曾强调了中华优秀传统文化对提升文化自信的重要性，"我们坚定文化自信的坚实根基和突出优势，就在于中国优秀传统文化。博大精深的中华优秀传统文化、中国人几千年来积累的知识智慧和理性思辨，是我们最深厚的软实力"。

第六节　中华优秀传统文化的内容特质与文化自信

一个国家、一个民族、一个政党的文化自信不是天生就有的。在几千年的历史长河中，中华民族创造了优秀的中华传统文化，这些传统文化所蕴含的人生理想、道义担当、理政之道和经世之道成为我们民族独特的精神标识，也成为我们提升文化自信的基石和底蕴。第一次鸦片战争之后，中国人丧失了原有的文化自信。在中国从传统社会向现代社会的转型过程中，面对西方强势文化的冲击，中华民族原有的文化自信重塑与提升之路充满了曲折与艰辛。实现中华民族伟大复兴，必须要有文化自信的提升。审视中华优秀传统文化，可以发现其有着提升文化自信的丰富的理论内容和独特的精神气质。

一、从内容上看，中华优秀传统文化蕴含提升文化自信的丰富资源

中国传统文化是以儒家为核心、结合释道为一体的综合体系。这一体系在基本内容上"重人""重德""重和"。"重人"是中华优秀传统文化的重要精神和内容。中国哲学，本质上是一种人生哲学。周朝时已有了"惟天地万物父母，惟人万物之灵"之说。孔子则提出了"仁者，人也"。其学说强调"仁"，也即强调"人"。正是由于先秦时代开始形成的这样一种注重"人"、看重"人"的人本主义文化传统，中华民族拒绝把自己全部交给上帝或天国，从而避免了由宗教对国家长久统治所造成的愚昧、冲突和灾难。"重德"是中华优秀传统文化的又一重要内容。早在孔子之前，叔孙豹就提出了"立德，立功，立言"的"三不朽"，"立德"被排在三立之首位。春秋时期，孔子在整理殷周典籍的过程中，提出了重德的"仁学"思想。"仁"的基本内涵是"仁者，爱人"，"仁"的基本原则是"己欲立而立人，己欲达而达人"。要实现"仁"者的目标，个人必须注意自身人格的完善。为此，孔子提出了"三军可夺帅也，匹夫不可夺志也"，

孟子提出了"天将降大任于斯人也，必先苦其心志，劳其筋骨，饿其体肤，空乏其身，行拂乱其所为，所以动心忍性，曾益其所不能"的道德修养要求。传统文化对"德"的尊崇使中华民族形成了许多优秀的传统美德，这些传统美德形成了中华民族独特的民族精神。"重和"是中华优秀传统文化的另一重要内容。孔子认为，"和"非常重要，"致中和，天地位焉，万物育焉"。为了达到"和"的理想状态，必须坚持"中庸"之道。道家认为，道生一，一生二，事物的存在和发展始终包含阴与阳、硬与软、对抗与和谐两个方面，而和谐是主导面。法家和墨家也都强调"和"的思想。中国传统文化"贵和"的精神使中华文化始终能以一种包容的姿态面对外来的文化。

二、从精神气质上看，中华优秀传统文化具有提升文化自信的独特特质

中华优秀传统文化非常强调个人自强不息的奋斗精神。《周易》曰："天行健，君子以自强不息。"这是告诫君子应该效法天道，自立自强。儒家也看重自强不息的品质，"志士仁人，不可以不弘毅，任重而道远"。儒家认为，只有具备坚毅的品质，才能实现大同世界。刻苦坚忍、百折不挠、自强不息的奋斗精神成为我们民族精神的一部分，深深地烙印在中华民族的灵魂深处。正是这样的民族精神，中华民族才创造了古代灿烂的中华文明；也正是这样的民族精神，中华民族在近代落伍的情况下，仍然能奋发前行。宽广仁厚、兼容并包是中华文化的另一精神特质。"地势坤，君子以厚德载物"，"厚德载物"体现的是一种包容精神和开放姿态。这种宽厚的品质使中华文化在面对外来文化时，总能从其身上汲取优秀成分，发展壮大自身。比如，汉朝时，印度的佛教通过丝绸之路传入到了中国。中华文化对这种域外文化始终保持着一种开放的姿态。佛教典籍被不断翻译、介绍进中国。隋唐时期，佛教文化和中国儒家心性说相融合、相碰撞，产生了具有中国本土气息的八大教派。佛教在中国的本土化丰富并发展了中华传统文化。天人合一是中华优秀文化的又一精神特质。天人合一思想发源于周朝，经过孟子和董仲舒的发展，到宋代二程时达到成熟。《周易》曰："夫大人者，与天地合其德，与日月合其明，与四时合其序，与鬼神合其吉凶。"此处的天地、日月、四时、鬼神指自然。这句话告诫人们，人类的行为要遵循自然的品性和自然的运行规则，即"易理"。道家把天看作自然之天，人是自然发展过程中的产物。因此，人不能脱离自

然，只能顺乎自然而为之。中国传统文化中的天人合一思想对解决当代生态危机有重要启示。

第七节 中华优秀传统文化的时代价值与文化自信

世界上任何一个国家、任何一个民族文化自信的提升必须从其传统文化契入。传统不是守旧、僵化的代名词，"传统文化是保存先人的成就，并使继起的后代适应社会的一种既定存在形态；若没有传统文化，现代人决不会比类人猿更高明。因为生物学意义上的遗传最多只能使我们在生理构造方面比类人猿更精细一些，只有传统文化的世代承袭才使我们成为真正的人"。中华优秀传统文化作为中国人几千年理性和生存智慧的积淀，它不仅解决了过去中国的发展和中国人精神生活的问题，它对当代中国和世界的发展也有着多方面的价值和启迪，它为中华民族文化自信的重塑和提升提供了丰富的养分。

一、在肯定中华优秀传统文化对完善国家治理体系和提高国家治理能力的作用中提升文化自信

推进国家治理体系和治理能力现代化是全面深化改革的总目标。要实现这一目标，"需要对我国历史和传统文化有深入了解，也需要对我国古代治国理政的探索和智慧进行积极总结"。比如，中华传统文化中强调为政者廉以洁己、慈以爱民的廉政思想，对当今我国国家治理体系中的腐败遏制有重要价值。孔子提出的"其身正，不令而行"，强调了君主以身作则的重要性。孟子提出的"君仁，莫不仁；君义，莫不义；君正，莫不正"思想强调了君主的仁、义、正对国家安定的价值。汉代的贾谊也强调了明君和官吏道德上以身作则的意义，"故民之治乱在于吏，国之安危在于政。故是以明君之于政也慎之；于吏也选之；然后国兴也。故君能为善，则吏必能为善矣；吏能为善，则民必能为善矣"。这些强调执政者加强自身道德修养的思想对当今中国治国理政有重要启示。要把当今中国的事情办好，必须加强各级政府领导班子建设。要把建设一支政治坚定、注重实效、作风优良、廉洁自律的干部队伍作为治国理政的重要工作。另外，中华优秀传统文化中"和"文化对国家治理也有一定的借鉴价值。国家治理的

根本目标是实现经济发展、社会稳定、民众幸福。能否推动经济发展、社会稳定、民众幸福也成为考量一国国家治理体系和治理能力的重要指标。

二、在肯定中华优秀传统文化对维护世界和平的价值中提升文化自信

和平与发展是当今世界的主题。世界从整体上看是和平的，但局部地区仍然动荡不安，冲突不断，恐怖事件频频发生，各国之间的分歧和隔阂不断加大。维护世界和平，需要各国协同努力。中华民族历来是一个爱好和平的民族，爱好和平在儒家思想中也有很深的历史渊源。孔子强调："克己复礼为仁。一日克己复礼，天下归仁焉。""仁"不仅是处理人际关系的原则，而且是处理国与国关系的原则。孟子提出了行"王道"和"以大事小""以小事大"的邦交原则，"惟仁者为能以大事小，是故汤事葛，文王事昆夷。惟智者为能以小事大，故大王事獯鬻，勾践事吴"。值得注意的是，孟子还特别将维持国与国之间友好关系的重点放在大国方面。这些优秀的中华传统文化启迪着世界各国，唯有确立和平的理念，国与国之间才能减少纷争和战争，才能维护世界和平。当前，东北亚局势异常紧张，韩美在韩部署"萨德"导弹防御系统，这种武器的威慑不仅无助于解决半岛已有的冲突，反而激化了双方的矛盾，直接导致了东北亚不断升级的军备竞赛。东北亚有关各方，尤其是美国，应该从中国传统文化中汲取智慧，不要动辄以武力震慑来解决问题，而应该以沟通、协商的方式，达到"不战而屈人之兵"。

三、在肯定中华优秀传统文化对当今世界全球性问题的化解中提升文化自信

随着全球化进程的推进，世界范围内出现了一些关系全人类根本利益、威胁人类生存和发展的环境问题、生态问题、能源问题、可持续发展、极端恐怖主义问题。这些现实危机的出现引发了西方社会对现代性的反思。历时 200 多年的全球化进程的确改变了全世界的面貌，但经济的发展和科学技术的进步使人所处的环境危机四伏，使人成为"机器的一个零件"，成为"单面人"。这些问题的出现固然和西方片面追求经济增长的发展模式有关，"但其深层和本质的原因则与人类自身的缺陷分不开——人

的贪婪本性和人是自然界的'主宰'这种文化价值观，使人迷醉于科技的威力，一味对自然索取和征服"。中华优秀传统文化中的天人合一、自强不息、宽容和谐、谦和好礼和求真务实的思想等对解决这些问题有重要的启示。1988 年，世界诺贝尔奖奖金获得者在巴黎发表的宣言中呼吁西方世界关注中国传统文化，"如果人类要在 21 世纪生存下去的话，必须回头 2500 年，去吸取孔子的智慧"。这说明儒家思想对当今全球性问题的解决有重要的价值。从中华优秀传统文化的时代价值彰显中，我们可以看出，中华优秀传统文化具有超越时代的历史恒常性，它冲破几千年厚重的历史长河和壁垒，历经岁月和风雨的冲洗，依然引领风骚，璀璨夺目。中华民族优秀传统文化所具有的这种现代价值是世界上任何其他文化和文明都不可比拟的，它是我们提升文化自信的重要资源。

第八节　中华优秀传统文化的国际影响与文化自信

文化自信不仅包含对自身文化价值的高度肯定，还包括对自身文化影响的充分认识。提升文化自信，必须理性看待中华优秀传统文化在过去和现在的国际影响。当今，随着全球化进程的不断推进，中外文化交流日益频繁，越来越多的中国文化产品出现在国际市场和国际舞台上，中国文化的影响在向纵深发展。中国文化历史悠久，灿烂辉煌，曾长时期居于世界领先水平。通过传教士、商人和留学生等群体，中华文化对东亚、欧洲国家和地区的经济、政治、文化和社会生活曾经产生了深远、持久的影响，有些影响一直持续到现在。

一、中华优秀传统文化对亚洲国家的影响

先秦到清朝前期这一时期，中国在亚洲的历史舞台上是当之无愧的主角。中国周边的朝鲜、日本、越南等国的政治、文化深受中国传统文化的影响。

朝鲜在建国之前，儒学与汉字就已经输入到了朝鲜。中华人民共和国成立后，朝鲜学习汉文化的步伐明显加快。朝鲜设立的太学就是以传播汉学为主要任务的机构。7 世纪时，朝鲜政府因仰慕汉学，还派遣本国贵族子弟前往长安留学，这些留学生返回朝鲜后成为传播儒家文化的使者。10 世纪到 14 世纪，朝鲜政坛更替频繁，但无论

哪一个政权，皆以儒家思想为立国之本。儒家思想不仅对朝鲜半岛的过去有影响，对当今韩国的企业管理、影视制作、学校教育仍然有深远的影响。确立了"文化立国"的战略后，韩国的影视剧中渗透着儒家浓浓的文化精神和温情道德，它不仅受到中国和日本等东亚国家民众的追捧，还受到了东欧国家民众的好评。

日本与中国是一衣带水的邻邦，两国很早就有了交往。周朝时，中华文化就传到了日本。隋朝时，圣德太子效法中国制度，进行了国内改革。608年，日本国王接见隋朝使节，向使节表达了向隋朝学习典籍制度以作为建国准绳的愿望。630年，日本派出第一批遣唐使。在此后200多年中，日本共派出遣唐使18次。在返日的留唐学生的策动下，645年，日本发生著名的大化改新。正如日本近代以西方化为目标的明治维新，大化改新的理想就是实现"中华化"。大化改新后，日本的律令大体上采用唐律，各级学校以儒家经典为教科书，日本佛教以中国为母国，日本历法以唐历为蓝本。这说明中国传统文化对古代日本的影响非常深远。近代日本在向西方学习的过程中，并没有丢掉中国的儒家思想，从小受《三字经》《大学》《中庸》《论语》浸染的日本"资本主义之父"涩泽荣一就非常推崇儒家的《论语》，他指出，"日本自应神天皇朝以来，就传来了《论语》这一宝贵的准尺，如果束之高阁，而去寻求其他的规范，这不外是认识上的误区。我相信《论语》的教导是金科玉律，因而拳拳服膺躬行实践而不懈怠"。涩泽荣一告诫日本的企业家，要一手拿算盘，一手拿《论语》。

二、中华优秀传统文化对欧洲国家的影响

13世纪中叶，元帝国建立后，更多的欧洲商人、传教士、使者来到了中国，他们带回的关于中国的信息使欧洲人耳目一新。《马可·波罗游记》的介绍让欧洲人对中国如痴如醉，对东方满怀憧憬。正是在对东方的好奇与向往中，才有了新航路的开辟。英国的拉雷教授曾在他的《英国十六世纪的航海业》一书中这么说西方人对中国的憧憬与新航路开辟的关系，"探寻Cathay确是冒险界这首长诗的主旨；是数百年航行业的意志灵魂"。不过，此时期中国对欧洲的影响主要停留在物质层面上。

16世纪末，利玛窦等传教士来中国后，他们带回欧洲的信息就不仅仅是停留在风土人情、日常生活方面，他们对中国的介绍更多是思想、文化、政治、典籍等方面。这个时期，儒家经典和孔子的学说在欧洲都有了西译本。例如，郭纳桑译《大学》，并改名《中国之智慧》，殷铎译《中庸》和《论语》，刘应译《礼记》部分篇章，马若瑟、

孙璋都曾译过《诗经》，钱德明译《乐经·经传》，雷孝思译《易经》。欧洲传教士们对儒家学说和其他中国传统文化的介绍在欧洲引起了很大的轰动，掀起了一股"中国热"。18世纪，纪君祥的元杂剧《赵氏孤儿》在法国上演。法国大文豪伏尔泰花费数月时间对其进行改编，完成了五幕悲剧《中国孤儿》，上演时轰动空前。"伏尔泰舍弃了原作中的复仇主题，让暴君在高尚的道德情操面前幡然悔悟，以此显示主宰中国人的儒家思想的无穷威力。"可以这样说，伏尔泰的《中国孤儿》就是"五幕儒家道德剧"。在伏尔泰的其他作品中（比如《风俗论》《哲学词典》），他也极为推崇中国的儒家道德思想。中国传统文化对德国思想界也有一定的影响。德国近代启蒙哲学家莱布尼茨的"单子论"就受到了中国儒家思想的启发。莱布尼茨还和在华传教士通信探讨《周易》里的64卦。莱布尼茨在接触了中华传统文化后，曾如此真诚地赞扬中国人："我们一直注意到，中国人无论通过他们的精神和道德，还是关于正直的最理智和精辟的格言，都反映出他们已经开化到如此高的程度，因而一直走在其他异教国家的前面。"中国的传统文化也影响到了俄国。俄国的普希金此时期通读了法国和俄国出版的关于中国的一切文献，还和熟悉中国文化的名流进行了交谈。在这些中国文献和关于中国的交谈中，普希金汲取了对自己有价值的知识，普希金特别关注儒家培养人性的方法。列夫·托尔斯泰也特别迷恋中国传统文化，他有时还直接借助儒家和道家的一些原理来支持他自己的理论。

随着"中国热"，欧洲国家开始了文化上的思想启蒙。以儒家为核心的中国传统文化"为启蒙思想火花的燃起带去'理性'的酵母，致使欧洲中世纪神学权威因受儒学文明冲击而发生动摇，许多思想家深受启蒙"。

综上，无论从内容特质、时代价值还是国际影响上，都足以彰显历史悠久、博大精深的中华优秀传统文化所具有的独特魅力，它是先辈们留给我们的丰厚精神遗产。中华优秀文化不仅推动了中华民族的发展，还为人类文明进步做出了卓越的贡献。提升文化自信，必须立足于中华优秀传统文化。只有深入挖掘中华优秀传统文化的内容特质，高度认同中华优秀传统文化的时代价值，充分肯定中华优秀传统文化的国际影响，吸吮中华民族几千年奋斗积淀下来的精神养分，站立在中华民族广袤的大地上，我们的道路才会走得越来越宽广，越来越稳健，越来越自信。

第四章 中华优秀传统文化的核心理念

第一节 天人之学——天人和谐的探索精神

"天人之学"的"天",泛指宇宙、天地、自然万物。它是一个自然演化过程,其中包括自然规律。《中庸》说"天命之谓性","天"的自然演化是人产生的本原,也是人生存和发展的基础。"天人之学"的"人",则指人类社会历史过程,人性、人生、自我等都是这个历史过程中的重要因素。西汉历史学家司马迁将"究天人之际"当作学术的首要问题。可见,天人之学就是研究自然和社会、人生及其相互关系问题的学问。它和中华文明整个历史进程相伴随,结晶成为传统文化的核心理念之一。

历史上的思想家们思考和解决天人关系问题,为我们留下了既有理论深度又有民族特色的思想财富;这些思想财富凝结在"天人之学"这一核心理念中。天人之学是我国古代思想家对如何认识、改造世界问题的探索和解答,影响深远。思想家们的天人之学,涉及他们的自然观、世界观、认识论、方法论、人性论、社会观、历史观等,我们可以用关于"天人之学"的理论思考概括一个思想家的主要思想特质。此外,以天人之学的发展演变作为主要线索,可以比较清楚地看出中国古代思想文化发展的历史过程。

一、天人之学的产生

考古研究表明,我国大约在5000多年前就形成了以农耕为主的综合经济。中国有两个农业起源中心,一个是黄河流域地区以粟(小米)为代表的北方旱作农业发源地,夏商周文明就诞生于黄河中下游地区;另一个是以长江中下游为中心历史悠久的南方稻作农业区,孕育出对中华文明影响深远的良渚文化。这两个相邻的农业经济体系除了具有各自的特点和发展途径外，相互之间的密切接触和交流一直是推动中华文明发展的强大动力。"天人之学"正是在此基础上逐渐产生、形成和发展的。

天人之学在以农业为中心的生活方式和文化传统中孕育产生，当它开始出现的时候，具有明显的宗教色彩，反映了中华文明起源时期的基本特征。在先民们的生活中，家族血缘的延续至关重要，家族的始祖占有相当显赫的地位；在任何一个家族中，每个人都是向上联系着祖宗、向下开启子孙后代的血缘链条中的一环。因此，早期中国对"天"的崇拜与祖先崇拜有着难分难解的关系。学者们通过研究殷商时代留下的丰富的甲骨文卜辞发现，从商王武丁时期起，殷人就相信在天上存在着一个具有人格和意志的至上神，名叫帝或上帝。在殷人心目中，这个至上神上帝，主宰着大自然的风云雷雨、水涝干旱，决定着禾苗的生长、农产的收成。它高居天上，能降入城邑，导致灾害，因而兴建城邑，必先祈求上帝的许可。邻族的入侵，殷人以为是上帝命令所为。出师征伐，也必先卜问上帝是否护佑。上帝虽在天上，但能将福祥或灾疾降于人间，甚至可以决定人间的一切。人间殷王举行祀典、颁布政令，都必须揣测上帝的意志而为之。

居于天上的上帝有这样的全能和尊严，只有人间的殷王才能与它接近。因而殷人以为殷王死后，可以配天，在上帝左右，称为王帝，也能降下祸福，几乎同上帝一样。由此可知，殷商时期的天、人观念笼罩在浓厚的宗教氛围中。其实，上帝至高无上的地位，只不过是统治人间的帝王在观念上的反映。

随着历史的变迁，周人以僻处殷商西隅的蕞尔小邦取殷商而代之，建立西周。为维持统治，周人必须对这一巨变做出合理解释，才能让殷遗民心服口服。以"天"为基础的天命论便成为周人说明自身政权合理性的重要论据。在周人心目中，"天"是至高无上的神秘力量，与殷人的上帝相比，"天"的人格神色彩淡化，自然性的意义加强了。从某种意义上说，这与周人的生活环境有一定关系。从先周到武王克商，周人活动范围全在晋陕甘黄土高原西半部，这里地势高亢，雨量稀少。除夏季暴雨，难得遇见阴天，地上植被也多是农作物和小灌木。这一带的地形多起伏的塬梁峁沟，而无高山峻岭。周人看到的经常是明朗的笼罩四周而又一望无际的长空。苍天沉默地高悬着，举目四望，只有"明明上天，照临下土"（《诗经·小雅·小明》），"天"在周人心中就有了那种高高在上、明察人间一切的最高神的性能。更重要的是，"天"有自然性的一面，也有道德性的一面。周人认为"皇天无亲，惟德是辅"（《左传·僖公五年》），天不像殷人的上帝那样无目的地降灾赐福，而是有选择地帮助有德行的人。在西周的青铜器铭文中，"天"变成了周人的至上神，它高踞太空，超越上帝。天命是天神向天庭和上帝发布的命令。"天命靡常"，只有有德之人才会受到天命的保佑。康王时的大盂鼎铭文就明确地刻着："丕显文王受天有大命，在武王嗣文王作邦。"天庭里尊显的周文王接受天神要他改朝换代的命令，取代殷人的上帝，然后把这个变革移植到人间，于是周武王顺应天命，灭殷商，建立西周。

可见，商周时期，随着物质文明、精神文明、制度文明的不断发展，人们思想意识中的天人观念也在变化。但"天人之学"始终包含在宗教意识中。"天"是祖先神或者至上神，人们对它只有顶礼膜拜，绝对服从。春秋战国时期，当人们冲破宗教思想的束缚、用理性思维探索天人关系的时候，天人之学就以哲理的形式融入中华文化的长河中，在深刻性和普遍性上拓展着人们对世界的认识和思维。

西周的盛世，维持的时间并不长久，从周夷王开始，便在内忧外患中逐渐衰落，天命论也开始动摇。"天"不断遭到怀疑甚至否定，"昊天不佣，降此鞠讻。昊天不惠，降此大戾"（《诗经·小雅·节南山》），上天不公平呀，降下这么大的祸乱，上天不仁爱呀，降下这么大的祸患。从前赏善罚恶的"天"，现在却福恶祸善，青睐骄横得意的人，对勤劳善良的人不理不睬。"骄人好好，劳人草草。苍天苍天，视彼骄人，矜此劳人。"（《诗经·小雅·巷伯》）在怀疑、怨愤和苦难中，人们渐渐地意识到，天与人的关系并非赏善罚恶那样简单。天有自身运行的法则，不以人的意志为转移，天和人是不同的。所以，春秋时期，西周天命观念虽然仍有巨大的影响，但许多人已经不再满足于对"天"做道德的解释，他们开始将天道、人道进行区别，并抛开宗教观念，给出通过理性思考得来的解答。在一个民族的思想历史中，这种转变是值得注意的。它意味着哲学意识的诞生；人们开始以理性代替幻想，用智慧代替想象，摒弃将超自然的动因作为解释的原则，而以经验的事实作为探究和解说的基础。

《左传》记载，鲁僖公十六年（前644年），周内史叔兴到宋国，他对宋襄公解释当时天上坠落五块石头、六只鹢鸟退着飞过宋国国都这两种罕见的自然现象时说："是阴阳之事，非吉凶所生也。吉凶由人。"（《左传·僖公十六年》）翻译为现代汉语就是："这是有关阴阳的事情，并不与人事吉凶有关。吉凶由人的行为所决定。"他把自然变化理解为无意志的"阴阳之事"，把人类的吉凶祸福理解为人们自身行为招致的结果。春秋末年，郑国的贤大夫子产明确地说："天道远，人道迩，非所及也，何以知之？"

（《左传·昭公十八年》）翻译为现代汉语即："天道玄远，人道切近，两不相关，怎能通过占卜祈祷等迷信方式了解它们之间的关系呢？"春秋时期，人们的思想已有这样的趋势，将"天"与"人"分开来进行独立的探讨，然后再研究它们之间的关系。这种思维方式到战国时期已经较为常见。1993 年在湖北荆门郭店一号楚墓中出土了一批竹简，学者们认为是战国中晚期的作品，其中一组名为《穷达以时》的简上明确写道："有天有人，天人有分。察天人之分，而知所行矣。"可见，摆脱有浓厚宗教色彩的天命论，对天人之学进行哲理性探究的重要一步是对"天""人"进行独立深入的研究。

春秋时期在思想上出现的重人事轻天道的变化，首先见于兵家（军事家）的著作。齐国军事家孙武在《孙子兵法》中首次提出天时、地利、人和的理念（见《始计》篇）。他说的"天时"，指阴阳、寒暑、四时等自然现象；"地利"指路途远近、面积大小、形势险易、环境利害等方面；"人和"指得民心、得民力、上下同心同德。《孙子兵法》认为，军事家运用这三个条件，才能取得战争胜利。史书记载，越王勾践的大夫范蠡在政治上和军事上由于兼顾天时、地利、人和三者，才取得成功，战胜了吴王夫差。战国中期儒家学派的代表孟子认为，天时、地利与人和这三者缺一不可，而"人和"最为重要（见《孟子·公孙丑下》）。战国时的兵家著作《尉缭子》也认为，"天时不如地利，地利不如人和"（《战威篇》）。战国末道家的《十大经》（古佚书）把知人事作为知天时、地利的中心环节。由此可见，我国古代重人事轻天道的思想既来源于战争的实践，又经过理论的提炼，它不是思想家们空想的产物。

这种"有天有人，天人有分"的思想，在战国中后期的《周易·贲·彖》中得到明确表述。它说："观乎天文，以察时变；观乎人文，以化成天下。"这里"天文"指季节、时令等自然变化的学问；"人文"则主要指人类社会和自身的道理。古人没有把"天文"和"人文"对立起来理解，而是以变化的眼光看待二者，认为它们是统一的、互相协调的、互相关联的。如果把"人"放到历史演化的背景中去理解，那么经营着农业，跨入文明门槛的人们，也可以看作大自然（"天"）演化的过程和结果。在这种意义下，人是自然（"天"）的一部分。"人文"是人在生产生活中逐渐认识、顺应"天文"而创造出来的，这种创造不断积累，融入社会，常变常新，日久成俗，形成一种生活方式，一代代沿袭下来，成为一种文化传统，这就是所谓"观乎人文，以化成天下"的意义。这样的文化是民族的血脉，是人民的精神家园，它犹如一个巨大的信息库，储存着先民们在行为方式、思想观念、社会制度上的传承和创新，构成社会创造与再创造的基础，产生强大的推动力量，使民族精神得以传承、凝聚、提升、发展，永不衰竭。

二、先秦诸子天人和谐思想的形成和发展

在天人之学的产生过程中，天人和谐思想也逐渐形成和发展起来。

春秋战国时期，深究天人之学，构筑理论体系，建立自然哲学丰碑的，首先是老子和《老子》一书。《史记·老子韩非列传》记载，老子姓李名耳，是春秋末期东周王室管理书记档案的史官，有机会博览群书，融会"天道"与"人道"的知识，终于成为一代大哲学家、道家学派的创始人。虽然有的学者认为《老子》一书并非其本人所著，而是成书于战国时期，但学者们大都同意《老子》一书记述了老子思想的精义。在老子思想中，"天道"受到赞扬，而现实社会则受到批判，"天之道，损有余而补不足。人之道则不然，损不足以奉有余"（《老子》第 77 章）。"天道"减少有余的一方，用来补给不足的一方。现实社会却不是这样，偏要减少不足的一方，用来供给有余的一方。这是老子对春秋时期社会不公的观察和批判。老子最先明确提出了一条思路，即"人道"应效法"天道"，治国者"以百姓之心为心"，实行"无为而治"。他重视对"天道"本身的探讨，指出"天道"是有和无的统一，其运动有"反"的特征，其作用有"弱"的表征，其实只是自然而然，运转不息。应虚心向"天道"学习，在效法天道的实践中，透彻理解"人道"，所谓"推天道以明人事"，"上士闻道，勤而行之"（《老子》第 41 章）。

春秋末期另一位大思想家孔子（前 551—前 479 年）对天人之学有不同于老子的一番理解。孔子开创了儒家学派。所谓儒家，在春秋末期是指那些对西周礼制和文化有修养并且充满敬仰之情的人。《论语》一书是孔子的弟子汇集编撰的，记载了作为思想家和教育家的孔子言行。《论语》记载的孔子言论，基本上有两类，一类是他关于现实的议论，再一类是谈他以前的历史和文化。孔子关注西周礼制的存亡问题。他说过：西周礼制是以夏、商两代为依据制定的，丰富多彩。因此，他主张沿用周朝的礼仪制度（《论语·八佾》）。在《论语》中，孔子多次谈到"天"，但不像老子那样对探讨"天道"本身感兴趣，他更关心"天"对"人"的影响。孔子对"天"或"天命"充满敬畏，他说，君子害怕的有三件事：畏天命，畏大人，畏圣人的言语。小人正相反，不懂得天命，因而不怕它；轻视王公大人；轻侮圣人的言语（《论语·季氏》）。孔子敬畏"天命"，但他不是宿命论者，不认为人的一切已经由天注定，即使再努力也没用。

孔子所说的"天命"包含这样的意义：在人的一生中充满各种偶然性，生死寿夭、穷达祸福都不是人力所能控制的。孔子的学生伯牛生了病，他前去探问，从窗户里握着伯牛的手，说道：难得活了，这是命呀！这样的人竟得这样的病！这样的人竟得这样的病哟！（《论语·雍也》）

但"天命"并不仅只停留在这个层面，它还有更高的精神层面的含义，那就是：孔子认为自己有"天生德"，有一种传承文化的使命，有一种责任感。孔子认为复兴周文王的"文"，是他的"天命"，是他必须承担并且倾尽全力要付诸实践的。孔子周游列国时，离开卫国，准备到陈国去，经过匡这个地方，匡人曾经遭受鲁国季氏家臣阳货的掠夺和残杀，而孔子长得很像阳货，于是匡人错把他当成阳货，囚禁了起来。孔子的生命受到威胁，但他却从容地说：周文王死了以后，一切文化遗产不都在我这里吗？天若是要消灭这种文化，那我也不会掌握这些文化了；天若是不要消灭这一文化，那匡人又能把我怎么样呢？（《论语·子罕》）孔子将传承西周文化、恢复西周礼制作为上天赋予自己的使命。他"五十而知天命"（《论语·为政》），就是要以坚定的信念为复兴周文化而努力。孔子认为要达到这个目的，需要对传统文化进行深入研究，生出一种发自内心的热爱，对文化传统有自知之明，自觉地担当起文化传承与创新的使命，"人能弘道，非道弘人"（《论语·卫灵公》），只有人能把"道"发扬光大，不是靠现成的"道"弘扬人。

面对"天"与"人"，孔子把重点放在"人"。在他看来，"人"的一生必然会遇到的各种偶然性（如死生、富贵等）；但无论遇到什么情况，人对自身所处的文化传统都应该有自知之明，有深厚感情，有责任担当。这就是孔子"天"或"天命"的人学意义。因此，孔子才会说自己：生活态度上不怨天、不尤人，行动上则只是潜心学习，透彻理解深刻的道理，至于个人命运是富贵或贫贱，那就由天去决定吧（《论语·宪问》）。这"天"包含着孔子宽广博大的胸襟与对文化传统的深情厚谊。

老子和孔子的思想，代表着历史上"天人之学"最主要的两种思路。老子主张"道""天道"是世界的根本，应对"道"本身进行深入探讨，最后落脚于"人道"效法"天道"，得出"天道"自然、"人道"不妄为的结论。孔子关注"天"或"天命"，但他更关注有文化使命感、责任感，能发自内心地热爱并自觉弘扬传统文化的"人"，指出不论身处顺境还是逆境，人都应对文化有所贡献，这才算真正实现"天命"。这两种思路对后来的思想家产生了深远影响。

孟子（约前372—约前289年）沿着孔子的思路，在天人关系上，重视人的内心，强调内心对文化的使命感、责任感。人的本性是善的，善的本性直接与天相通。他说：充分扩张善良的本心，这就懂得了人的本性。懂得了人的本性，就懂得天命了。保持人的本心，培养人的本性，这就是对待天命的方法（《孟子·尽心上》）。一个人不论寿命长短，只要他专心致志发挥人性之善，就抓住了安身立命的根本。天是道德之源，人性来自于天，因而人性善。孟子的推论方法是：人赋予天以善性，再用天的权威去证明人性之善。中华文化中所谓道德之天或义理之天即来源于此。它在中国古代思想文化史上占有相当重要的地位，引申为人们的理想和道德仿佛"天"一般广阔、深远，具有无穷的力量，足以克服人间的任何困难险阻。

庄子（约前369—约前286年）是与孟子同时代的思想家，但他的天人学说与孟子截然不同。他继承老子"道法自然"的观点，强调事物的自生自化，万事万物都根据自身的本性生长变化，这就否定了任何形式的外在主宰。在天人关系的问题上，庄子坚定地站在"天"（自然）的立场上看待一切。庄子指出"道"是无处不在的，万物之中都少不了它；少了它，万物就不成其为万物。"道"同时是天地万物所以生成的总原理，自本自根，无始无终而久存。天地万物变化生长、丰富多彩，都是"已而不知其然"的"道"促成的，"道"统摄于"自然"（即《庄子·天地》所说的"道兼于天"）。庄子在和朋友惠施的辩论中说："道与之貌，天与之形，无以好恶内伤其身。"（《庄子·德充符》）翻译成现代汉语即："道赋予人容貌，天赋予人形体，只要不以好恶损害自己的天然本性就足够了。"可见，庄子的天人之学是将"天"看作一个不能随意加以分割和破坏的有机整体，主张人与自然的和谐，这不仅表现为爱护自然、保护自然，而且还含有向自然学习的内容。他认为只要顺应自然而然的"天"，与道为一，"人"就能逍遥自在，遨游于无边的宇宙，进入绝对自由的世界。庄子谈到天或自然的许多方面，最后落到人应当怎样对待人生，以及人应当如何对待自己的感情世界和理智世界。老庄的天人之学从自然出发，最终超越了自然，返回充满喜怒哀乐的人间世界，这是道家人文文化的特色和魅力所在。

探讨天人之学，我们不能忽视《易传》，这部书写成于战国末年，不是由某个人撰述而成，而是众多学者研究《周易》和有关儒家典籍的集体创作。其思想总体上属于儒家学派，但同时也吸取了诸子百家的成果。《易传》共有十篇，其中《系辞》上下篇着重发掘《周易》的哲学潜质，包含关于天人之学的重要思考。《周易·系辞下》说：

《周易》这部书内容深广，无所不包，有天道，有人道，也有地道。可见《周易》重视天、地、人三才之道的统一，可视为一种有机整体的世界观。《系辞》的作者对这样的世界进行研究，探讨其变化的原因，认为"刚柔相推，而生变化"（《周易·系辞上》），"一阴一阳之谓道"（《周易·系辞下》）。"阴""阳"表示一切都是"有对"的，唯其如此，天地与人间才有变化。《周易·系辞上》说：鼓动万物有雷电，润泽万物有风雨，太阳和月亮在运行，一寒一暑在推移，这些不都证明变化的源头是阴、阳的激荡相摩吗？《易传》的作者对天道与人道的变化和关系做了理论探索，强调人与自然是相互作用的，应将事物变化的道理运用于人类社会，认为："一阴一阳之谓道，继之者，善也，成之者，性也。"（《周易·系辞上》）这是说人们在阴阳矛盾的相互交错中可以体察到事物运转变化的途径；人们懂得了变化的道理，就可以形成良好的行为；按照这个道理去待人接物，才能体现人之所以为人的本性。由此可见，《系辞》用变化的道理将天与人联系起来，认为这才是世界的普遍法则。

战国末期，百家之学的总结者荀子（约前313—前238年）在天人之学上也做出了重要贡献。荀子认为，在天人和谐之前必须要有天人相分的阶段；在天人相分阶段，人应该认识自然规律和社会规律，发挥人的主观能动性作用，进行生产活动，"制天命而用之"。这不仅抑制了天人之学的形而上学化倾向，而且将天命决定论的理论空间压缩到最小，从而将先秦时期的天人之学推进到一个新的阶段。

荀子生活的时期，中原各国的统一已成为历史的主题。他涉猎百家之学，曾在齐国主持过稷下学宫，担任"祭酒"。在那里，他与百家之学的思想家们进行切磋，视野更加开阔，思想更有深度。

荀子本着孔子的思路，寻求"和"而否定"同"。"和"是多样性的统一，建立在事物相互区别的基础上，而"同"则是排除矛盾的一致，是没有生命力的单一。荀子探讨"天人之学"的名篇《天论》，把这个道理阐发得深刻而清晰。他写道："天行有常，不为尧存，不为桀亡。应之以治则吉，应之以乱则凶。"认为天有常规，不受人的意愿支配。顺应天（自然）的法则，人们将从天那里取得养生之资，如粮食等。如果人们违反天的法则，将受到它的惩罚。荀子在《天论》中写下一大段关于加强农业生产的文字："强本而节用，则天不能贫。养备而动时，则天不能病。修（循）道而不贰，则天不能祸。"他认为人们抓住农业这个根本，重视农业生产，厉行节约，天就不能使人贫困；有充分的养生之资，营养充足，注重养生，作息时间有规律，天就不能使人患病；加强人的认识、道德、审美等综合修养，持之以恒，坚持不懈，天也不能使人遭受祸患。可见，人在自然的面前不是完全无能为力的。他又说："错人而思天，则失万物之情。"如果看不到人的作用，只是企求天的恩赐，就和天人关系的真实情况相背离。基于上述分析，荀子的结论是："故明于天人之分，则可谓至人矣。"

荀子"天人相分"的观点，在中华思想文化史上揭开新的一页，阐述了一个客观真理：当人从自然界分离出来，成为与自然相对的认识主体、实践主体的时候（也就是认识到天人相分），人才有可能成为有智慧的人，而不是一般意义上的人；不是自然的奴隶，而是能认识并按照自然法则去行动的人。这样的人荀子称之为"至人"，用今天的话讲就是"真正的人"。

荀子在《天论》中着重论述了天人相分，就是看到天和人各自的特点，呈现于人面前的是千姿百态的自然世界，不是一个色彩、一种声音的单调死板的存在。在异中求同，达到和而不同。荀子在《天论》中写下这样的话："万物为道一偏，一物为万物一偏，愚者为一物一偏，而自以为知道，无知也。"在荀子看来，万物只是"道"的一个方面，个别事物是整体的部分，人们往往以偏概全，以部分替代整体，自以为认识了"道"，其实并没有达到全面认识的境界。从"分"到"合"，从个别到一般，这才是人们认识的正确途径。

荀子关于天人既相分又相合的理论，在中华思想文化史上产生了深远影响。东汉时期的王充，唐代的刘禹锡、柳宗元等都在这个大课题上做出了贡献。中国历史上的宋、元、明、清时期，由于本土和外域文化的对立与融合，产生了新的思想课题，但天人之学在这段时期并没有失去它的光泽，只是变换了形式。

三、秦汉以后天人之学的多元化发展

公元前 221 年，秦灭六国，建立了大一统的中央集权的君主专制国家。此后，中国经历了持续 2000 多年的封建专制统治时期，直至 1911 年辛亥革命推翻清王朝为止。这一时期，天人之学的发展呈现出多元化特征，并且渗透进古代的天文历算、中医药学、古地理学、古建筑学等中，产生了重要影响。即使文学与艺术，也没有离开天人之学的滋养。

从秦汉至隋唐时期是中国封建社会的前期。秦汉时期的思想变化与大一统帝国中央专制集权的建立和巩固紧密相关。汉初，诸子之学有短暂的复兴，各学派中，儒、道两家最盛。社会上，神秘化的阴阳五行说影响较大。汉武帝时，中央集权的局势逐渐稳固，儒学定于一尊。董仲舒（前179—前104年）的思想以儒家思想为中心，杂以阴阳五行说和黄老、刑名等思想，形成新的儒学思想体系，为汉代的封建制度提供了理论基础，对后世影响很大。天人之学是其中的一个重点。董仲舒成功地将儒家所讲的仁、义、礼、智、信等伦理范畴与战国以来盛行的阴阳五行说结合起来，建立起"天人感应"说。他认为天人之间存在着神秘的联系，天能干预人事，人的行为也能感动天。他将阴阳五行伦理化，把封建伦理的内容强加于自然界，通过阴阳、四时、五行来说明封建伦理和社会制度的合理性。他还主张通过名号通晓天命，名能够反映事物的真实，而事物的真实情况表达的就是天意，所以："事各顺于名，名各顺于天，天人之际，合而为一。"他以为通过这样深察名号，就可以说明封建宗法秩序的合理性。

从唐末五代割据动乱到北宋王朝出现，中国封建社会进入后期。宋明理学是这个时期的统治思想。它以儒家思想为主干，吸收佛学和道教思想，在唐朝三教融合、渗透的基础上，孕育、发展起来。"性与天道"是理学讨论的中心内容。理学家提出的种种理论大多涉及"天"与"人"的关系，但他们的主要目的是通过对"天理""良知"等的探讨，为伦理纲常提供理论支持，从哲理的高度说明君主统治的合理性，正如程颐所说：只有设立君主才能"治之而争夺息，导之而生养遂，教之而伦理明，然后人道立，天道成，地道平"（《二程集·河南程氏经说·春秋传序》），有了君长，才能治理和引导民众，教化他们，然后天道、地道、人道方能各得其所。这正是封建时期正统思想家们努力的目标。

在天人关系上，有一批思想家排斥"天"的神圣性，强调"天"的自然性，并摆脱"天人感应"说的影响，侧重于将"人"放在自然的、历史的、社会的背景中观察。他们的思想极大地充实了古代中国的天人之学。西汉时期大史学家司马迁（约前145—前90年）关于天人之学的丰富史料，从古代史学中可以见到。他有一句名言："究天人之际，通古今之变，成一家之言。"（《汉书·司马迁传》）在他看来，只有研究天人之间的关系，才能在学术上有所建树。因此，他在学术观点上宣传"天下一致而百虑，同归而殊途"（《史记·太史公自序》），虽然各家各派立论不同，方式有别，但都是对于真理的探索，有助于人们对自然和社会的认识。东汉思想家王充（27—约100年）也在《论衡》一书中猛烈抨击鬼神迷信，指出"天"是由气构成的、没有意志的自然物，自然界和人类社会各有自身的规律。与王充思想接近的还有唐代思想家柳宗元（773—

819 年，著有《天说》《天对》等文章）和刘禹锡（772—842 年）。柳宗元认为天体是由元气自然地形成的，一切自然现象都是气的运行变化所致，没有外在超自然力量的主宰。而刘禹锡在论文《天论》中深入地从"天"与"人"的相互区别和联系说明天人关系，进而提出天与人"交相胜，还相用"的观点。他指出天与人各有自己的作用，不能混同，进而认为天和人的关系不是平行的，人可以胜天，即对自然事物加以利用和改造。通过这样的天人关系而获得的"法制"，则可以成为社会"公是""公非"的标准，这就将先秦《庄子》用以衡量是非的"道"向着文化历史的方向具体化了。

值得注意的是，天人之学在古代中国不仅高高在上，它还以各种形式融入人们的日常生活，古代自然科学、技术工艺和文学艺术就与天人之学有着密不可分的关系。例如，古代的天文学思想不只是对天体进行纯客观的观测和理论建构，而是通过对天体的观察为政事的得失提供依据。正如司马迁所说："自初生民以来，世主曷尝不历日月星辰。"（《史记·天官书》）正是在天人之学的思想背景下，天文学很自然地成为政治的附属品，没有独立发展，而是被用作说明统治者行为合理性的工具。班固在《汉书·天文志》中说出了这层意思："政失于此，则变见于彼，犹影之像形，响之应声。是以明君睹之而寤，饬身正事，思其咎谢，则祸除而福至，自然之符也。"政事有错失之处，天体运行就会发生变化，这就像影子是形体的表现，有响动必有发声之处一样关系密切。因此，圣明的君主看到异常的天象就会不断反省自己的过失，这样才能够除去祸患，招来福瑞，天人之间相互影响就是这样自然而然。可见，天人之学对中华文化的影响有积极的一面，也有消极的一面。

在祖国的传统医学——中医学里，天人关系也是很受重视的。成书于西汉之前的《黄帝内经》包含《素问》和《灵枢》各九卷共八十一篇，它是中医的经典著作，为中医学奠定了理论基础。其中《灵枢·岁露》说："人与天地相参也，与日月相应也。"《素问·宝命全形论》说："人以天地之气生，四时之法成。"说明古代医学家经过长期实践和观察，认识到人与自然存在极为密切的关系，自然界的运动变化，无不直接或间接地对人体发生影响，而人能够通过阴阳认识自然的变化，并且利用这种变化来养生。《素问·四气调神大论》中就说：四时阴阳的变化，是万物生长收藏的根本。所以，圣人在春天和夏天保养阳气，秋天和冬天保养阴气，以顺从这个根本，因而他就能和万物一样，保持着生长发育的正常规律。

除此之外，天人之学也影响了中国古代的文学艺术，培养着人们的审美意识。天和人不仅具有理论性的一面，对许多人而言，它们还具有情感性和美的一面。"天地有大美而不言，四时有明法而不议，万物有成理而不说。圣人者，原天地之美而达万物之理。是故至人无为，大圣不作，观于天地之谓也。"（《庄子·知北游》）天地间有最好的美却不言语，四时有明确的法则却不议论，万物有既定的原理却不说明。所谓圣人，是要探究天地的美好，明确万物的原理。所以至人无所作为，大圣不做什么，这是说他们只在观察并效法天地。神秘美妙的事物存在于充满变化和混沌之美的天地整体之间，人的心灵能对之加以体会是多么美好的一件事。画家把天地之美拿来融入画中，画便有了天地境界，"天地氤氲秀结，四时朝暮垂垂，透过鸿濛之理，堪留百代之奇"。

诗人把天地之美拿来融入诗里，诗歌便有了自然清新，"万物静观皆自得，四时嘉兴与人同"，"一松一竹真朋友，山鸟山花好弟兄"。种种境界蕴含在艺术家独创的作品里，是他们有灵性的"心"与"天地"接触时的领悟和震动，并不仅仅是客观的描绘。天地有大美，人心能体会，天人之学已经超出了单纯的理论层面，启迪着人们发现美好的事物。

综上所述，天人之学在春秋战国时期形成并得到理论上的充实，带有宗教色彩的天命论逐渐被思想家们否定，天人相分而又天人和谐的思想发展起来，在此后的各个历史时期天人之学经过思想家们的传承和创新，变得丰富多彩，并融入人们日常生活的许多方面。在天人之学的讨论中，思想家们虽以不同的方式解释"天"与"人"，给予二者不同程度的重视，但都把天人作为一个整体来思考，没有把它们割裂开来、对立起来。天人之学具有很大的开放性和包容性，他们对"天"与"人"做出了多种可能性的解释。

我们应该看到，历史上的天人之学中，某些形而上学内容对中华文化也有消极影响。思想家们没有将自然与社会截然分开，阻碍了中国古代自然科学和逻辑思维的独立发展。天人之学中往往鱼龙混杂，神学迷信等也常借用天人之学的形式加以宣传。最突出的例子就是将天体运行作为说明政事得失的重要依据，这使中国古代天文学难以成为一门独立的自然科学。在社会层面，由于强调天人的和谐，个体成了天人这个整体的一部分，这就容易抹杀或忽视人的个性、人的独立价值和生命意义。另外，天人之学的整体性或包容性如果失去理智的制约，还容易产生过大的随意性，使天人理论难以被把握，缺乏逻辑上的明晰性和确定性，这是天人之学在方法论上的缺陷。今天，我们研究中国古代的天人之学，对它的优缺点都应充分重视，并以理性的和历史的态度探求产生这些问题的深层原因，从而促进中华文化健康发展。

第二节　道法自然——顺应自然的辩证法则

中华传统文化有众多的核心理念，道法自然就是其中的一个。道法自然的理念来源于《老子》"人法地，地法天，天法道，道法自然"（第25章），阐述的是天、地、人与道的关系，涉及人与人、人与自然关系的探讨，要求人们在认识世界和处理事情的时候，一切都要顺其自然。道法自然的理念最早由道家提出，不断发展演变，影响了法家、儒家等。

道法自然理念在中华优秀传统文化中具有重要的地位。深入了解中华传统文化，就必须对道法自然的相关问题进行研究。特别是在建设生态文明的今天，更有必要通过对道法自然的阐释，来指导我们的行动。

一、"道法自然"的含义和表现

对道法自然的理解，应注意两个方面的问题：一是道、自然各自的含义，二是道、自然与相关的人、地、天之间的逻辑关系。就"道"来说，其基本涵义为道路，引申为规律、法则，指事物发生、发展的内在规律。在《老子》中，"道"是世界的本原，这在其第一章中体现得尤为明显。"道可道，非常道"，指道可以用语言文字来表述，但用语言表述的道并不是常道；"名可名，非常名"，名可以用文字来表述，但用文字表述的名并不是常名。这意味着道具有不可命名性，这是从道的特点来谈的。"无，名天地之始"，无才是天地的开始。老子所说的"无"是什么呢？"无"指空间，没有任何形象，不好说它是方，也不好说它是圆，所以说"无"名（动词，叫作）天地的开始。"有，名万物之母"，有才是万物的开端，"有"开始有了具体的形象。老子接着提到，"故常无，欲以观其妙"，人们用"无"去了解"道"的奥妙。"常有，欲以观其徼"，用"有"去体会"道"的伟大的创造。"此两者同出而异名"，"无"和"有"都是"道"的表现。"同谓之玄"，用一个名词来表述，就叫作"玄"。"玄"是"玄妙"的"玄"，"道"的作用就是"玄"。所以说"玄之又玄，众妙之门"，这种"玄妙"才是天地万物产生的根源。可见，老子不用"神"，不用上帝祖先神，也不用基督教万能的上帝去说明世界，而用"道"去说明世界。老子也不用不同的物质，如中国古代的金木水火土，去揭示世界的来源。老子用智慧把握世界的本质与来源，这是一种哲学的方式。世界现象纷纭复杂，其中贯穿着的本质或本原，就是"一"。在老子哲学中，这个"一"就是"道"，分而言之，就叫作"无"和"有"。"道"转化为丰富多彩的世界过程，就是"玄之又玄，众妙之门"。老子用"道"说明世界的本原，这是中国文化史上最早的伟大创造。

道作为世界的本原，是如何产生万物的呢？《老子》说："道生一，一生二，二生三，三生万物"（第42章）、"道生之，德畜之，物形之，势成之"（第51章）。这就明确指出道是产生天地万物的根源，而且道在产生万物之后，又内在于万物，成为万物各自的本性。那么，道到底是如何产生万物的？《老子》称"道法自然"（第25章），"道"自然而然地产生出了千变万化的世界。这就涉及对"自然"的理解。"自"即自己，在《老子》中出现很多，如"自是"（第22、24章）、"自正"（第57章）、"自化"（第37、57章）、"自伐"（第22、24章）、"自知"（第33、72章）、"自见"（第22、72章）、"自胜"（第33章）、"自定"（第37章）等。在《老子》思想中，世界是自然而然地产生的，本来就是这样的状态，天然就是如此，这就叫作"自然"。没有哪一个神或上帝来创造它。所以说"人法地，地法天，天法道，道法自然"（第25章），人效法于地，地效法于天，天效法于道，天地人都是自然而然地从"道"中产生的。在老子笔下，道有天道与人道之分。天道的特点是"反"，也是"不争"。天道"不言"，也不骄傲，自然而然。老子认为，整个的天道像无形的巨网一样，广大无边，虽然稀疏，却没有任何遗漏，将一切都囊括在其中，"天网恢恢，疏而不失"（第73章）。与天道"损有余而补不足"不同，人道"损不足以奉有余"（第77章），人道很自私（只有婴儿不自私）。人道偏执，由人道所形成的社会也很不公平，流行阿谀奉承、追逐名利，因而人道应该学习天道的自然而然。

对于事物的发展变化，老子用"反者道之动，弱者道之用"（第40章）来阐述。老子认为道一直在运动，道的运动过程就是"反"，即道不断向相反的方向运动。就拿人来说，年轻时身强力壮，精力饱满，健步如飞，充满了活力，然而"反者道之动"，一到中年和老年，情况就发生了变化，老年可能要拄着拐杖走路，做到步行自由就已经很不容易了。人人皆有生，人人皆有死，正印证了"反者道之动"的道理。道的运动过程就是不断向相反方向运动，以至最后回到道本身的出发点，这两种含义（"相反""返归")都叫作"反",包括返本与向对立面转化。它提醒世人,不要仅看当前,要着眼长远。任何社会、个人都挡不住的,就是"物极必反"的法则,任何事物发展到顶点就会向相反的方向发展。既然"反者道之动",那么,有没有可能防止事物向相反的方向转化,怎样才能防止事物向相反的方向转化,以便避免灾祸?老子提出必须柔弱,"弱者道之用",要无为。"无为"是《老子》特有的概念,指不强求、不妄为、不自以为是,不要把事情做得非常绝对,要有包容性。"天下难事必作于易,天下大事必作于细,是以圣人终不为大,故能成其大。"(第63章)天下的难事,一定开始于容易;天下的大事,一定开始于细微处。因而圣人不自视甚高,不把自己看作为大,所以最终能自然而然地成为大。

道法自然指出了天地万物的产生是自然而然的,道的运行也是自然而然的。那么,老子"道法自然"有哪些具体表现呢?道的运行必须要依靠具体的载体,天、地、人三才就是道运行的载体。因而,道法自然实际上就是天在顺其自然、地在顺其自然、人在顺其自然,或者说是天地万物都在顺其自然。这是从道的载体来谈的。而从道法自然的思想内涵来说,则应该包括守德、去欲、虚静、因任、守柔、无为、道观、玄同、齐物、返璞归真等具体方面,这就把天地万物的顺其自然具体化了,而且落实在作为三才之一的人上。需要说明的是"道法自然"的这些具体表现,从"守德"开始,到"守柔",都是对人本身顺其自然的阐述,它们都是养生的具体体现;至于从"无为"到"返璞归真",则是主要立足于解决人与万物的关系,要求人以平和的心态、顺其自然的态度去面对万物,当然其中也涉及人自身的问题。归纳起来,道法自然的这些具体思想内涵不外乎解决人自身的问题,同时也协调人与万物的关系,涉及人生和政治思想等方面。

首先,对于"去欲""守柔"等对人本身顺其自然的阐述,实际上是指人把道顺其自然的特性付诸实践,同人自身的养生联系起来,这是老子人生思想的体现。比如,就去欲来说,《老子》记载:"五色令人目盲,五音令人耳聋,五味令人口爽,驰骋畋猎令人心发狂,难得之货令人行妨。是以圣人为腹不为目,故去彼取此。"(第12章)这就从"五色""五声""五味"等方面说明过分的贪欲对人是百害而无一利的,寻求原因,最根本的是它们超过了人的正常需要,超过了人身体的承受限度,在这种情况下,最好的办法莫过于去除这些贪欲,让人的身体恢复常态,让人的需要顺其自然,不能因为贪欲损害身体健康。《老子》中有:"我有三宝,持而保之。一曰慈,二曰俭,三曰不敢为天下先。"（第 67 章）其中的"不敢为天下先"体现的就是老子的守柔思想，认为人们在现实生活中就应该以弱示人。为什么要以弱示人呢？因为柔弱是人的本性，"人之生也柔弱，其死也坚强。草木之生也柔脆，其死也枯槁。故坚强者死之徒，柔弱者生之徒"（第 76 章）。此外，老子还以水喻人。他说"上善若水。水善利万物不争，处众人之所恶"（第 8 章）、"天下莫柔弱于水，而攻坚强者莫之能胜，以其无以易之"（第 78 章）。这里就认为人应该像水一样，只有以弱示人，才能以弱胜强、以柔胜刚。怎样才能做到"上善若水"呢？《老子》提出，"居善地"，做人要像水那样安于卑下，要谦卑；"心善渊"，存心要像水那样深沉；"与善仁"，交朋友要像水那样相亲；"言善信"，言语要像水那样诚实无欺；"正善治"，为政做官要像水那样清廉；"事善能"，办事情要像水那样无所不能；"动善时"，行动要像水那样恰逢其时；"夫唯不争"，正因为能做到像水那样与万物无争，而且不高高在上，永远保持着谦虚卑下的姿态；"故无尤"，才不会犯大的错误。《老子》的"上善若水"也就是"无为"的原则，"柔弱"的原则。"上善若水"的根本精神是什么呢？就是"大爱"的精神。这种"大爱"精神为中华民族树立了很好的精神支柱。

其次，在处理人与人、人与万物的关系上所体现出来的"无为""返璞归真"等思想内容，是对老子政治思想的描述。老子政治思想的原则为道治，道治体现出来就是无事、无为、无欲，而它们就是对道顺其自然特点的体现。需要说明的是，无事并不是指什么事都不干，而是指统治者不能违背顺其自然的原则，不能有过多的徭役、赋税；无为是指统治者在治理国家时应顺其自然，不能掺杂人为因素、个人感情；无欲则是指统治者不能有过分的欲望，应该寡欲。也只有这样，国家才能够大治，从而"无为而无不为"（第 37 章）。《老子》中的"我无为而民自化，我好静而民自正，我无事而民自富，我无欲而民自朴"（第 57 章）、"治大国若烹小鲜"（第 60 章），就是最好的例证。至于"返璞归真"，在《老子》中也有许多表现。比如，"圣人在天下歙歙，为天下浑其心。圣人皆孩之"（第 49 章）、"甘其食，美其服，安其居，乐其俗。邻国相望，鸡犬之声相闻，民至老死不相往来"（第 80 章）。前者指有道的人在位，常常收敛自己的意欲，使人心思划归于简朴，并且使百姓都回复到婴儿般的纯真状态；后者则是希望回归到"小国寡民"的社会，在这个理想境界中没有战争、没有饥荒，人们生活得非常美满，一切都是那么美好，这个社会就是道治的社会，是人类最初的原始社会。

二、"道法自然"的历史演变

老子提出的道法自然理念，是不断发展变化的。下面简要地介绍道法自然的演变历史。

第一，庄子对"道"与"自然"的界定。

对老子道法自然理念进行发展的，首先就是庄子。这主要表现在对"道"以及"自然"的界定上有所变化。在老子心目中，道具有实体性，它派生出万物并养育万物，天地万物都是按道自然而然的特性在运行。这也意味着，道是一个超越万物之上的玄奥之物，《老子》中就有"有物混成，先天地生，寂兮寥兮，独立不改，周行而不殆"（第25章）。庄子开始时也继承了老子的这种思想，他说："夫道，有情有信，无为无形；可传而不可受，可得而不可见；自本自根，未有天地，自古以固存；神鬼神帝，生天生地；在太极之上而不为高，在六极之下而不为深，先天地生而不为久，长于上古而不为老。"（《庄子·大宗师》）这其中的"自古以固存""先天地生"等也是把道看成超越万物之上的玄奥之物。后来，庄子对道与万物的关系的看法有所变化。他说："若有真宰，而特不得其眹。可行已信；而不见其形，有情而无形。"（《庄子·齐物论》）"万物有乎生，而莫见其根。"（《庄子·则阳》）这就指出宇宙万物是自然而然运行的、自生自成的，并不是由什么有形的东西促成的，没有有形的某物决定着其他事物，只有实情如此这般自然地展现出来。那么，道与万物是什么关系呢？庄子说："不以生生死，不以死死生。死生有待邪？皆有所一体。有先天地生者物邪？物物者非物。物出不得先物也，犹其有物也。犹其有物也，无已！圣人之爱人也终无已者，亦乃取于是者也。"（《庄子·知北游》）这里，庄子再次强调宇宙万物不是依赖于某物产生的，而是自古以来就存在着的，同时又指出"道"内在于宇宙万物之中，毫无迹象可寻，它就是万物自然而然地发生和成长的全过程。可见，"道"与"自然"与"万物"开始融合成为一体。庄子的道并不像老子的道是高高在上的，而是存在于万物之中，具体事物的产生、发展过程就是道，道自始至终都是与事物融合在一起的。

庄子对老子道法自然思想的发展，还表现在高扬了老子的人生思想，把自然发展成了自由。正是道与万物同在的特性，决定了万物都处于道中。在庄子笔下，道是无处不在的，甚至连最为卑下的屎尿中也有道存在，道不辞卑贱能与万物同在。人在道中如何生存？庄子认为要顺其自然，个人应主动去适应和顺从世事的变化，坚守内心、保持本性，以超越自我的心态、境界来与世浮沉，把受各种力量裹挟、压抑而显得残缺、萎缩的生命自如地舒展开来，获得至大至足的快乐，这就是逍遥、就是自由。在现实生活中，庄子主张采取一种顺其自然的生存方式，一方面是对自身来说，另一方面是对他人、他物来说。对自身来说，就是要认知命运，看透生死。庄子认为，对于不可预测但又强大无比、确实存在而又无可奈何的天命，人们只能顺从，但是顺从不是屈服，而是坦然承受，承受是最好的嘲弄和摆脱。哪怕长成"曲偻发背，上有五管，颐隐于齐，肩高于顶，句赘指天"（《庄子·大宗师》）这种丑陋不堪的样子，也可以无所厌恶；无论在什么处境之下，都有自得其乐的途径。对于生死，庄子说："适来，夫子时也；适去，夫子顺也。安时而处顺，哀乐不能入也，古者谓是帝之县解。"（《庄子·养生主》）这就意味着人们应该包容生死，超越生死，也就能安于生死，顺应生死的自然变化是彻底的解脱。对于他人、他物，庄子同样认为应采取一种顺其自然的生存方式，对于一切变故、一切对象均待以顺从的态度，不强加个人意志于其上，避免因忤逆而发生冲突。顺其自然还意味着以合乎对方特性的方式来对待，《庄子》中有"以鸟养养鸟"的寓言，"夫以鸟养养鸟者，宜栖之深林，游之坛陆，浮之江湖，食之鳅鲦，随行列而止，委迤而处"（《庄子·至乐》）。意思是说，我们只能按照鸟的特性来养，而不能"以己养养鸟"，即不能按照自己的想法想当然地去养鸟。顺鸟之性，其结果是鸟反过来还要取媚于养己者，这就是巧妙顺从的效力。所以说，顺其自然不但"可以保身，可以全生，可以养亲，可以尽年"，还能如水到渠成般实现目的，又没有因机心、做作而引起人反感和戒备的负效应。

第二，黄老道家的无为而治。

在先秦时期，道家除庄子外，还有黄老道家，对老子"道法自然"的理念进行了发展。当然，黄老道家，并不仅限于先秦时期，在汉初还是非常盛行的。如果说庄子对老子道法自然理念的发展重心在人生思想方面，那么黄老道家对老子道法自然理念的发展则是集中在政治思想方面，这就是把无为而治的思想进行了发展并付诸实践。黄老道家的代表著作主要有《黄老帛书》《管子》《吕氏春秋》《淮南子》等，这些著作鲜明地体现了黄老道家的治国思想。老子所说的"无为"来自于"道常无为而无不为；侯王守之，万物将自化"（第31章），指的是统治者在治理国家时应顺其自然，不能有人为因素、个人感情。黄老道家传承了老子的这一思想，但是黄老道家的无为与老子的无为又有很大的不同。这表现在：其一，老子的"无为"以自然为本，追求最质朴的、小国寡民式的顺其自然，他反对仁义礼法，而黄老道家所追求的"无为"是以既定的统治秩序为前提的，即在当下现存体制下，承认仁义礼法的基础上进行的顺其自然。其二，老子的"无为"总体来看是一种消极的退却，而黄老道家思想的"无为"是一种退却条件下的进取。黄老道家在仁义礼法基础上的顺其自然，就是顺人性的无为。黄老道家认为人的本性是趋利避害和自私自利的。《管子》中有："民，利之则来，害之则去，民之从利也，如水之走下，于四方无择也。"（《管子·形势解》）而且还通过对人际关系的观察得出"人故相憎也，人之心悍"（《管子·枢言》）的结论，颇有认为人心险恶的意味。不过，黄老道家对人性的认识并没有仅限于此，而是进一步认定人的本性与动物有着本质区别，这种区别就是人能"虑事定物，辨明礼义"（《管子·形势解》），即人是社会的人，人具有抽象思维的能力、道德认识的能力和道德情感的需求。人心所向往的也是能用道、用德、用义来对待自己的人，这种人才能为万民所推崇，"能心行德，则天下莫能与之争矣"（《管子·形势解》）。可见，黄老道家认为人性既有趋利避害、自私自利的自然性的一面，又有辨明礼义、仰慕道德的社会性的一面。

黄老道家的顺其自然、无为而治，就是在顺人性的基础上进行的。也正是由于人性有趋利避害、自私自利的自然性和辨明礼义、仰慕道德的社会性，所以黄老道家在政治上采取了德法兼施的策略。德法兼施是黄老道家政治思想的重要内容之一，它融合了道、法、儒诸家思想，以道为本，认为仁义礼法产生于道而又归于道，并为道所用。关于"法治"，黄老道家认为，"道生法。法者，引得失以绳，而明曲直者也。故执道者生法而弗敢犯也，法立而弗敢废也"，也就是认为法由道所生，它的功能是明是非曲直。他们又说："故执道者之观于天下也，无执也，无处也，无为也，无私也。是故天下有事，无不自为刑（形）名声号矣。刑（形）名已立、声号已建，则无所逃迹匿正矣。"（《经法·道法》）意思是掌握了道，有了法，刑（形）名已立、声号已建，人们就不敢违反，也就容易达到"无为""无私""无执""无处"的境界。至于德治，黄老思想肯定了道家"自然理序"的基本主张，但同时也提出"无法不可以为治世，不知礼义不可以行法"（《淮南子·泰族训》），认为符合自然无为原则的仁义德化也是必需的。黄老道家无为而治在德法兼施策略的指导下，采取了一些具体的措施，特别在汉初十分明显。比如，经济上的休养生息政策，就是与汉初的社会现实相联系的。统治者为了恢复经济，实行了轻徭薄赋、宽律弛禁。政治上采取清静无为策略，要求统治者不能过分干涉大臣的事务，君王要包容所有人，涵纳其一切个性，真切看重并善于因顺和凭借臣下及众民的智慧、才能和力量，以完成治国平天下的大业。不管是经济措施，还是政治策略，这些都是顺其自然的表现。

第三，魏晋玄学家的率万物之性。

魏晋时期，道家对老子"道法自然"理念的发展，很大程度上表现为对"自然"归属的界定。老子"自然"指的是道自己自然而然的本性，道法自然就是指道效法自己的本性，道法自然具体表现为天地人三才都在效法自然，或者说天地人三才都以道自然而然的本性为准则。这就意味着天地人三才的顺其自然，并不是以自己的本性为准则。老子之所以这样，是认为道的本性是至善至美的，而天地人三才的本性则有各种不尽如人意处。不过，从黄老道家开始，天地人三才的顺其自然有由效法道的本性向效法自己的本性过渡的倾向，比如无为政治中的德法兼施、注重仁义礼法等都有人性论的因素在里面。魏晋时期，玄学家的顺其自然明显指的是万物顺其自己本性。王弼（226—249 年）说："万物以自然为性，故可因而不可为也，可通而不可执也。物有常性，而造为之，故必败也。物有往来，而执之，故必失也。"（《老子道德经注》上篇）王弼肯定万物都有自己的本性，其本性为自然，即都有自发如此、自己如此的要求、必然趋势。事物之性是要自我实现的，要从潜在状态变成现实，且拒绝干扰和破坏。如果从外干扰，施加影响，必将失败。所以，自然的基本含义是：按照天赋的本性来活动，即率性而为，自然而然，没有机心，毫不矫揉。郭象（约252—312 年）的自然观，同样以本性为起点，视自然为万物的本性。郭象说："非冥海不足以运其身，非九万里不足以负其翼。此岂好奇哉！直以大物必生大处，大处亦必自生此大物，理固自然，不患其失，又何后心于其间哉！"（《南华真经注疏》卷一）大鹏需要冥海、九万里的空间来运转，实现自己的本性，这不是大鹏的好奇，有意用此安身，而是由其本性，必然如此。顺应本性而动，乃是事物运动变化的趋势，对于本性，连自己都无法更改，只能顺应。总之，在魏晋时期，玄学家认为自然是万物的自然，顺其自然就是顺万物自然，率性就是率万物之性。相应地，道法自然落脚在天地万物上，就是天地万物以自己的本性为效法对象，道也由高高在上的、产生万物的道体转变成具体实在的万物之道，万物之道去顺应万物之性，万物之性就是自然界本来的表现，因而"道法自然"中的"自然"就有自然界的含义，道法自然也就有道取法于自然界的含义。

此外，魏晋思潮是以"自然"概念为核心的，很大一部分都是围绕着自然这个概念而展开的，是对自然的解释、对自然的延伸，比如说自足与逍遥。王弼说："不塞其原，则物自生，何功之有？不禁其性，则物自济，何为之恃？物自长足，不吾宰成，有德无主，非玄而何。"（《老子道德经注》上篇）王弼认为，事物如果按照自然本性来生长，即可满足，并不需要圣人额外的造作。当然，自足的生活需要相应的能力，这种能力也是本性中所固有的，不必外求。对于逍遥，在郭象看来，只要率性而为就能自足，本性的完全实现就是最大的满足，这也就是逍遥。郭象的逍遥与庄子的逍遥有所差别。庄子的逍遥指绝对的自由，脱去一切束缚。他用大鹏和小鸟的高翔和低飞的对比来引导人超出狭隘、卑微的生存境遇，进入无穷极的至大境界中。在庄子看来，能在精神上臻于逍遥之境，才可在现实中循理而动，顺其自然。庄子的逍遥是针对能"独与天地精神往来"的圣人、人而言。郭象则把庄子的逍遥简化了，也普遍化了。他认为每个物种都可逍遥，只要按照它自己的本性来活动，"足于其性"即是。"苟足于其性，则虽大鹏无以自贵于小鸟，小鸟无羡于天池，而荣愿有余矣。故小大虽殊，逍遥一也"（《南华真经注疏》卷一），小和大虽然有别，活动范围、形态有异，但若能足性，都是逍遥，没有境界的高下之分。

第四，唐代道家学者对虚无、自然及道关系的界定。

道法自然从老子提出开始，历经庄子、黄老道家，再到魏晋玄学的王弼、郭象等人的注释，都是围绕道与道的属性——自然之间展开阐述。此时，道与自然之间不存在"生"的关系，道仅仅是效法自己本性而已。唐代以后，随着重玄学的兴起，道家学者对道法自然的理解又有所变化。在《度人经四注》中，成玄英（608—？年）说："《西升经》云：虚无生自然，自然生道。今云上无复祖者，道以虚无为宗，以自然为本，以道为身。然此三者，悉无形相。寻考其理，乃是真空。真中有精，本无名称。圣人将立教迹，不可无宗，故举虚无为道之祖。其实三体俱会一真，形相都无，能通众妙，故云上无复祖。"（《度人经四注》卷二）成玄英认为，作为根源性的"道"，是以"虚无"为宗，以"自然"为本，以"道"为身，三位一体，虚无、自然、道之间不存在等级的上下、生成的先后关系，圣人为了教化世人，树立教说，所以举"虚无"为"道"之祖，但是不是从"虚无"生"道"则并没有明确指出。

李荣（生卒年不详）对道与自然的关系也有所论述，他吸收了北魏韦处玄（生卒年不详）的观点。韦处玄说："虚无者，无物也：自然者，亦无物也。寄虚无生自然，寄自然以生道，皆明其自然耳。一者，即道之用也。"韦处玄认为"虚无"与"自然"都是形而上的"无物"，"道"是由"虚无"与"自然"所生，所以"道"便缺乏根源性的意义；虚无、自然、道三者之间存在着虚无→自然→道的生成次序关系。李荣把这种生成次序关系进行了明确规定，他说："至本空寂，名曰虚无。虚无即非空寂，有无不寂，称之恍惚。云虚无生自然，自然生道故，故知虚无者，此即道之根本。万物得生，皆由于道，是知道为物之本元也。"（《西升经集注》卷四）李荣以"虚无生自然，自然生道"为前提，明确提出"虚无"为"道"的根本。

唐玄宗李隆基（685—762年）对道法自然也有论述。他说："虚无者，妙本之体，体非有物，故曰虚无自然者，妙本之性，性非造作，故曰自然；道者，妙本之功用，所谓强名，无非通生，故谓之道。约体用名，即谓之虚无自然之道尔。寻其所以，即一妙本，复何所相仿法乎？则知惑者之难，不诣夫玄键矣。"（《道德真经玄德纂疏》卷七）唐玄宗以"妙本"为中心来解释"道法自然"，"虚无"是"妙本"的体，因为"妙本"是终极、高度抽象的概念，所以是"虚无"；"自然"是"妙本"的性，因为"妙本"的本性非造作，所以是"自然"。"道"为通生万物的途径，"道"只不过是"妙本"强立的名字。"妙本"是"道"的本体，"道"是"妙本"的名相，"道"具有生成本原的含义。因此，"虚无""自然""道"是"妙本"的体、性、用，三者合一为"妙本"，即三而一、一而三的关系，不存在互相效法与生成次序。

第五，法家、儒家对道法自然的发展。

道法自然作为中华传统文化核心理念之一，其范围和影响非常广泛，除道家外，法家、儒家也有此思想。法家主张的无为政治和顺其自然，是对老子思想的延续与发展，也体现出道法自然的理念。对于无为政治，《慎子·威德》有："圣人之有天下也，受之也，非取之也。百姓之于圣人也，养之也，非使圣人养己也。则圣人无事矣。"《韩非子·扬权》有："夫物者各有所宜，材者有所施，各处其宜，故上下无为。使鸡司晨，令狸执鼠，皆用其能，上乃无事。"显然，法家主张的无为，是立足于君臣上下的职能分工。而老子主张的无为，是君主借助于对道的领悟，有一超越的、博大的襟怀、境界，能容纳万物，任万物之自为。老子相信万物各有常性，自然生长，必将自足。因此，促成万物之"自然"、保障万物遂性是施政的最终目的。但是，法家不同于老子，固然推崇无为，其缘由在于：君主智能不足，需要有一个高度专业化、技术化、组织化的官僚系统来执行自己的意志。这一点韩非子（前281—前233年）说得很清楚："人主之患在莫之应，故曰：一手独拍，虽疾无声。人臣之忧在不得一，故曰：右手画圆，左手画方，不能两成。故曰：至治之国，君若桴，臣若鼓，技若车，事若马。"(《韩非子·功名》)法家之所以主张无为政治,是与其自然观相联系起来的。法家也高倡"自然",认为合乎"自然"的政治乃是最好的政治。《韩非子·安危》中有:"故安国之法,若饥而食,寒而衣,不令而自然也。""废自然,虽顺道而不立。"法家的自然观有鲜明的特点。申不害说:"名自正也,事自定也。"(《申子·大体篇》)韩非子说:"圣人执一以静,使名自命,令事自定。不见其采,下故素正。因而任之,使自事之。因而予之,彼将自举之。正与处之,使皆自定之。"(《韩非子·扬权》)可见,这个自然不是不用智虑的率性而然,而是出于精心算计之后的不得不然。这也是法家的自然观和道家的自然观的根本区别之所在。

儒家同样也有道法自然理念,不过其讨论的重心在"法自然",含义是指遵循事物原本样子、原本法则行事,不走样,不歪曲,不脱离,不违背。儒家的这个思想有众多的表现。如荀子说:"天行有常,不为尧存,不为桀亡。应之以治则吉,应之以乱则凶。""倍道而妄行,则天不能使之吉。"(《荀子·天论》)这就认为天的法则是客观的,不以人的意志为转移,只有依照天的法则行事,才能免祸求福,违背天的法则行事,上天也无法保佑。王充也有明显的"法自然"思想,并且是针对董仲舒天人感应论等种种虚妄不实的观念而阐发的。王充批判董仲舒等所说的天具有意志等观点,把天视作一个无意志无目的的"自然"之天。他说"天地,含气之自然也"(《论衡·谈天》)、"地固且自动"(《论衡·变虚》),意味着天地都是自然运动、变化的,无须依赖外力。王充还以"自然"作为批判天意论的武器。他说,"或说以为天生五谷以食人,生丝麻以衣人。此谓天为人作农夫、桑女之徒,不合自然,故其义疑,未可从也"(《论衡·自然》),"夫天道,自然也,无为。如谴告,是有为,非自然也"(《论衡·谴告》)。这里,王充批判了董仲舒的神意论,认为天生五谷、丝麻等都是自然现象,并不是天的意志在起作用,同样天人感应中的天谴论是神意论的表现,当然也是不符合事实的。

儒家一直都奉行"法自然"的理念,只是在不同时期所构建的理论基础不同而已。如果说荀子、王充的"法自然"建立在自然之天的基础上,那么宋明理学家的"法自然"则建立在天理的基础上。宋明理学特别强调恪守人伦道德规范,把礼作为衡量人行为的绝对标准。而之所以要遵循或恪守礼,就是因为礼是天理的外化表现。程颐(1033—1107年)就说:"视听言动,非理不为即是礼。礼即是理也。"(《河南程氏遗书》卷十五)这就将视听言动的法则都归为一理,而且这一理就是天理,即是宇宙之理、宇宙之道。这种情况在朱熹那里表现得更为明显。朱熹(1130—1200年)说:"宇宙之间一理而已，天得之而为天，地得之而为地，而凡生于天地之间者，又各得之以为性。其张之为三纲，其纪之为五常，盖皆此理之流行，无所适而不在。……儒者于此既有以得于心之本然矣，则内外精粗自不容有纤毫之间，而其所以修己治人、垂世立教者，亦不容其有纤毫造作轻重之私焉。是以因其自然之理，而成自然之功，则有以参天地，赞化育，而幽明巨细无一物之遗也。"（《晦庵先生朱文公文集》卷七十《读大纪》）他把天下一切事物都视为宇宙之理的体现，天地如此，万物如此，三纲五常如此，人心人行皆如此；并且还认为儒者体会了这种关系之后，自觉地顺从自然之理就会成其自然之功。朱熹强调人们守理，完全是因为"礼"是"理"的体现。正是由于人伦道德规范是天理的外化表现，所以人们必须遵守礼，这也是"法自然"的表现，即应该按礼来行事。

总之，道法自然的理念从老子提出后，不断得到发展。这其中最为重要的是道家学者对其的诠释，涉及庄子、黄老道家、魏晋玄学以及唐代重玄学等。此外，作为中华传统文化的核心理念之一，道法自然不仅仅体现在道家上，法家、儒家也深受其影响，只不过关注的重心不同而已。比如，儒家侧重的就是遵循事物的规矩来行事。

三、"道法自然"在近代以来的变化与创新

19 世纪中叶，中国沦为了半殖民地半封建社会，政治、经济、文化等方面都发生了翻天覆地的变化。就文化来说，如何传承和发展传统文化、如何面对西学东渐成为了当时必须要解决的问题。而这个问题又是围绕着如何来振兴中华、如何来救亡图存展开的。在这种背景下，道法自然理念的发展变化也不能脱离这个历史主题。从 19 世纪中叶起，到 20 世纪初，对《老子》进行研究的学者众多，其中尤为重要的就是严复（1854—1921 年）。他有《老子评点》（原名为《侯官严氏评点老子》，1905 年东京并木活版所出版），这部著作集中体现了严复对道法自然理念的发展。

严复对道法自然理念的阐释、发展，是同西方文化结合起来进行的，同时也注重从传统文化中发现真正有价值的东西。这一定程度上体现出了中西文化的交融以及时人对西方文化的吸收和利用。严复对道法自然理念的发展首先体现在对"道"地位的确定。严复认为道为一切具体学科理论的哲学基础。他说，"《老》谓之'道'，《周易》谓之'太极'，佛谓之'自在'，又谓之'不二法门'，万化所由起迄，而学问之归墟也"（《老子评点》10 章），"大道，常道也。常道无所不在。一本既立，则万象昭回，所谓

吹万不同"(《老子评点》34 章)。这就认为道与万化、万象等之间存在体用关系，与此相应，关于这些事物的学术与理论，即一切具体学科，都是以道为哲学基础。严复还认为道即"西哲谓之第一因"(《老子评点》4 章)，这就把"道"等同于"第一因"，因而关于道的哲学，理应成为其他学科理论的基础。

其次，严复认为道与自然的关系为"道即自然"(《老子评点》25 章)，即道就是自然，也就是说道是自然而然的，遵循道的变化就是要顺其自然。严复在此基础上，认为："斯宾塞（Spencer）之言治也，大旨存于任天，而人事为之辅，犹黄老之明自然，而不忘在宥是已。……凡人生保身保种，合群进化之事，凡所当为，皆有其自然者，为之阴驱而潜率。"(《天演论》)这里所说的"任天"，就是顺其自然。在严复看来，《老子》思想与斯宾塞等人的进化论相通，天演进化，就是自然的过程，不能随人意而改变。

再次，严复认为《老子》中也有民主、科学及自由的思想，而这是使一个民族达到富强以适应天演进化的必由之路。其中的民主思想与道法自然的理念是紧密联系在一起的。严复说："试读布鲁达奇（Plutarch）《英雄传》中《来刻谷士》一首，考其所以治斯巴达者，则知其作用与老子同符，此不佞。所以云：黄老为民主治道也。"(《老子评点》3 章)这就把黄老的思想主张认为是民主治道。从民主制出发，就要实行自然无为的政治。这是严复把黄老道家同儒家、法家比较而得出的结论，他说："夫黄老之道，民主之国所有也，故能长而不宰，无为而无不为。君主之国，未能用黄老者也。汉之黄老，貌袭而取之耳。君主之利器，其惟儒术乎！而申韩有救赎之用。"黄老之学的政治理论就是自然无为，而只有民主制度的国家才能按照黄老的政治学说实施之，儒家的政治思想是有为，只能用于君主制的国家，因为君主一定是要有为的，而法家的政治思想则不过是对儒家政治的补救而已。对于无为政治，严复有自己的理解。他说："爱民治国，而能无用智；天门开合由我，而能为雌；明白四达，而能无为；如此其爱民治国出于诚心，其为雌乃雄之至，其无为乃无不为也。"(《老子评点》10 章)民主之制的关键在无为，以无为而达到无不为的目的。至于"无为无不为"，严复认为无为指的是政治家的无为，而无不为则是指民众的无不为，即民众应该竭尽全力尽自己的义务。同时，严复还揭示了无为之治的特点，即自然性、清静和无事等。就自然性，严复说："试举一物为喻，譬如空气为生物所不可少，然不觉眼前食气自由之为幸福也。使其知之，则必有失气之恶，阅历而后能耳。"(《老子评点》2 章)这就是说，无为之治是自然之治，就如同空气一样，不可缺少而令人感觉不到。这就是自然无为之治的最大价值所在。

道法自然理念在近代以来，不断发展变化，这种变化是与现实社会紧密相连的，是对当时现实的一种反映。同时，在近代以来，伴随着生产技术的进步，一方面人类得到了丰富的物质财富，人们日益增长的需要得到满足；另一方面人类赖以生存的自然环境也遭到破坏，全球气温的升高、臭氧层空洞的出现等无疑就是明证，工具理性的出现也使科学技术由人类解放的工具变为奴役人和毁灭人的工具。特别在进入20世纪后期以来，随着人类生活环境的进一步恶化，如何来协调人与自然的关系，再一次提到了日程上。在这种情况下，道法自然理念也得到创新。

道法自然理念的创新主要表现在以下两个方面。第一，可持续发展理论与道法自然理念的结合。随着社会的发展，特别是随着人类数量的无限制膨胀、人类物欲的无止境追求，自然环境被破坏，人与自然由和谐共处、相得益彰转变为人与自然尖锐对立。而且人类一旦违反了自然规律，无视规律的作用，主观蛮干，强求妄动，对自然进行盲目的索取和征服，则自然也必将对人类实行残酷的报复。在这种情况下，人类只有顺其自然，按照自然规律办事，才可能使人与自然相和谐，也才可能促进经济的稳定发展。这体现的就是可持续发展理论，解决的是人与自然的关系问题，凸显的是环境保护的意识。需要指出的是，追求道法自然并不意味着人们就失去了创造力，它只是要求人们在行事时要遵守客观的自然规律。第二，生态文明与道法自然理念的结合。"生态文明"观念既是对老子以降中国古代文明观念精华的吸取，又是站在21世纪人类面临生态不平衡诸多挑战的角度提出的新思想、新观点。它要求改变目前高消耗、高污染的生产方式，形成新型的生态工业、生态农业、生态服务业等一系列生态产业；要求改变不平等的充满生存斗争的社会关系，形成理性的平等合作的社会关系；要求改变物质性的无限膨胀人的物质欲望的过度消费的生活方式，形成有助于丰富人的精神世界、促进人的全面发展的适度消费的生活方式。这些改变之所以能实现，大多得力于道法自然的理念。

（1）斯宾塞：即赫伯特·斯宾塞（Herbert Spencer，1820—1903年），英国哲学家。他把适者生存的进化论学说应用在社会学上，认为人类社会的发展是按照优胜劣汰的自然界法则在进行。其著作极其丰富，有《政府的适当权力范围》（On The Proper Sphere of Government）、《人口理论》（A Theory of Population）等。

（2）布鲁达奇：即普鲁塔克（Plutarch，约46—120年），罗马传记文学家、史学家，柏拉图学派的知识分子。他兼取柏拉图、亚里士多德、斯多噶以及毕达哥拉斯等各派之说，尤其重视伦理道德问题，认为：人生应当以道德为准绳，应当受理性的节制，要中庸克己、符合人道、不慕荣华、不图虚誉。其著作极其丰富，传世之作为《希腊罗马名人传》（Plutarchs Lives，又称《英雄传》）和《掌故清谈录》（Moralia）。

（3）工具理性：德国政治学家、社会学家、哲学家马克斯·韦伯（Max Weber，1864—1920年，代表作《新教伦理与资本主义精神》等）的术语，指科学技术由人类解放的工具变为奴役人和毁灭人的工具。韦伯根据资本主义社会中出现的情况，认为人有统治自然界的极权主义愿望，把科技理性当作控制自然的工具，以技术的进步、效率的提高作为理性活动的准则，应用理性迫使自然界为人类服务。但随着科学技术对自然的征服和利用越来越有效，同时产生了双重的社会后果：一方面，机器的进化导致对人的全面奴役，它控制了生产程序、国家机构和个人的劳动时间、闲暇时间，科技和工艺理性成为统治目前社会生活的主要工具；另一方面，生产工具越来越复杂化和精确化，使人沦为机器操纵的对象，屈从各种技术的规则。从而个体的人的主体性出现了危机，独立判断能力、想象能力、自由精神大为削弱，导致了人性的丧失和人的自我毁灭。

第三节　居安思危——安不忘危的忧患意识

"居安思危"最早见于《尚书》。《书》曰：'居安思危。'思则有备，有备无患。"（《左传·襄公十一年》）西晋杜预在注解《左传》时强调它出自散佚的《尚书》。它告诫人们，在太平盛世和事业顺利的时候，不要骄傲，要未雨绸缪，注意潜伏的危险和祸患。有了警惕意识和预防措施，即使遇到意外，也会有相应的应对措施，不致手忙脚乱。这对于今天的人们，特别是已取得成功、身处顺境的人来说是有启发和教益的。

"居安思危"体现了一种深刻的忧患意识。这种忧患意识包括"于安思危，危则虑安"（《战国策·楚策四》）两个方面。

在传统文化核心理念中，"居安思危"不仅针对国家治理者而言，反映了思想家们以史为鉴，努力探索和实现国家长治久安途径的自觉性，而且也涉及个人的事业成败、人生得失等，具有一定的普遍性和深刻性。

一、"居安思危"理念与忧患意识

中华民族在生衍发展中遇到许多困难、挫折，但这些都没有使民族屈服，相反，民族的先辈们从奋斗中总结出许多经验教训，逐渐培养了人们的"忧患意识"，也就是"居安思危"的观念。在中国古代文化典籍中，比如《四库全书》所收录的经史子集中，词语"居安思危"出现的频率很高；而更多的则是运用不同表达方式传达出来的"居安思危"观念和忧患意识。

"居安思危"不仅仅表现为在安定的状况下要考虑和预防祸患的发生，也不仅仅是一些历史经验的简单累积和重复，其中蕴涵着丰富的思想文化内容，具有超越时空的历史价值和文化功能。特别是先秦时期，作为中国传统文化的孕育期，各个学派都具有不同程度的忧患意识和解决现实问题的方案，为后来"居安思危"思想的传播和变迁奠定了坚实的思想理论基础。

"忧患"一词，最早出现于《周易·系辞下》："《易》之兴也，其于中古乎？作《易》者，其有忧患乎？"忧患意识，也就是"安不忘危"或"居安思危"的意识，指人们身处太平顺达的境遇却不忘记出现危险祸患的可能性，时常提醒自己加以警戒，并采取积极措施预防或推迟祸患的降临。

《周易·系辞》引孔子语："危者，安其位者也。亡者，保其存者也。乱者，有其治者也。是故君子安而不忘危，存而不忘亡，治而不忘乱，是以身安而国家可保也。"（《周易·系辞下》）其意思是，孔子说："身处危险的国君，曾经度过无忧无虑、身安其位的生活。遭遇灭亡的国君，曾经保全过自己的家国。经历变乱的国君，也曾经安享太平安乐的过去。所以君子处在平安的境地而时刻提醒自己不忘危险，国家保存的时候要注意警惕灭亡的因子，安享太平不能忘记祸乱的滋生，这样自然身家性命安康，国家也就可以保全无虞了。"孔子比较全面地探讨了安危、存亡、治乱的辩证关系，他从危、亡、乱等结果出发，指出那些国家和个人也曾经历了安、存、治的阶段，因此，作为君子应该做到安不忘危、存不忘亡、治不忘乱。君子的这种修养和警惕，就是忧患意识。有了忧患意识，才可以安身保国，可见其意义的重大。

当然，《周易·系辞》能做出这样的理论概括，根源于对历史经验与现实纷争的总结和提升。春秋时期的吴越争霸恰能印证这个道理。公元前496年，吴王阖闾派兵攻打越国，遭遇失败，阖闾也因伤重身亡。两年后，阖闾的儿子夫差率兵击败越国，越王勾践被俘，并被押送到吴国做奴隶。勾践忍辱负重三年后，夫差才消除戒心，并把他送回越国。但勾践并没有忘记复仇，他暗中训练军队，蕃滋人口，礼贤下士，励精图治，"去民之所恶，补民之不足"（《国语·越语上》），与臣民同甘苦，准备反击吴国。勾践害怕自己贪图眼前的安逸，消泯掉雪耻的意志，于是晚上睡觉不用褥，只铺些柴草（古时叫薪），又在屋里挂了一只苦胆，不时尝尝苦胆的味道，目的就是不断警醒自己，不要沉湎于暂时的安逸，以免重蹈覆辙。最终君臣上下同心协力，使越国强大起来，并灭掉吴国。这就是著名的"卧薪尝胆"的故事（《史记·越王勾践世家》）。

春秋末期和战国时期，社会变动较大，礼崩乐坏，诸侯角逐，国家之间的兼并日趋剧烈，最终形成战国七雄（齐、楚、燕、韩、赵、魏、秦）。国家覆灭与兴盛的正反经验，提醒人们要有忧患意识。即使在七国纷争时期，也有"横成则秦帝，从（纵）成即楚王"（《战国策·秦策四》）的历史发展趋势。横纵分别是两种不同的外交战略，如果采用远交近攻的横的策略，则秦国可以一统天下；如果采用六国联手、西向攻秦的纵的策略，则楚可以兴盛。可见，在当时形势下即使像秦国、楚国那样强大也不能掉以轻心。因此，"安而不忘危，存而不忘亡，治而不忘乱"是思想家们考察当时瞬息万变的历史形势，对大量历史经验进行归纳和总结的产物，试图帮助人们把握历史发展的内在规律，从而在现实政治与社会生活中趋利避凶、防患未然。

著名思想家孟子和诗人屈原（前340—前278年）对忧患意识就有深刻的论述，影响深远。

孟子提出"生于忧患，死于安乐"（《孟子·告子下》），强调艰苦能锻炼人的意志，安逸反而往往会消磨人的意志。其中的生死并不仅指生命的获得与丧失，而是含有更加广泛的意义。《孟子》中有一段脍炙人口的文字，激励了无数仁人志士：

"舜发于畎亩之中，傅说举于版筑之中，胶鬲举于鱼盐之中，管夷吾举于士，孙叔敖举于海，百里奚举于市。故天将降大任于斯人也，必先苦其心志，劳其筋骨，饿其体肤，空乏其身，行拂乱其所为，所以动心忍性，曾益其所不能。人恒过，然后能改；困于心，衡于虑，而后作；征于色，发于声，而后喻。入则无法家拂士，出则无敌国外患者，国恒亡。然后知生于忧患，而死于安乐也。"（《孟子·告子下》）

在孟子看来，一个人的责任感和能力的全面提高，不仅仅表现在具有较强的办事能力和丰富的处世经验上，还要不断地加强人的心志磨炼、情操陶冶、性情涵养和身体锻炼等综合素质。这种见识是难能可贵的。困苦的环境，可以使人的心胸更加开阔，意志更加坚强，体魄更加强健，才能更加突出，经验更加丰富，经历这种考验和历练后，人就具有了应对事物的全面的综合素养。而安逸的环境却很难使人受到这样的训练。丰富的历史掌故和日常生活经验使人们更加坚信，严峻的环境在某种意义上可以催生出奋进的勇气，面对困难，毫不气馁，最终可以确立人们生活和事业发展的坚实基础；安逸享乐却常常成为消磨人们意志的负累，贪图舒适，不思进取，本有的良好基础也会成为人生的困扰。如果在安乐中能够居安思危，警惕和防止不利的因素，而在忧患中一蹶不振，看不到美好的希望，那么，情形可能正好相反。所以，忧患与安乐虽然未必直接与"生""死"有必然的因果联系，也不是"生""死"唯一的决定性的条件，但是，大量历史和现实教训却提醒人们应该注意这个客观事实。"生于忧患，死于安乐"已经成为中华优秀传统文化中的宝贵财富。

屈原的代表作《离骚》抒发政治理想不能实现的忧愤和深沉的爱国之情。《离骚》篇名的意义，根据汉代司马迁引淮南王的说法："离骚者，犹离忧也。""离"即"罹"，遭遇的意思。在七国争雄、各国存亡处于紧要关头的战国时期，诗人为了实现政治理想，不断遭到腐朽的贵族集团的排挤和倾轧，身被放逐，心念苍生，面对救国无门，本来颇有希望的楚国也濒临危亡的绝境，诗人瞻前顾后，感慨万分。他列举历史上治存的圣君和乱亡的昏君，希望楚王以"遵道得路"的尧舜为榜样，以"捷径窘步"的桀纣为借鉴，使楚国变得更为强大。他提出"举贤而授能兮，循绳墨而不颇"，主张不分贵贱选用贤能治理国家，修明法度，严格按法度办事，这些在当时都是具有革新意义的应付危局的有效措施，与维护贵族特权的世袭制度和"背法度而心治"的原则针锋相对。他痛斥贵族群小"竞进以贪婪"，"兴心而嫉妒"，"偭规矩而改错，背绳墨以追曲"，指出他们蝇营狗苟，把祖国引向危亡的绝境。"惟夫党人之偷乐兮，路幽昧以险隘。"他怨恨楚王的昏庸，不辨忠邪。对人才的曲学阿世，他发出了悲切的惋叹和忧虑："虽萎绝其亦何伤兮，哀众芳之芜秽！"诗人虽然不愿变志从俗，"宁溘死以流亡兮，余不忍为此态也"，"路漫漫其修远兮，吾将上下而求索"，但《离骚》终究成为一曲人生与历史的悲歌。

"居安思危"的忧患意识具有一定的普遍性。司马迁在《报任安书》中写道："盖西伯拘而演《周易》；仲尼厄而作《春秋》；屈原放逐，乃赋《离骚》；左丘失明，厥有《国语》；孙子膑脚，《兵法》修列；不韦迁蜀，世传《吕览》；韩非囚秦，《说难》《孤愤》。《诗》三百篇，大抵贤圣发愤之所为作也。此人皆意有所郁结，不得通其道，故述往事，思来者。及如左丘无目，孙子断足，终不可用，退论书策以舒其愤，思垂空文以自见。"

这里司马迁指出，周文王推演《周易》，孔子删述《春秋》，屈原创作《离骚》，左丘明撰写《国语》，孙膑总结《孙膑兵法》，吕不韦主持编纂《吕氏春秋》，韩非撰写《说难》《孤愤》。《诗经》也多是有感而发的作品。这些例子表面虽然强调了发愤与创作的密切关联，但本质上则是一种深沉的忧患意识，即"意有所郁结，不得通其道，故述往事，思来者"，体现了浓郁的历史反思与现实关怀特点。

一般来说，"居安思危"大多带有经验的成分，其中蕴藏的正是忧患意识，因此，古人关于忧患意识的丰富思想与理论，其实是对"居安思危"的历史反思和理论提升。相较而言，忧患意识更加具有普遍性和代表性。如果从理念层面把握，"居安思危"理念所反映和体现的则是亘古亘今的忧患意识。史料显示，忧患意识形成应该很早，在朝代交替的时期（如殷周之际等）更为明显，但是达到理论化的社会思维形态则是在战国中晚期，以《孟子》和《周易·系辞》为代表，这是与当时的历史与现实分不开的。忧患意识的内容则集中体现为对国家安危、天下兴亡的忧虑，也有对自己个人处境和安身立命问题的思考。

二、"居安思危"理念的内涵

简要地说，"居安思危"就是在安全的境遇中反思并发现危险或有可能导致危险的因素，从而使个人或集体尽可能长葆安全、远离祸患。在理论与实践上，"居安思危"蕴含着对安危、治乱、始终、盛衰辩证关系的深刻洞察和实践努力。其中"居安"也含有人们的价值评判，这样就会出现两种情况，即"以安为安"和"以危为安"。古人常说的"居安思危"往往更加强调后者，因为它更加隐蔽，容易使人沉迷不觉，因而危险性也就更大。"思危"体现了人认识与解决问题的主观能动性，坚信人有可能也能够提前感知并预防祸患的发生，具有一定的超前性和普遍性。

汉代史学家司马迁追求实现"究天人之际，通古今之变，成一家之言"（《汉书·司马迁传》）的撰述理想，追求沟通传统和现实的联系与可能。"原始察终，见盛观衰"（《史记·太史公自序》），探究事物的开始就可以审察事物的终结，看到兴盛的景象就能预见衰弱的情形。历史学包含人们对以往历史事实的记录和认识。人们把握历史，并不仅仅着眼于对以往的客观事实的回忆和追思，而是要努力把握历史的当下性，即过去的历史和目前的现实的联系，并展望未来，亦即司马迁所说的"述往事，思来者"（司马迁《报任安书》）。传统和现实不能截然割裂，历史也不是对事物开端、结果、兴盛、衰亡的简单记录和史料罗列，而是侧重把握其中内在的规律，从而使人能够触类旁通，举一反三，解决现实问题。始终、兴衰、安危这些类似的范畴都具有这样的特点，"原始察终""见盛观衰""居安思危"正是人们历史洞察能力和忧患意识的表现。

虽然"居安思危"所涉内容丰富多彩，但其关键主要在于以下几个方面。

首先，关于国家的管理，居安思危方面的成果丰富多彩，并逐渐成为后代学者及官员进谏的重要论据，也是那些为皇帝做专题咨询的官员——经筵讲席的主要话题，旨在强调安危、存亡、治乱相辅相成，要想保全自身和国家，就必须增强忧患意识。

《老子》有"圣人无常心，以百姓之心为心"（第49章）的说法。《孟子》将这个思想具体化为国君应"与民同乐"的主张。他告诫治国者："乐民之乐者，民亦乐其乐；忧民之忧者，民亦忧其忧。乐以天下，忧以天下。"（《孟子·梁惠王下》）国君以百姓的快乐为快乐，百姓也会以国君的快乐为快乐；国君以百姓的忧愁为忧愁，百姓也会以国君的忧愁为忧愁。和天下人同乐，与天下人同忧。这就是孟子主张的"与民同乐"的思想，当然也包括"与民同忧"、上下齐乐共忧、促成国家团结和发展的意思。难能可贵的是，孟子的"与民同乐"的前提是国君首先以百姓的忧乐为忧乐，心系天下，这样防止了以个别人的忧乐为天下忧乐的倾向。"乐所以为乐者，乃所以为悲也；安所以为安者，乃所以为危也。"（《文子·自然》）快乐成为快乐的原因，也是成为悲哀的原因；安稳成为安稳的原因，也是成为危险的原因。这也就意味着乐悲、安危相伴而生。如果以自己的快乐为快乐，而不考虑别人的快乐，那么这种快乐很快将演变而为悲哀；如果以自己的安全为安全，而不考虑他人的安全，那么这种安全很快将演变而为危险。安危虽然相反但又相成，有一条共同的纽带联结着它们。世间像这样的事物并不少见，除了设身处地替他人着想外，推己及人也是一个很好的办法。只有大家都有乐、安的感受和判断，才是真正的乐与安。这可以给现代人提供一条更好的检验安乐的标准。这种理想在古代社会尽管难以完全实现，但是作为一种管理思想、策略和修养，在今天的管理科学和领导艺术方面依然有显著的现实意义。

其次，中国古代不少思想家通过对"居安思危"问题的省察，使"居安思危"观念具有丰富的哲学内涵和现实感，特别是有关个人生存价值与意义的反思部分。

《管子》强调以人为本，"本治则国固，本乱则国危"（《管子·霸业》）。《盐铁论》

则提倡"见利虑害，见远存近"（《盐铁论·击之》），看到有利的方面就要考虑到有害的方面，看见远方却不要忘记近处，要求人们将利害结合起来考虑。因为"物盛而衰，固其变也"（《史记·平准书》），事物由极盛发展而为至衰，原本就是事物内在的演变。"居安思危，位极则迁，势至必移。"（《艺文类聚·赠答》）身处安宁的环境要能考虑到危险的情况，到达极点就会发生变化，事物发展的内在必然性决定事物一定会发生变化。人们为什么要居安思危，并不只是因对历史事实的省察而形成的恐惧，更重要的是对人生规律和社会生活的反思。物极必反，由事物的内部矛盾运动推动，事物不停息地运转、变迁，反映了一种基本规律，即"位极则迁，势至必移"。这条规律提醒人们应注意事物发展是对立统一的，事物发展到一定的时候就会向相反的方向转变，从而不致在消极的处境下灰心丧气，在顺利的处境中骄傲自大，因为这种变化是由事物发展内在的必然性（势）决定的，所以也可以坚强人们的自信心和警惕心。但这并不意味着人的主观能动性就失去了意义。"君子言忧不言乐，然而乐在其中也；小人知乐不知忧，故忧常及之。"（《习学记言序目》）君子言谈的都是忧而不是乐，但乐却存于其中；小人只知道乐而不知道忧愁，因此常常有忧虑之事。叶适（1150—1223 年）将是否具有忧患意识作为君子与小人的一个重要分野。君子时刻提醒自己要有忧患意识，结果避免了危险，在忧患中时时享受着快乐；而小人只知快乐却缺乏忧患意识，往往最终丧失了快乐，身处危险中。因此，有备才能无患。

最后，对个人而言，关心自己的道德修养和思想境界是否提高，主张人们要"慎始而敬终"（《礼记·表记》），做事认真有恒心，可以远离祸患。如孔子说："德之不修，学之不讲，闻义不能徙，不善不能改，是吾忧也。"（《论语·述而》）将道德教化是否能普及天下作为忧思的主要内容。

在古代，人们认为，要想事业获得成功，就要处理好根本和枝末的问题。根本就在人的道德和内心，如果道德沦丧、私欲恣肆，就很难实现宏伟的目标。人们都知道，浇灌树木，要从树根做起，树根吸收了足够的养分，枝叶自然繁茂。居安思危在某种意义上实际是在巩固事业的根本，查遗补缺，及时发现漏洞，目的是为了更好地促进事业的发展。而这个根本的重要方面就是人的德行，这在今天依然具有重要价值。

当然，居安思危的意识在某些具体的领域（如军事等）也有集中的反映。如："乱生于治，怯生于勇，弱生于强。"（《孙子兵法·势篇》）"投之亡地然后存，陷之死地然后生。"(《孙子兵法·九地篇》)治乱、勇怯、强弱、存亡、生死等都可以相互转化，但这种转化的关键也离不开主体强烈的忧患意识和主观能动性的恰当发挥。

三、"居安思危"理念的历史演变和现实意义

在思想理论上，"居安思危"反映了人们对事物相反相成的辩证发展规律的认识和自觉运用，以及对是否能够真正做到"居安思危"及其因果关系的反思，这种演变标志着关于这一问题认识不断深化的历史进程。

在中国古代的历史长河中，中华民族具有强烈的忧患意识。当然，这种意识根植于具体的历史时代背景和社会土壤，在民族矛盾和民族融合频繁的时期，作为国家治理层面的忧患感就体现得更为明显；而在时代动荡、社会交替，个人对社会历史现象不断加深理解的时期，作为反思个人安身立命和人生价值的忧患感就会呼之欲出。

先秦时期，士大夫们担忧的是国家、百姓的安危，具有"忧天下"的博大情怀；随着封建社会的到来，"家天下"观念日益成熟定型，皇权独尊，宗亲分封，臣僚奴化，家臣执政，君主成为国家、政治、天下的象征，是封建统治阶级的最高代言人，在这种情况下，忧国、忧社稷、忧百姓就逐渐演变为"忧君"的观念，士大夫处心积虑考虑国君地位的安危问题。明清之际，伴随着对封建君主专制制度的批判，忧患意识有了更加丰富的"天下之治乱，不在一姓之兴亡，而在万民之忧乐"(《明夷待访录·原臣》)的新内涵。这是中国古代社会随社会形态的变迁"忧患意识"产生的细微区别。当然，在"忠君"基础上的"忧君"，往往也同时伴随着忧民、忧国家、忧天下的问题，呈现出复杂的状态。近代以降，忧患意识与民族的救亡图存运动及实现中华民族伟大复兴的历史进程融合起来，焕发出新的生机和活力。

在中华民族悠久的发展历史中，这种忧患意识与居安思危的感受，在历代历史学家身上尤为显著，特别是秦汉、魏晋、隋唐、两宋、明清、近现代之际的历史学家身上。他们的史学作品承载和传达了深沉的忧患意识和丰厚的历史观念，同时也折射出这种忧患意识不断发展的历史进程。其中，两宋时期更有代表性，当时因为政治、经济、军事等多方面的原因，民族关系和民族矛盾比较尖锐，亲身经历并不断进行探索的历史学家、政治家无不具有强烈的忧患意识与解除积弱积贫状况的尝试与努力。他们关注朝代兴亡、国家盛衰、社会治乱、民心向背，积极探索历史变迁的规律，总结历史政治成败的经验教训，用以解决现实中遇到的问题和困境。

　　唐太宗李世民（599—649年）统治时期，年号"贞观"（627—649年），社会相对太平，人民生活有较大改善，社会生产力得到发展，这个时期被史学家们称为"贞观之治"。经历过隋末社会大动荡与朝代更替的贞观君臣，对治国实践中居安思危的重要意义有深切体会。他们认为，"将崇极天之峻，永保无疆之休，不念居安思危，戒奢以俭，德不处其厚，情不胜其欲，斯亦伐根以求木茂，塞源而欲流长者也"（《贞观政要·君道》）。"无疆之休"中的"休"是"福庆""幸福"的意思。在他们看来，如果要建立显赫的功绩，永远保持无尽的福庆，不想着居安思危、戒掉骄奢、克尽节俭，德行不积累厚实，内心不克制私欲，这就如同砍伐树根而追求树木茂盛、堵塞源头却希望水流长远的道理一样，自然是舍本逐末、缘木求鱼的做法。

　　《贞观政要》的作者是生活于唐玄宗时期的吴兢（670—749年），他敏锐地觉察到开元后期滋生的社会与政治问题，借助于对唐太宗贞观年间文治武功及政治管理经验史料的搜集整理，以《君道》开端、以《慎终》终结，目的是引起当时统治者的关注和借鉴。

　　唐太宗能够意识到"民能载舟，亦能覆舟"的道理，居安思危，积极鼓励臣下进谏，革除弊政，开创了贞观之治。他甚至为不能更好地推行均田制，有些老百姓分不到天地而忧心忡忡，半夜睡不着觉，"遂夜分而寝，忧其不给"（《册府元龟·帝王部·仁慈》）。他还认为，财富（粮食）应积聚在民间，百姓富足，国家才富足，而竭泽而渔的国富却是亡国之兆。"凡理国者，务积于人，不在盈其仓库"，"后嗣若贤，自能保其天下；如有不肖，多积仓库，徒益其奢侈，危亡之本也"（《贞观政要·辩兴亡》），强调治国者必须藏富于民，不要与民争利，政府太富而国民太穷，政府就容易乱开支，追逐奢靡浮华，最终导致亡国。这些制度有益于国家持续稳定发展，后来唐王朝虽经动乱，都城陷于叛军之手，但能力挽狂澜，匡正社稷，藏富于民发挥了重要作用。

　　唐玄宗前期也能励精图治，亲自注释《孝经》《道德经》《金刚经》，繁荣和发展经济与文化，使盛唐出现开元（713—741年）盛世的局面，被诗人讴歌为"忆昔开元全盛日，小邑犹藏万家室。稻米流脂粟米白，公私仓廪俱丰实"（杜甫《忆昔》）。但是，因为政治及军事制度的弊端，最终"渔阳鼙鼓动地来"（白居易《长恨歌》），经历八年之久的安史之乱（755—763年），唐王朝元气大衰，以后虽略有短暂中兴，却已难与贞观、开元媲美。唐玄宗朝的危乱积渐已久，因素也是多方面的，但玄宗后期不能居安思危是一个很重要的原因。

《贞观政要》对晚唐以后的历代统治产生了深远影响，唐玄宗"书《贞观政要》于屏风，每正色拱手而读之"（《资治通鉴》卷二四八，唐宣宗大中二年），辽金元的统治者都曾将其译为本民族文字，作为政治管理的参考。

在继承司马迁《史记》、吴兢《贞观政要》等史学作品以史为鉴的优良传统基础上，宋代史学家进行了大胆探索。

两宋时期，历史学家的忧患意识更加强烈，除过秉承深远的史学家的忧患传统之外，主要是时代局势与历史风云的激荡所致。北宋时期积弱积贫的现状激发了有为政治家范仲淹"进亦忧、退亦忧""先天下之忧而忧，后天下之乐而乐"（《范文正公集》卷七《岳阳楼记》）的忧患意识，对后世影响很大。王安石"四方有志之士，惘惘然常恐天下之久不安"（《王文公文集》卷一《上皇帝万言书》）反映了当时忧患意识的普遍性与自觉性。司马光（1019—1086 年）提出"夫道有失得，故政有治乱；德有高下，故功有大小；才有美恶，故世有兴衰"（《稽古录》卷十六《历年图序》），它是关于历史兴替的理论反思。这种忧患意识也集中反映在司马光主持的《资治通鉴》（294 卷）、范祖禹（1041—1098 年）《唐鉴》（24 卷）、李焘（1115—1184 年）《续资治通鉴长编》（980 卷，今存 520 卷）、袁枢（1131—1205 年）《通鉴纪事本末》（42 卷）、徐梦莘（1126—1207 年）《三朝北盟会编》（250 卷）、李心传（1166—1243 年）《建炎以来系年要录》（200 卷）等中。这些作品大多是两宋之际的历史资料的汇编，总括"治乱兴衰之迹"，均属"忧世""泣血"之作，蕴藏着"取法于祖宗，则永世保民之道也"（《唐鉴》卷二十四）的历史寄托，表达了"爱君忧国之心，愤世疾邪之志"（《少阳集》卷四《答延康殿学士知镇江府赵子崧书》），是居安思危的集中表现和历史记录。杨万里曾形象地将史籍反映"兴衰治乱"比喻为探讨病源医方，"其于治乱存亡，盖病之源医之方也"，"得其病之源，则得其医之方矣"（《通鉴纪事本末叙》）。杨万里还借评价《通鉴纪事本末》的价值，阐述了史书的功能，大略是对于"有国者""前有奸而不察，后有邪而不悟"，对于"学者""进有行而无征，退有蓄而无宗"（《通鉴纪事本末叙》）的历史启示，既涉及"居安思危"的不同表现，也涉及"居安思危"的价值和意义问题。诗人面对不知图存救亡、满足于苟安一隅的南宋政权，发出"山外青山楼外楼，西湖歌舞几时休？暖风熏得游人醉，直把杭州作汴州"（林升《题临安邸》）、"死去元知万事空，但悲不见九州同。王师北定中原日，家祭无忘告乃翁"（陆游《示儿》）的感慨，均凝聚有沉郁的忧患意识与爱国主义精神。

明清之际，著名思想家王夫之（1619—1692年）在《读通鉴论》（30卷）中努力探讨历史兴亡与发展的内在规律，提出"生有生之理，死有死之理，治有治之理，乱有乱之理，存有存之理，亡有亡之理"（《读通鉴论》卷一，"秦始皇"条）。他结合秦始皇与赵高、汉高祖与周勃、宋太祖与赵普等正反历史事例，阐述有无谀臣、统治者是否"好谀"与国家兴亡的密切关系，强调："好谀者，大恶在躬而犹以为善，大辱加身而犹以为荣，大祸临前而犹以为福，君子以之丧德，小人以之速亡。""天下之足以丧德亡身者，耽酒嗜色不与焉，而好谀为最。"（《读通鉴论》卷十二，"晋愍帝"条）拍马奉迎，歌功颂德，使人淡漠"居安思危"的忧患意识，危害不可胜言。他有力地抨击了那些"伪德""伪人"，他们长于"矫饰""上下相蒙"（《读通鉴论》卷十九，"隋文帝"条），与"好谀"的危害一样。

王夫之的居安思危思想是和他辩证的历史观、精审辨析的兴亡说密切相连的。在这种理论思维指导下，他能够将居安思危的要点集中到对"好谀""伪德"等的批判上来，显示出他超常的见识。因为一般地人们大多能知道居安思危的重要性，但历史上却常常出现与此相反的情况，这是为什么呢？是因为有"好谀""伪德"等的存在，让治国者身在危险中而不自觉，还自以为"安"，让居安思危只是停留在理论上或意识上，而不能转化成为发愤图强的治国实践活动，最终导致国家衰败甚至亡国。王夫之关注现实，积极借鉴历史经验教训，努力探讨历史发展内在脉络中的忧患意识，为古代居安思危思想写下了宝贵的一页。

中国历史进入近代，陷入列强侵扰、国运艰危、民生困顿泥淖。鸦片战争前后，龚自珍（1792—1841年）、魏源（1794—1857年）、林则徐（1785—1850年）怀有强烈的忧国忧民之情，心系天下安危，谋求未雨绸缪，积极主张革除弊政，施惠于民，经世致用，睁眼看世界，其忧患意识的广度和深度进一步提高。龚自珍"九州生气恃风雷，万马齐喑究可哀。我劝天公重抖擞，不拘一格降人才"（《己亥杂诗》），呼唤改革，揭露社会的腐朽没落，"万马齐喑究可哀"包含着对政治黑暗、人才萎靡的痛诉与担忧。魏源提出"师夷长技以制夷"（《海国图志》），以一种世界的眼光积极探索有效的救亡之道。林则徐是关心国计民生的政治家，忧虑时局危难，反对投降卖国，置个人安危于不顾，"苟利国家生死以，岂因祸福避趋之"（《赴戍登程口占示家人》），反映了坚贞不移的爱国主义精神。当时面对鸦片对国家现状与未来的危害，多年出使西洋的郭嵩焘（1818—1891年）建议采取强硬措施查禁鸦片，认为一任鸦片纵横，则"地将无耕种之农，国将无御敌之兵，朝廷将无廉洁之臣"，语言掷地有声，切中了时弊。谋深虑远，心念苍生社稷，具有开阔的视野和博大的心胸，充满革新精神，是鸦片战争前后有思想见识和担当精神的爱国者共同的特征。

维新变法时期，康有为（1858—1927年）、谭嗣同（1865—1898年）、梁启超（1873—1929年）等也充满了忧患意识，积极探究救亡图存的途径。历史风雷激荡，时势变幻，很快君主立宪宣告破产，百日维新失败。作为旧民主主义革命的先驱和斗士，陈天华（1875—1905年）写出《警世钟》《猛回头》，邹容（1885—1905年）写出《革命军》，这些著作也以摧枯拉朽的气势发起新的思想启蒙和革命启蒙。辛亥先烈秋瑾"秋风秋雨愁煞人"等也都是以天下与中国的未来为念，是忧患意识的新发展。

忧患意识在中国现当代的思想启蒙、革命与建设中也发挥了重要作用。中华民族备尝艰难困苦，终能屹立于世界民族之林，居安思危，安不忘危，常葆发展活力和生机。

古代思想家洞察事物变化的规律，提醒世人要居安思危，有忧患意识，这样才能使人头脑清楚，不致陶醉于一时的胜利，不致沉迷于短暂的欢乐。中国传统文化和文明史之所以绵延不断，其中很重要的因素就是这种"居安思危"的观念，它孕育了人们丰富的忧患意识和人生智慧，源远流长，在今天依然具有重要的现实意义和理论价值。

在现实生活中，中国古代的"居安思危"观念可以为现代人提供思考和处理问题的重要参考，不仅有助于进一步激发人们的爱国热忱和社会责任感，而且可以不断增强自我奋斗、防患未然的自我激励与保护的意识，避免和减少不必要的危险。在某些具体的工作领域中也会有直接的启示，如行政管理、企业运营、个人奋斗等。

"居安思危"理念是中华优秀传统文化的特质之一。中华优秀思想文化中涉及"居安思危"方面的内容丰富多彩，反映了国人在哲学、政治、军事、人生等方面的探索和心得，它是人类智慧和文化的重要组成部分，具有深远的历史意义与现代价值。

今天，我们的社会主义事业取得了伟大成绩，更加需要"居安思危"的忧患意识，以保证我们继续前进。

第四节 自强不息——生生不息的奋斗精神

自强不息，是中国传统文化的核心理念之一；它作为中华民族精神的内核，在中华民族发展史上起到了独特且不可替代的作用。任何一个民族的发展，都不可能缺少拼搏进取的精神；但是，中华文化的核心理念"自强不息"有自己独特的内涵。中华文化是以"人"为主体的文化，人文传统深厚，长期占主导地位的是人学，不是神学；国人相信，命运掌握在人民的手中。近代中国，面临千年未有之大变局，在列强的欺凌和压迫下，中华民族何去何从？能否从人为刀俎、我为鱼肉的困境中走出一条民族振兴的道路？历史的回答是肯定的。中国近代史，就是中华民族自强不息的奋斗史和探索史。

"自强不息"一词出于《周易》的《乾》卦《象》辞"天行健，君子以自强不息"一语。"天行健"，自然万物运动不止，其中蕴藏着运动规律。自强不息是效法"天行健"这种自然现象和认识、遵循这些运动规律而产生的人文精神。意思是说：自然按照一定的规律运动刚强劲健；君子为人处世，也应像天按照天道运行不息一样，自我努力学习，追求进步，刚毅坚卓，发愤图强，不屈不挠，永不停息。

自强不息既可以就一个人而言，也可以就民族国家而言。一个人面临挫折，不自卑，不自弃，不断学习，提高自己，有强烈的社会责任感和历史使命感，努力奋斗，得以生存和发展，这是自强不息。一个国家、民族，遭遇困难，不灰心，不懈怠，发愤图强、励精图治，也是自强不息。

经过历史的发展，自强不息理念逐渐和中华文明史进步相结合，演变成为中华民族精神的核心内涵。

一、古代的"自强不息"观念

子路问什么是强大。孔子回答说："和而不流，强哉矫；中立而不倚，强哉矫；国有道，不变塞焉，强哉矫；国无道，至死不变，强哉矫。"（《中庸》第10章）"矫"，强的样子。"倚"，偏执。"塞"，不通，未达。在孔子看来，真正强大的人，坚持信念；无论国家政治清明还是混乱无序，都不随意改变自己的原则。孔子已经将如何强大的问题转化为人的修养问题。这和老子是一致的。一方面，老子对现实世界的"强梁"者进行了批判，提倡守弱；在他看来，现实世界的强，只是一种主观行为，并不符合道"弱"的本性。但另一方面，老子又提出"自胜者强"（第33章）的主张，认为通过自己战胜自身的弱点而达到的强大，才是真正的强大。能够坚持信念，克服自身弱点，就成为个人能力强的标志。

南宋心学家陆九渊（1139—1193年）的大弟子杨简（1141—1226年）认为，自强不息是效法"天行健"，不是"天行健"在那边，君子在这边效法它；两者其实是统一的。比如，孔子发愤忘食，学而不厌，"发愤乃孔子自发愤，学乃孔子自学，忘食不厌，即孔子之自强不息"（《杨氏易传》卷一）。有心学倾向的魏了翁（1178—1237年）也认为，天因为强而无息，"自不可已"，自然而然，不是因为外在力量的驱使。与此不同，人的自强，有两个要点。一是依靠自己。人之为善，自强不息，关键在自己，而"无与乎他人"。二是对"道"有自觉。人因为自觉行善不息而强；没有自觉，"由之终身而不知"，恐怕不能称为自强（《周易要义》卷一）。这就细化了自强不息主体自觉的意义。

关于国家治理中如何根据自强不息思想建设国家，使国家富强，儒家有一套"为政以德"的主张。道家无为而治，墨家兼爱非攻、尚贤尚同，法家注重农业生产和以法治国，也都被他们认为是达到国家自强的必经之路。秦国崛起而灭六国，统一全国，法家主张的耕战政策就起了很大作用。但随着儒家地位的提升，德治思想在中国古代产生了深远的影响。比如，司马迁本受黄老道家影响，但他所著《史记》记载周人的崛起、周朝的建立，却更多地体现了儒家的德治主张。

唐朝初年，太宗汲取隋朝短祚教训，治国"以天下为公"，任用魏征等贤能，求谏纳谏，重视农业生产，轻徭薄赋，为政宽简公平，带头依法守法，达到物阜、政通、人和，史称"贞观之治"。这可以说是古代国家自强不息的典范。原因在哪里呢？唐太宗自己认识到，治理国家，"必须抚之以仁义，示之以威信。因人之心，去其苛刻，不作异端，自然安静"。他重用的大臣魏征也赞成，认为"仁义"才是治国的"本"，"惠下以仁，正身以义"，国家可以"不严而理"，教化可以"不肃而成"（《贞观政要·论仁义》）。太宗自己还明确总结国家政治原因，大力赞赏魏征对皇上"约以仁义，弘以道德"，才成就其不朽"功业"（《贞观政要·论政体》）。

明代大儒王阳明（1472—1529年）以具体历史事例论证儒家德治主张的自强不息说："晋欲强之，必修德以俟，观衅而动，斯可也。"（《悟真录》之三《春秋·晋人宋人卫人曹人同盟于清丘》）国家自强，"修德"（道德修养）为本；此外，能够重用贤臣也很重要。而大臣辅助国家自强不息，关键也在帮助国君"修德"养心，"扩其公而使之日益大，扶其正而使之日益强，作其善而使之日益新"（同上《论人君之心惟在所养》）。从德治的具体措施看，重点在建立良好社会风俗，"作兴其笃厚忠贞之气"。一个典型的例子是，周武王灭殷以后，最要紧的事情，是对相关人物进行分封，如黄帝、尧、舜的后裔等。因为周朝治国者抓住了这一国家自强的关键点，所以，虽然"周之富强不如秦，广大不如汉"，却维持了八百年统治（《悟真录》之三《表拟唐张九龄上千秋金监录表》）。同时，王阳明还否定管子、商鞅、苏秦、张仪这些法家、纵横家的自强主张。他认为他们也追求"富强"，但根本上不免"内济其私己之欲"；虽然追求称霸天下，但纵横捭阖，什么"倾诈之谋，攻伐之计"，一切欺天罔人的手段都肆无忌惮地运用着。最终"斗争劫夺，不胜其祸，斯人沦于禽兽夷狄"（《答顾东桥书》），也未必真能达到称霸天下的目的。

二、近代的"自强不息"观念

在我国，古人解释自强不息的意思，虽然间或涉及国家的自强问题，但更多地偏重于个人的自强修养；与此不同，近代以来由于民族国家危机，虽然也不排除讲个人的自强不息，但更多地则偏重于国家的富强建设。这可以曾国藩（1811—1872 年）的自强观作为代表。曾国藩的自强观涉及以下几个方面。

第一，对国家的自强、个人修养的自强都有讨论。

在曾国藩看来，购买洋枪洋炮只是权宜之计，"师夷智"，即学习西方科技，能自己制造近代炮船等，翻译西书，培养通晓洋务的人才，才是国家长远之计，"为中国自强之本"（《曾国藩文集·军事篇·创办机械局为中国自强之本》）。

曾国藩的人生修养理论也有新的内容，反映了儒家修养理论在近代的变化。在曾国藩看来，传统儒学讲的修身养性，是个人和国家都应遵循的"自强之道"。他说："从古帝王将相，无人不由自立自强做出，即为圣贤者，亦各有自立自强之道，故能独立不惧，确乎不拔。"（同上《修身篇·刚柔互用不可偏废》）他一方面肯定传统儒学修身理论如《中庸》学、问、思、辨、行等，确实能够使人"愚必明，柔必强"；另一方面又强调传统修身理论应该结合近代形势，"以明强为本"，也就是说，要能够立足现实，解决现实问题，使国家变强大，而不是袖手谈心性，空言误国（同上《修身养家须以明强为本》）。

第二，提出了自强的三个方法。其一，要有一股韧劲。他认为，个人修养应发挥孟子"劳其筋骨，饿其体肤，空乏其身"的精神，认识到"困心横虑，正是磨练英雄，玉汝于成"的时机，应有"咬定牙根，徐图自强"的精神，赞赏"好汉打脱牙和血吞"的民谚（同上《咬定牙根徐图自强》）。其二，必须"从明字做出"，以理性认识为基础，对由弱到强的规律有所认识和掌握，"若全不明白，一味横蛮，待他人折之以至理，证之以后效，又复俯首服输，则前强而后弱，京师所谓瞎闹者也"（同上《强字须从明字做出》）。比如，国家的强大"必须多得贤臣"；家族的强大"必须多出贤子弟"；个人的强大，只有建基于德性修养的强大才"可久可常"，保持长久。因为从历史上看，"斗智斗力之强"，或许因强大而兴起，往往也因为强大而速败，如李斯、曹操、董卓等，他们的智、力都超过常人，横绝一世，但其祸败也迥异寻常，难保善终。其三，慎独是自强的关键环节。他认为，慎独是"人生第一自强之道"，又"庄敬日强，安肆日偷"（同上《应以慎独主敬求仁习劳相勉》）。要求即使在个人独处时，也能做到"庄敬"而非"安肆"。

第三，提出了自强的三个原则。其一，自强主要在自我修养，而不在"胜人"。如果专门在"胜人"上求强，究竟能否强过他人"尚未可知"；即使能够强过他人，也是真正有修养的人所不为的（同上《胜人处不可求强自修处可求强》）。其二，"以能立能达为体，以不怨不尤为用"。主要在于自己下功夫，下学而上达，同时辅之以不怨天、不尤人的心态。他自我反省说："兄自问近年得力惟有一悔字诀。兄昔年自负本领甚大，可屈可伸，可行可藏，又每见得人家不是。自从丁巳、戊午大悔大悟之后，乃知自己全无本领；凡事都见得人家有几分是处。故自戊午至今九载，与四十岁以前迥不相同，大约以能立能达为体，以不怨不尤为用。立者，发奋自强，站得住也；达者，办事圆融，行得通也。"其三，持之以恒。将自强作为个人修养工夫，与"有恒"一起，求个人能立能达。他自述说："吾九年以来，痛戒无恒之弊。看书写字，从未间断，选将练兵，亦常留心。此皆自强能立工夫。奏疏公牍，再三斟酌，无一过当之语自夸之词。此皆圆融能达工夫。至于怨天本有所不敢，尤人则常不能免，亦皆随时强制而克去之。"（同上《默存一悔字无事不可挽回也》）

近代洋务运动，从求强发展到求富，拉开了国家求富强之路的历史序幕。但他们所谓"自强"，并没有抓住国家振兴的根本之道，结果失败了。戊戌变法，目的在变法图强，他们建立强学会，发行《强学报》，要求维新变法，实行国家政治制度改革，开民智，新民德，鼓民力，铸造强毅国民，为解放思想、改革教育等做出了贡献。康有为（1858—1927年）一生都在总结古代人自强经验，并考察西人"自强之由"，为中国谋"自强之策"（《上清帝第二书》）。他将国家富强的希望完全寄托在清廷皇帝身上，认为"自古非常之事，必待大有为之君。自强为天行之健，志刚为大君之德"（《上清帝第二书》）。但他抱以期望的光绪皇帝并无实权，朝廷为慈禧太后所掌控，这注定了维新变法的悲剧结局。

1911年的辛亥革命，推翻帝制，建立民国，为国家富强迈出了真正的第一步。民国初年的五四新文化运动，促使马克思主义传入中国，为中华民族的自强之路开辟了光明的前途。

三、"自强不息"观念的思想内容

总结"自强不息"理念的历史，分析"自强不息"概念的内容，概括而言，不外以下几个方面。

首先，作为传统文化的核心理念，自强不息在内容上涉及强与弱的关系，即涉及个人或国家如何由弱到强的问题。关于个人，根据古人的理解，主要是提高修养。一是注重克己，如《老子》所言"自胜者强"，能战胜自己的人是真正强大的人；二是必须不断学习，丰富和提高自己的素养，增强自己的生产生活能力。关于国家如何强大，可以归结为发展生产，而又"为政以德"，以提高领导人修养为重点，注重礼仪制度和思想文化建设，形成友爱、互助的良好社会风尚。这样的强大，不仅是物质硬实力的提升，而且是制度的健全和完善、精神文化软实力的强大。

强和弱是辩证统一的，在一定条件下，弱可以变强，在另外的条件下，强也可以转化为弱。为了保持强大态势，维护国家长治久安，人们应当自强不息。

其次，自强不息理念的内容，也涉及自强和非自强的关系问题。根据历史上先贤们的理解，不论是个人还是国家，自强的关键是依靠自己。一个国家也是如此。近代，我国落后挨打，有识之士逐渐意识到自强、自富才是国家的根本出路。他们在自强的实践中从逐渐认识到"师夷长技"开始，到建机械制造局、发展近代工商业、进行政治制度改革甚至革命、以马克思主义为指导进行新民主主义革命和社会主义建设等，从而走出了一条中华民族自觉追求民族与国家富强的历史道路。

再次，自强不息理念的内容，还涉及"不息"与否的问题。不息，不停止、不止息，用以描述"自强"这一修养活动，意味着在客观上一个人、一个国家由弱到强是一个不间断的发展过程，还意味着在主观上人自强的努力不松懈、不懈怠，持之以恒、坚韧不拔。古人理解这个问题，还发掘出更深刻的含义，那就是，"天行健"，自然万物健动不息，这种不息不只是主观上不停息，而且是客观上不可能停息；换言之，"无息"是自然的本性。因为具有"无息"的本性，所以有不息的现象。这启示人们，在追求自强时，不仅要"不息"，而且进而要追求"无息"；这就是认识和觉悟真理，完全遵循规律，照规律办事。

自强不息理念作为中华文明的重要内涵，被人们理解、掌握后，运用到实践活动中，就成为自强不息的精神。自强不息精神也包含多方面的内容。

四、自强不息是勤劳奋斗的人生精神

自强不息，是要人们在学习、行动、言语、做事等各方面不断努力，效法天道，提升自己。古代不少学者，能深刻体认这种精神并有自觉的历史使命感和责任感，以具体实践活动继承和弘扬了这种精神。

孔子自述，他"发愤忘食，乐以忘忧，不知老之将至"；事实上，他十五岁有志于学习，三十而立，四十而不惑，五十而知天命，六十而耳顺，到七十还在进步，"从心所欲而不逾矩"。孔子是活到老、学到老，充满自强不息的精神。又如，明末顾炎武（1613—1682 年）有诗云："苍龙日暮还行雨，老树春深更著花。"他认为"有一日未死之身，则有一日未闻之道"。王夫之于垂暮之年，疾病卧床，还克服各种无法想象的困难，勤奋著书。《姜斋公行述》说他："迄于暮年，体羸多病，腕不胜砚，指不胜笔，犹时置楮墨于卧榻之旁，力疾而纂注。"他们所体现的，都是自强不息精神。这些前贤们以自己一生的实际行动体现了自强不息精神，使我们后人在理解他们的思想和行为时，自然可以感受到自强不息精神带来的人格魅力。

人生虽然祸福盛衰，变幻难测，但从根本上看，命运掌握在自强不息者自己手中。人民群众是历史的创造者。推动世界前进的，正是那些勤劳奋斗、埋头苦干的人，是那些不论在哪一个行业都忠于职守、坚韧不拔、勤恳劳作的人们。

愚公移山故事，就是人类自强不息，改变自然条件和社会生产生活，自己掌握自己命运的典型例子。《列子·汤问》记载，年老的愚公，家住两山之间，出门交通十分不便。于是他发动家人挑土，希望将山移走，遭到一位"智"者的取笑，认为他自不量力。他回答说：人们畏惧困难，总会找些客观条件作为逃避的理由，其实是自己有"固"心，没有完全发挥主观能动作用。虽然我现在老了，但我有儿子；儿子又有孙子，孙子还可以生儿子，子子孙孙，无穷无尽。我们不断移山，而"山不加增"，怎么不能将山移走呢？他们坚持移山，感动了"神灵"。"神灵"便将山移到了他处。这里所说的"神灵"，我们今天理解为人民大众。

五、自强不息是中华文化生生不息的精神源泉

自强不息是中华文明不断发展的精神源泉。自强不息的道理体现在中华民族或中国人文明创造的历史活动中，就是自强不息精神。自强不息精神是中华民族精神、中国精神的重要内容。有5000多年文明史的中华民族历尽沧桑却不断发展壮大，屹立在世界东方，正是一代代龙的传人发挥自强不息精神的必然结果。

例如，周朝延续800年，其礼乐制度和人文思想影响后世十分深远。周人如何自强，可以作为发挥自强不息精神的历史案例进行解剖。

《史记·周本纪》记载，周人始祖后稷，少时有大志，"游戏好种树麻菽，麻菽美"。长大后，爱好农业耕种，研究土地情况，"相地之宜，宜谷者稼穑焉"。想必效果很好，受到民众效法。尧听说后，举荐任命他为农师，为农业发展做了不少好事，"天下得其利"。因为"播时百谷"有功，他被舜封于邰，号曰后稷，别姓姬氏。司马迁认为后稷兴起，源于"有令德（美德）"，其实从有关他的记载看，就是重视发展生产。

到第四代公刘，虽然和戎狄杂居，但他带领大家继承后稷重视农业生产的传统，"务耕种，行地宜"；居住地域范围自漆沮扩展到渭河对岸。生产的粮食大增，以致"行者有资，居者有畜（蓄）积"，受到民众拥戴。司马迁断定"周道之兴"从这时开始，并说当时的"诗人歌乐思其德"。这里的德，并不是抽象的说教，还是因为重视发展农业生产而家有积蓄，民众感恩。

第十三代古公亶父，继承后稷、公刘的事业，特别注意"积德行义"，受到国人爱戴。这在处理与少数民族的关系上，得到充分表现。薰育戎狄来进攻，"欲得财物"，古公亶父就给他们。后来，他们再次进攻，"欲得地与民"，触犯众怒，大家众志成城，欲

与之死战。古公亶父（后称"古公"）说：百姓立国君，是为了有利于百姓。现在戎狄之所以攻打我们，想要我们的土地和民众。民众由我领导，或由他们领导，有什么区别呢？为了我个人的缘故，进行战争，"杀人父子而君之"，我不忍心这样做。于是和亲近属下离开豳，度过漆沮，翻越梁山，迁徙到岐下。"豳人举国扶老携弱"，都跟着古公到了这里。甚至周围其他部落，听闻古公仁义，也多来归顺。在这里，古公改革旧俗，建筑城郭、房屋，令人分别居住；创立"五官有司"以治民。民众"皆歌乐之，颂其德"。

第十四代公季历继承公刘"遗道，笃于行义"。第十五代昌立，称为西伯，即周文王。西伯继承后稷、公刘、古公、季历的传统，勤于政事，"日中不暇食"，诚笃仁爱，"敬老慈少，礼下贤者"，特别能团结人，善于用人。伯夷、叔齐、太颠、闳夭、散宜生、鬻子、辛甲大夫等，都归顺了西伯。崇侯虎向殷纣王说西伯坏话，纣王将西伯囚禁在羑里。闳夭等人用美女、良马以及其他珍宝通过嬖臣费仲贿赂纣王，纣王便赦免了西伯，还赏赐给他弓矢、斧钺，让西伯有权力"征伐"。西伯乘机向纣王献洛西之地，请求废除炮烙酷刑，得到同意。西伯回来后，韬光养晦，暗中"行善"事，形成了"民俗皆让长"的良好风俗，加上他处事公平，以致其他诸侯都来请西伯帮助断案。西伯实力、威望渐增，先后征伐犬戎、密须、耆国、邘、崇侯虎，建造丰邑，从岐下徙迁到这里，以这里为都城。西伯为武王伐纣、建立周朝打下了坚实基础，去世后，被谥为文王。武王伐纣，汇集了庸、蜀、羌、髳、微、纑、彭、濮等军队，纣兵人众，却无战心，甚至"倒兵以战"。纣王自焚而亡，周朝建立，封邦建国。成王立，周公辅政，建礼乐制度。成王崩，召公、毕公率诸侯以太子钊祭王庙，申告王业来之不易，"务在节俭，毋多欲，以笃信临之"。太子即位，谨遵教诲，是为康王。所以，成康之际，天下安宁，"刑错四十余年不用"，出现中国历史记载的第一个治世。

周人兴起、立国长久大略有这样几个原因：始祖后稷就研究农业耕种，注意农业生产，"天下得其利"；公刘积德行义，处理好民族关系；古公立君为民，不像其他国君，将民众、土地看成个人财产，而为之兴兵争夺；文王敬老爱幼，形成礼让风气，礼贤下士，勤政爱民，能团结人，善于用人，为周朝建立打下了坚实基础；武王、周公创立封邦建国的礼乐制度；康王继承文、武等先王之业，务行节俭，"毋多欲"，以"笃信"原则治国。这些都是一个国家自强不息而能长治久安的智慧结晶。后来，孔子总结这段历史，形成了儒家"为政以德"的治国思想，影响深远。

六、自强不息与中华民族的伟大复兴

中华民族是一个伟大的民族，有着悠久、灿烂的文明史。近代以来，由于生产力水平落后、封建专制束缚、外国列强侵略，中国在现代化过程中落伍了。但经过百余年的不懈探索，中华民族现在又阔步走在富强、复兴的道路上。这一历史巨变过程，也生动体现了中华民族的自强不息精神。

民族自古就有，但中国近代以来的民族意识，是同反抗外来侵略、争取民族独立紧密联系在一起的。自从梁启超 1899 年在《东籍月旦》一文中将"民"和"族"两个不同含义的词结合起来，超越种族含义，创立"民族"新词，并提出"泰西民族""东方民族"等概念后，我国民族观念就和古代有了重大区别。这集中表现为：近代意义的民族国家意识开始觉醒，中华民族观念逐步产生。

鸦片战争以来，中国内部有封建专制对社会进步的压抑，外部有列强的殖民主义侵略，争取民族独立和民族解放，成为民族精神的主要内容；民族的独立和解放，则是民族复兴的前提。而真正的民族独立，必须建立在民族自强的基础上。中华民族对自强的认识则是一个不断深化的过程。起初，人们只是把"船坚炮利"、国力强盛作为自强的标志。这种观点，看到了国家实力中"物"的力量，对无形的制度、观念等内容，还不很重视。随着时代的更替，从历史教训中，人们逐渐认识到，民族国家自强的实质，是民族精神和共同理想的显现。一个民族的兴盛、一个国家的强大，根本在于人，即人民。没有"以人为本"的观念，不会有真正的国家自强、民族复兴。民族复兴，意味着民族凝聚力的增强。在当前，这种民族凝聚力，表现为维护民族独立和实现社会主义现代化的共同理想。

中华民族怎样才能实现社会主义现代化？近代百余年来的探索，走过不少弯路。现在我们终于明白，闭关锁国不能实现民族复兴，夜郎自大也不能实现民族复兴，只有改革开放的道路，才能通向现代化，使中华民族走向新的辉煌。实际上，从 20 世纪 70 年代末开始，中国共产党领导的改革开放事业，建设中国特色社会主义，为民族复兴奠定了坚实基础。改革开放的目标，说到底，就是实现中华民族的伟大复兴。因此，改革开放的不断发展和深化，推动着民族复兴的伟大；而民族复兴的伟业，又不断为改革开放提出新的课题和任务。改革开放所取得的成果，为中华民族的复兴提供了前所未有的广阔舞台；民族复兴的指导思想，又促进改革开放的不断深化。

改革开放本身就为民族复兴所必须。从一定意义上来说，从民族发展的历史长河来考察，改革开放的实质，是为民族复兴提供了相应的手段和路径。民族的复兴，不仅要求经济的发展和物质的丰富，更重要的是人自身的解放，真正做到"以人为本"。因此，从民族复兴角度来看改革开放的意义和作用，可以使我们对改革开放的性质把握得更加准确，重视经济与社会及自然的统筹兼顾，持续地协调发展。摆正改革开放和民族复兴的关系，才能提高经济和社会发展的质量，实现中华民族伟大复兴中国梦的目标。

中华民族自强不息，实现伟大复兴，不是复古，而是创新，是经过否定之否定的历史变化后的民族整体提升，这包括政治、经济、文化的全面发展。政治、经济、文化是相互交融的，不能割裂开来。经济上的贫困，无力支撑一个民族的发展；而单纯经济上的富有，没有文化和政治与之协调发展，也无法塑造一个伟大的民族。真正的社会主义民主化和现代化，为民族复兴提供根本保证和制度规范；而文化的复兴，又为民族复兴提供精神支柱和民族凝聚力。

第五节　诚实守信——进德修业的立人之本

诚实守信是为人处世的基本品德。诚实是真实无妄，不自欺、不欺人，名实相符。守信是遵守原则，履行承诺，言行如一。

古人观察自然、人事变迁，认为天是真实、长久的，只有具备天一样的德性，人才能获得自身长久的幸福。因此，人也必须追求真实、不欺妄，以"至诚"为人生修养的最高境界。"至诚"是一种通过尽心、知性、知天而达到的人格和人生的终极境界，展现出有中国特色的道德信仰，它不依靠宗教，不通过神学，而通过人性与天性、人道与天道的统一，达到天人和谐的状态。

"诚"是人的内在德性，表现为真实、诚恳、表里如一，即"内诚以心"；"信"体现人的责任感和使命感，表现为讲信义、守信用、重然诺、言行一致，即"外信于人"。诚与信是分而为二、合而为一的道德规范，是中华优秀传统美德的基础，是一切道德行为的保证。中华优秀传统文化对"诚信"理解和重视，与天人和谐、知行合一的思维方式密切相关，也是中国古代家国一体的伦理型社会的必然产物。

一、诚信思想的起源

第一，诚信观念的起源。

原始人类思维简单质朴，还没有办法区别善恶、真假，处于原始的诚信状态，它是人类生存繁衍必需的基本品德。夏商周时代，是中国"诚信"观念真正开始自觉的阶段。这一时期的诚信观念包含着文明诞生初期人类简单质朴的情感，既有对自然变化、生命无常的恐惧与敬畏，又表现出强烈的生活热情和人文精神，是原始宗教向礼乐文明转型的必然产物，反映了中华民族情感、理性发展的特点。

"诚"字从言从成，"信"字从人从言，都从"言"，诚、信二字的形成必然晚于"言"，其含义又与之密切相关。"言"在甲骨文中已写作，下面部分是口舌的象形，而在舌头之上加一短横作为指示符号，表示言从舌出，是告祭祖先、神灵之意。《说文》说"直言曰言"，所以我们常说"言为心声"。可见，诚信观念源于宗教祭祀时虔敬诚恳的心态，表现出对神灵、祖先的真诚、敬畏之情，以求得到神明的信任、保佑。

此外，甲骨文中"孚"写作，有解释说如鸟孵卵，有种瓜得瓜、种豆得豆，必然如此的意思。《尔雅》和《说文解字》认为"孚"通"信"，有真实、确定如此之意。如原本只是用于卜筮的《周易》中有"中孚"卦，《周易·杂卦》说，"中孚，信也"。《诗经·下武》有"永言配命，成王之孚"，说成王能长久地与天命相应，是因为得到了神明、百姓的信任。《左传·庄公十年》有"小信未孚，神弗福也"，说鲁庄公不欺瞒祭品多寡这种小信用不能得到神明的信任，不会得到神明的保佑。

夏商时代人们尊鬼、敬神，精神世界还处于原始宗教信仰的笼罩下，随着周代礼乐文化兴起，最初用来协调人神关系的礼，在人文与理性精神日益觉醒的背景下，逐渐演变为人文道德色彩日益浓厚的社会规范。《礼记·礼器》："先王之立礼也，有本有文。忠信，礼之本也；义理，礼之文也。无本不立，无文不行。"礼虽以忠信为本，而又必须以义理为文饰，才能得理合宜，便于实行。制礼、行礼都必须虔诚，诚信的情感是礼节仪文发挥作用的根本。《尚书》中《誓》《诰》篇目达十余篇，说明在夏商周时期誓言、会盟现象的日益频繁、普遍，人们对于诚信观念已经有自觉的意识，但诚信思想理论体系尚未成熟。

第二，信义原则的形成。

"诚""信"二字见于文献则是春秋战国时期，如《诗经》中《荡之什·崧高》篇"谢于诚归"，《论语》的"诚哉是言"，均可作确实理解。可知这一时期"诚"主要作为肯定性的助词，并无道德含义。《尚书》中的"诚"字虽有道德属性，但均出自东晋梅赜所献的伪古文，故不可信，如《太甲》云"鬼神无常享，享于克诚"，《舜典》云"明诚以功"等。

虽然"诚""信"这两个概念的意义相通，但先秦诸子对诚信的诠释还是反映了百家争鸣特色，而且早期他们似乎更侧重于对"信"的探讨和发扬。

信，是先秦诸子普遍认同的一种美德。诸子中以儒家对诚信的发挥最为典型。《论语》提到，孔子以"文、行、忠、信"教育弟子，子夏、曾子都说与朋友交往要"言而有信"；《孟子·滕文公上》也说"朋友有信"，都认为诚信是人的基本品德之一。

诸子还深入探讨了"诚信"原则与现实生活的关系，强调诚实守信不应该盲目、僵化，在面临两难矛盾时必须作理性的权衡。《老子》81章说"信言不美，美言不信"；《论语·子路》说"言必信，行必果，硁硁然小人哉"。例如邻人偷羊，其子要不要告发？如果舜的父亲瞽叟杀了人，作为天子的舜是包庇父亲，还是大义灭亲？面对类似的矛盾时，正直、诚信之德如何体现？儒家学者的解决办法在《韩诗外传》中借孟子之口说出，就是"怀其常道而挟其变权"。《论语·学而》说"信近于义，言可复也"。《孟子·离娄下》进一步指出"大人者，言不必信，行不必果，惟义所在"，也以是否符合"大义"作权衡标准。君子要懂得权变，能理性权衡事情的利害得失、轻重缓急，灵活应变，"择善而固执之"，否则就有可能因为贪图自身名誉而伤害他人乃至社会整体利益。

信义原则既是人生修养的基本要求，也是"德治"思想的重要内容。《荀子·强国》指出，"古者禹、汤本义务信而天下治，桀、纣弃义背信而天下大乱"，从执政管理的角度说明诚信是"君人之大本"。《吕氏春秋·贵信》认为"信"与天意相通，"信而又信，重袭于身，乃通于天"。天地万物，包括不同身份的人在内，各有其所必须遵循的原则，坚守这一原则而不随便更改，这就是信。

春秋时期鲁庄公大将曹沫，战败失地，便在齐鲁会盟时突然劫持齐桓公，迫使其答应尽数归还侵夺鲁国的土地。齐桓公事后想反悔，管仲劝说，"夫贪小利以自快，弃信于诸侯，失天下之援，不如与之"。于是，齐桓公归还了占领鲁国的土地，他也因此得到诸侯和百姓的信任，"九合诸侯，一匡天下"，成为"春秋五霸"第一位。《管子》《吕氏春秋》《战国策》《鹖冠子》《史记·刺客列传》诸书，均讲到了这件事，后人在感叹曹沫勇气的同时，也更加敬佩齐桓公、管仲的诚信品德。

二、诚信思想的形成

战国到秦汉之际，是中国从分裂走向统一，从礼坏乐崩、百家争鸣走向罢黜百家、独尊儒术的时期。在这一背景下，"诚信"作为道德规范的价值和意义日益凸显。据《左传·僖公二十三年》记载，晋公子重耳（晋文公）逃亡在楚国时，得到楚王帮助，当时许诺，如果将来晋楚交兵，他会"退避三舍"。后来晋楚在城濮交战，晋文公遵守诺言，果然把军队后撤九十里，但最终取得了胜利。晋文公没有因利而失信，与当时各种僭越悖礼的行为形成鲜明对比，更突显出诚信品德在乱世的可贵，成为君主诚信的典范。

第一，儒家诚信思想体系的建立。

《周易·乾·文言》引孔子云："龙德而正中者也。庸言之信，庸行之谨，闲邪存其诚，善世而不伐，德博而化。""君子进德修业。忠信所以进德也。修辞立其诚，所以居业也。"所以，最早挖掘"诚"字道德含义的当推孔子，后经曾子、子思、孟子的发展，使之成为儒家最重要的德性之一。《周易·家人·象》说的"言有物，而行有恒"，《周易·益·象》说的"见善则迁，有过则改"，也是诚信的表现。

中国诚信思想体系的基础是由《论语》《大学》《中庸》《孟子》这"四书"奠定的，标志就是最终子思、孟子学派提出的以"诚"为核心的道德心性论。后人总结的孔子、曾子、子思、孟子的道统传承系统，与分别反映他们观念的《论语》《大学》《中庸》《孟子》四书对"诚"的发展、诠释相契合。

宇宙按照自己固有的规律运动、变化，它是实实在在的，真实无妄，人承认它是那样，人不承认它还是那样，是自然而然之道，这种自然发展变化的规律，真实长久，自然万象、宇宙万物都是真实的存在，所以，真实是宇宙万物存在的基础，"诚"就是对天道基本特征的提炼概括。据传为孔子之孙子思所作的《中庸》，开篇就说"天命之谓性，率性之谓道，修道之谓教"，后半部分又着重论述"诚者，天之道也；诚之者，人之道也"。《孟子·离娄上》也说过，"诚者，天之道也；思诚者，人之道也"。《孟子》中还有几处关于"诚"的说法与《中庸》类似，孟子的老师是子思门人，这些说法应当源于子思或子思学派。

诚是一种真实无欺、不言而成的本然状态，儒家把它升华为天之所以为天的法则，又是人之所以为人的法则，并且内在于人而存在。所以，"思诚"就是人实现天之道的根本途径。这两段话是儒家诚信思想体系的理论根基，从宇宙万物存在的现实和规律上说明了诚是宇宙万物存在的基础，因此也是为人的根本，从根本上论证了诚在道德上的本质属性。《周易·系辞上》说，"默而成之，不言而信"，就是天的诚信。这是先秦思想家对"天"德的称赞。天、地、四时不会说话，但因为它们有"诚"这种美德，所以能被人们感知到它们的存在和运行规律。"天之道"与"人之道"通过"诚"这种美德连在一起，人就可以从中领会"天人和谐"的道理了。

为什么说诚既是天道，又是人道？中国传统文化认为人道与天道一致，人道本于天道。人是天地的产物，因而人身上自然也保存了天道的本质特征。人之道，是指做人的道理或法则。作为天道本质属性的"诚"，在人身上，内化为基本的德性，成为天道对人道的根本要求，因此只有把"诚"贯彻到人生日用的方方面面，天人才能产生默契，和谐共生。

这包含有四个方面的内容：第一，天按照规则运行，人应该按规矩办事，不能随心所欲；规矩既含有法规，也包含道德规范。第二，天道不息（自然界不断运行，四季交替），相应于此，人道应当自强不息。第三，人要讲诚信，不自欺、不欺人，自尊、自信、自爱。第四，人不但要爱人，而且要爱万物（当然不包含对人有害的东西），即所谓"仁民而爱物"，这里"物"是代词，指万物，包含自然界一草一木。

现实中的人能不能做到这一点？《中庸》的回答是："诚者不勉而中，不思而得，从容中道，圣人也。诚之者，择善而固执之者也。"圣人从容中道，始终保持赤子般的真诚，自身就合于诚。其他人要努力做君子，去思诚。所以对一般人而言，通过学习、修养也可以达到这种境界，这种人就是诚之者、思诚者，可以称为君子。那具体怎么做呢？就是《中庸》讲的君子修养之道，"博学之、审问之、慎思之、明辨之、笃行之"，即首先广博地学习，其次详细地向别人请教，再次周密地思考，然后明确地辨别是非、善恶、美丑等，最后还必须切实地身体力行，知行合一，理论与实际相联系。

君子思诚的过程是人生最大的幸福。《孟子·尽心上》"反身而诚，乐莫大焉"，反躬自问，我所认识的一切都是真实的，自己也能感到非常快乐。这是一种认识的快乐，探求真理的快乐。《中庸》和《孟子·离娄上》都指出，"诚身有道，不明乎善，不诚乎身矣"，就是说只有通过学、习、思，明白善之所以为善的道理，才能真正实现诚。"天命之谓性，率性之谓道，修道之谓教"，天命即天道，表现为长久、真实的自然规律；天道落实于人，表现为人的属性，即人性本质应包含对真与善的追求；教就是如何求真、求善，学习、实践天道与人道的过程。朱熹《孟子集注·离娄上》说，"思诚为修身之本，而明善又为思诚之本"。思诚就是明善，而后力求止于至善、达于至诚。天道自然流行变化，养育万物，既是天道的自我实现，也是在成就万物。所以，人追求天道的诚，也就要像这样，既要成己，也要能成物。成就自我侧重内在的心性修养，成就万物侧重外在的事功实践。人类只有在追求天道与人道和谐统一的过程中，不断进行自我反思，才能在人和人类社会发展变化中找到生命的终极意义。

第二，诚信与名实相符。

春秋战国时代礼坏乐崩，僭礼悖伦的现象屡见不鲜。孔子为乱世之中名不正、言不顺的失序状态感到担忧，说若能执政首先要做的就是"正名"，恢复"君君，臣臣，父父，子子"的伦常秩序。名是用来指谓实的、约定俗成的概念，它的形成取决于实，一旦确定就不能轻易改变。事物各自有其不同的特点，对他们的称谓都是与它们的特点相统一的，这样既便于认识了解，又便于相互区分。《荀子·正名》说应当"制名以指实"，制定名是为了指称实，使名实相符，一切才不会陷入混乱。名实相符，是先秦诚信思想的另一重要内容。

西汉董仲舒在《春秋繁露·深察名号》中提出，"事各顺于名，名各顺于天。天人之际，合而为一。同而通理，动而相益，顺而相受，谓之德道"。事物分别顺应于它们的名义，这些名义分别顺应各自天性，就是天人合一。天性与人为相互配合，"合而为一"，便是名实相符、自然真实的表现。此外，《墨子》《庄子》《公孙龙子》对名实关系也很重视。

第三，道家的"真"与思孟学派的"诚"。

子思、孟子学派"诚"的思想与战国道家"真"的观念密切相关，体现出古人在诚信思想上也有兼容会通的追求。《孟子·离娄上》说："至诚而不动者，未之有也；不诚，未有能动者也。"这与《中庸》的观点一致。思孟突出诚是内在心性的自我修养、完善。庄子以真代诚，突出不加修饰的纯真，更注重人的自然属性，认为儒家的"诚"是刻意的"伪"。《庄子·渔父》说："真者，精诚之至也。不精不诚，不能动人。……礼者，世俗之所为也。真者，所以受于天也，自然不可易也。故圣人法天贵真，不拘于俗。"庄子批判儒家倡导的礼仪规范是对人自由天真本性的束缚，不能打动人的心灵。后人兼采二者精华，结合起来讲"真诚""精诚"，相信"精诚所至，金石为开"。古人对诚信的这种执着是对伦理道德的信仰，也是一种力量的象征，显示了人高度自尊、自信、自强的精神。

第四，诚信之德的法典化。

中国是传统的农耕社会，人们依赖于土地而生存，形成了自给自足的生活方式，建立起君臣、父子、夫妇、朋友、兄弟为主干的纲常秩序，诚信的美德就是扎根于这一基础之上。东汉班固（32—92年）整理的《白虎通·性情》总结说："五性者何谓？仁义礼智信也。……信者，诚也，专一不移也。故人生而应八卦之体，得五气以为常，仁义礼智信也。"孟子"五伦"之一的"信"，被纳入五常，诚实守信真正成为封建社会的基本道德，诚信作为道德规范被法典化。这不仅意味着诚信思想的影响普及化，而且通过强制性规范，强力影响着社会生产和生活，适应了中华民族的发展和国家统一的需要。

从汉到唐，国家秩序日益稳固，儒家学说被法典化，道德秩序加强，互为保障的礼乐制度和诚信道德被塑造为中国古代社会的重要支柱之一，"诚实守信"成为中华优秀传统文化的核心理念之一。

三、诚信思想的发展

宋明时期"诚信"思想得到理论上的升华。理学发达，得力于北宋时思想家周敦颐（1017—1073年）对"诚"这一范畴的发挥。他借助《周易》重新诠释"诚"，其《通书》开篇说诚是成就圣人境界的根本，它源自乾道，即天道运行规律的体察，是人禀受于天的纯粹至善本性。他在唐代李翱（772—841年）"复性说"基础上，提升了"诚"在儒学理论体系中的地位，认为诚是仁、义、礼、智、信"五常"的基础和各种善行的根本。他以"诚"论"性"，贯通天道与人性的思路，引导宋明理学性命之学研究的方向。宋明理学各派沿着这一路径对"诚"进行了不同的分析，约有三派。

第一，诚是实有。

人们为什么敬畏天道、顺应天道呢？北宋张载（1020—1078年）指出，天的威信源自天道的自然流行、真诚无私："天不言而信，神不怒而威；诚故信，无私故威。"（《正蒙·天道》）"诚"成就了天的威信，它是人性与天道的统一，同样也成就了人性之善，"为能成性也，如仁人孝子所以成其身"。

张载把天道的自然流行概括为"太虚"，太虚即是元气，人与万物都是由气构成。天道和人道之"诚"都要通过太虚，也就是气才能显现，诚不只是理论上的抽象表述，也是实在的。"思诚"实际上要从"虚中求出实"。张载认为这就必须借助礼仪教化："诚意而不以礼则无征，盖诚非礼无以见也。诚意与行礼无有先后，须兼修之。"（《经学理窟·气质》)诚意的表现必须借助一定的规范，礼仪不仅可以最大限度地展现出人的诚意，也可以让人的诚意在实行礼的过程中得到强化。礼仪不是简单的程序、装饰构成的空架子，而是要以发自内心情感来行礼，赋予礼以灵魂。

作为张载后学，明末王夫之进一步指出，诚是"实有"，不诚则是"实无"。宇宙本源是太虚，即元气，这种元气是实有的，万事万物发生消亡都只是气的聚散变化，虽然形态不同，但他们都是真实的存在。"夫诚者实有者也。前有所始，后有所终也。实有者，天下之公有也，有目所共见，有耳所共闻也。"(《尚书引义·说命上》)诚可以概括宇宙万物生成的过程是实在的变化，所表现的天理、性命也就是实有的。诚是对宇宙生化本质的概括，表现出"随时循理而自相贯通"的特点。"明诚"就是人通过后天的修养、学习体悟天道，掌握"诚"这一真实本性，明确做"人"的道理；反过来说，只有真正明确人的"诚"这一真实本性，才能更加明察事理，做到天命与人性不相违背。随着因明至诚、因诚至明的不断深入，人可以通过自身的修行而把握玄妙的天性，从而了解乃至改变外在的客观世界。

第二，诚是实理。

北宋程颐以"实理"解释"诚"，实际上是强调天道之诚的理论价值。理学家认为，天道即天理，既是宇宙生成演化的根源，也是社会秩序、伦理纲常存在的依据，人必须遵从天理。南宋朱熹继承发展了程颐对"诚"的诠释，指出天道理论层面的"诚"和社会人事层面的"信"都是天理的表现，汉代以来学者常误将这两个层面分为两截。南宋陈淳（1159—1223年）《北溪字义》详细分析了朱熹思想体系中诚信的关系，"诚与信相对论，则诚是自然，信是用力；诚是理，信是心；诚是天道，信是人道；诚是以命言，信是以性言；诚是以道言，信是以德言"。诚是体，信是用；诚为本，信为末；诚是天理，信是人为。"诚"被提升到形而上的本体高度，确立了诚的神圣性与至上性。天道之"诚"是人道之信的道德基础和理性依据，"道之浩浩，何处下手？惟立诚才有可居之处。有可居之处，则可以修业也"(《近思录》)。

如何下手、修业呢？当学生问朱熹"思诚"是否就是"明善"时，他回答说："明善自是明善，思诚自是思诚。明善是格物、致知，思诚是毋自欺、慎独。明善固所以思诚，而思诚上面又自有工夫在。诚者，都是实理了；思诚者，恐有不实处，便思去实它。"(《朱子语类》卷五十六）朱熹认为，明善、思诚虽然有相通之处，均需从格物致知下手，但思诚又自有其方法。对人来说就是要做到真实不欺。

朱熹分析了无妄和不欺的异同，指出无妄是天道，是天理之圆满，唯有圣人能为之。不欺是人道，是"思诚"，所以"不欺"比"无妄"要低一个层次，需要人着力去做的，属于人道层面，实际上把诚分为形上与形下两个层次。"非无妄故能诚，无妄便是诚。无妄，是四方八面都去得；不欺，犹是两个物事相对。"（《朱子语类》卷第九十五）人虽然不能像天理一样本来就真实"无妄"，却可以通过做到真实"不欺"，追求达到这一境界，这是人生存的意义所在。

"不欺"便是守信，是"思诚"的基本方法。因为诚信，只是一个实在的法则或道理；对人来说，必须通过现实的行为才能将其表现出来，否则空口无凭，是看不到这个道理的。不欺首先就是不自欺，强调自我反省，表里如一；其次便是不欺人，欺骗别人实际也是自欺，比自欺的错误更加严重。

第三，诚意须慎独。

整个宋明时期，在对"诚"的发挥上，以程朱为代表的理学家比较侧重从《中庸》立说，而明代以王阳明、刘宗周（1578—1645 年）为代表的心学家则似乎更重视从《大学》立说。

《大学》教育人们生存的意义在于"明德、亲民、至善"这三大纲领，通过对格物、致知、正心、诚意、修身、齐家、治国、平天下八个条目的践履来实现。王阳明认为，贯穿《大学》"三纲领八条目"的关键是"诚意"，"所谓诚其意者，毋自欺也"。《大学》与《中庸》的相通处也是"诚"，不过《中庸》重诚身，最终达到至诚；《大学》重诚意，终极是至善。明德至善即是诚意的结果，诚意又是正心的前提。诚意的办法就是去格物致知。"欲诚意则随意所在某事而格之，去其人欲而归于天理，则良知之在此事者无蔽而得致矣。此便是诚意的工夫。"（《传习录下》）人们以君子的标准要求自己，通过格物致知达到正心诚意，不仅能修身，还可以齐家、治国、平天下。

宋明学者对诚信思想的另一发展就是对"慎独"的发挥，以刘宗周为代表。《大学》和《中庸》都说君子要"慎其独也"，在宋明学者对《大学》《中庸》思想重新诠释的基础上，刘宗周提出："《大学》之道，诚意而已矣。诚意之功，慎独而已矣。"（《读大学》）诚意的方法就是慎独，要格物致知、明德必须慎独，除此之外别无良方，至诚的境界、至善的本体都要凭借慎独的工夫来落实。他还认为，不仅《大学》的一贯之道是讲慎独，《中庸》《论语》《孟子》《六经》思想的关键，也都不过是慎独而已。

刘宗周将思诚的工夫归纳为"慎独"。"慎独"就是"诚意"的宗旨、工夫，就是时刻戒惧谨慎，体悟内心一点良知、至善，这是一种道德修养方法，注重对道德理想和动机的培养。想要"诚意"就必须在"慎独"上下工夫，时时规范自己的言行。

明末清初，忧及空谈误国，在王夫之、顾炎武、黄宗羲（1610—1695 年）等思想家的引导下，儒学研究从宋明理学向汉唐经学回归，"理学之言竭而无余华"，道德性命之学逐渐衰微。及至晚清民国，封建社会秩序瓦解，在新旧变革、中西冲突的背景下，传统道德与价值观受到西方近代资本主义伦理的挑战。旧的道德固然已不适应新社会，新的价值体系在百年来却也一直未能真正建立，徘徊在新与旧、中与西之间的国家、社会、个人在艰苦地摸索中前进着。

四、诚信思想的现代价值

中国是一个历史悠久、文化底蕴丰厚的文明古国、礼仪之邦，这和诚实守信理念得到理论发掘与实践贯彻有关。古人诚实守信的品德，成就了无数道德楷模，为后人尊重，如退避三舍、伐原示信的晋文公，秉笔直书的齐国太史，书法不隐的晋国董狐，不言而信的吴国季札，移木立信的秦国商鞅，千金一诺的汉初季布，因为诚信而流芳千古，成为中华民族诚信品德的代表人物，他们身上闪耀着中华传统文化独特的人格魅力。北宋司马光在《资治通鉴·周纪二》中评价说：齐桓公不违背曹沫以胁迫手段订立的盟约，晋文公不因贪图原的土地而违背与部下的退兵约定，魏文侯不因贪图安逸而背弃与人打猎的约定，秦孝公不否认大臣商鞅对轻易移动木杆之人的重赏。这四位君主的治国之道尚称不上完美，而商鞅甚至可以说是过分刻薄了。但是，"处战攻之世，天下趋于诈力，犹且不敢忘信以畜（蓄）其民，况为四海治平之政者哉！"他们处于礼坏乐崩、烽烟四起的乱世，尚且不忘树立信誉以收服民心，那么和平统一时代的人们又该如何呢？

诚信是一种具有普遍价值的道德，是一个国家、民族以及个人自尊、自强、自信的表现。近年来，一些中国传统道德的重要内容，中华民族的核心价值观，受到了质疑和挑战。影响恶劣的"毒奶粉""瘦肉精""地沟油""染色馒头""皮革奶""皮革胶囊"等事件相继发生，已经清楚地反映了商业诚信缺失和道德滑坡的严重程度。为何类似事件总是屡禁不止呢？这已经不能单纯归结为个别商家的素质问题。当代诚信缺失现象的产生，反映了转型时期的社会震荡，以及由此催生的社会焦虑、放纵情绪。如果不能尽快回归理性认知，建立、健全公平、公正的价值体系，对诚信价值和意义的忽略甚至否定现象就会日益严重。因此，我们必须通过了解古代诚信思想发生、发展的过程和原因，揭示诚信思想的根源与人类文明产生、发展的密切关联，正确认识诚信思想对社会进步、自我完善的影响与意义。

针对这些问题，政府机构和社会舆论都在不断强调加大对社会转型期道德文化建设的力度，传承民族优秀文化，探索、创新传统文化现代化的路径。国务院部署制定社会信用体系建设规划，要求把诚信建设摆在突出位置，大力推进政务诚信、商务诚信、社会诚信和司法公信建设，抓紧建立健全覆盖全社会的征信系统，加大对失信行为惩戒力度，在全社会广泛形成守信光荣、失信可耻的氛围。

我们正在建设中国特色社会主义，无论与西方社会还是中国古代社会都有很大的不同，各种伦理道德的社会基础已经有差异，面临的问题也有差异，所以当代诚信道德的养成不仅仅来自道德自身，也不能仅仅依靠某些道德楷模的感化。道德本身就是经济、政治、文化诸因素的产物。在单纯的道德难以发挥作用、无能为力的地方，要靠法律的强制。所以，要运用道德、舆论、经济和法律等多种手段惩罚失信行为，更要大力弘扬实事求是的精神，弘扬诚信精神，加快建立以政府、经济、法制等领域为主的社会信用监督和保障体系，把诚信作为经济、政治、文化制度建设的基础和重要内容。要建立诚信信息系统，同社会共享；建立诚信奖惩机制，使诚信者因诚信得到益处，使不诚信者付出必要的代价。

社会和谐，是经济、政治、文化和谐的综合表现，和谐社会应当是一个在诚信基础上的法制健全、道德良好、人际关系融洽的社会，是一个公平、公正的社会。人与人在相互接触中应诚实守信、言行一致；人在与社会接触中应尊重他人劳动成果，尊重他人，形成良好的风气，增强社会的凝聚力和向心力，建构健康、稳定、协调、有序的理想社会。

第五章 中国优秀传统文化的
发展现状及分析

第一节 中国优秀传统文化的发展概况

一、国内发展概况

我国文化产业起步较晚，导致文化事业和文化产业区分不明显，文化产业道路崎岖，直到党的十六大和十七大，我国文化产业的商业属性才被确定下来，并且还陆续出台了与文化产业相关的政策。国家统计局在 2006 年 5 月 19 日第一次统计了我国文化产业的数据。数据显示，我国文化产业近年来发展十分迅速，从事文化事业的人员越来越多，其中文化事业人员占我国全部从业人员的 13%，占城镇从业人员的 38%，数据相当客观，但是在与发达国家进行的比较中显示，我国的文化产业还显得微不足道，在世界文化中的比重还很小。自从我国加入 WTO 后，文化产业的发展有了一些进步，比重和重视程度也大大提高，可以说 WTO 是我国文化产业发展的过渡阶段。在我国文化产业的发展过程中，可以充分利用国内与国外市场，学习发达国家在文化产业方面的经验。但是，在文化产业发展过程中也面临着许多的困难和挑战，这主要是由文化产业的性质影响的，文化产业具有商业和意识形态的双重属性，文化产业可以促进一个国家的经济政治发展，对社会具有凝聚作用。我国文化的价值主要表现在文化产品和文化服务组合的过程中，并再生产着文化身份。我国现在还只是发展中国家，国际地位还不够夯实，所以在文化发展过程中应该时刻警惕和防范以美国为首的一些西方发达国家的各种文化渗透和西方化的和平演变。我国在学习引进国外优秀的生产技术、管理方式、资金以及在竞争时，必须重视我国文化产业在发展过程中受到的不平等待遇和各种挑战。在文化发展的今天，有许多跨国文化公司开始在我国摄入他们国家的文化，比如，时代华纳、新闻集团、威亚康姆、迪士尼、贝塔斯曼等企业。这主要是因为我国在进一步融入世界经济体系的过程中，西方一些国家开始进军中国这个庞大的文化市场。当西方国家进入中国市场后，这些企业利用自己的资金、技术、管理和市场营销等方面的优势，对我国文化市场进行挤压和控制。我国经过长期的实践和探索，形成了自己的文化发展思路，确定了文化产业发展的基本战略，逐渐重视文化市场的主体作用，并建立了很多传媒集团，如广州日报集团、上海文广新闻传媒集团、南方报业传媒集团、北广传媒集团等，同时经过创新改革改变了"双轨制"，逐渐改善文化机构与国家之间的关系，建立起独立的市场机制。但是，在产业集团发展过程中，因为受到过多来自政府的干预，市场的自主竞争过少，导致市场在资源配置中的基础性作用被取代，以市场为主体的地位被削弱。另外，规范的准入和退出机制在我国当前文化市场较为缺乏，市场竞争也尚未达到公平公正。所以，能够真正适应市场环境，并按照规范正确的现代企业方式运作，在我国文化市场上还不太普遍。随着我国大批民营文化企业进入文化市场，基本形成了与国有文化企业并存的地位，但是由于我国文化体制等方面的原因，我国民营文化企业现在的发展还是比较困难的。另外，我国文化市场主体还不太健全，这是我国制定的一些特殊政策保护导致的。

二、国外的发展概况

传统文化在我国古代时期就有发展，其中以儒家最为重视。中国传统文化博大精深，吸引西方一些国家纷纷前来学习。世界各国于 2004 年开始建立孔子学院。孔子学院是国际文化交流的重要机构，在那里我国得以开展推广汉语、传播中国文化教育和文化交流等活动。从 2004 年世界上第一所孔子学院成立至今，孔子学院的规模不断扩大，数量也不断增多。现在，在全球各地已经有 134 个国家建立了 500 多所孔子学院，1000 多个孔子课堂。如今，国外学校国际化的重要标志就是孔子学院的建立。同时，孔子学院的地位也越来越高，并且成了我国公共外交的重要名称。孔子学院这个名字被大众所熟悉，之所以以孔子命名，是因为孔子被大众所熟悉和认同。孔子学院传播中国传统文化的力度很大，传播的范围广，代表着我国的文化底蕴，让中国文化走出去，还可以作为世界各个国家沟通学习借鉴的重要纽带，所以现在我国已经把孔子学院作为中国传统文化走向国际化的重要标志。孔子学院遍及世界各地，在非洲的发展相当迅速，并且有着非常好的发展前景。另外，还有 30 多个非洲国家都已经建立起了孔子学院，这些国家一共有 30 多所孔子学院和 10 多个孔子课堂。孔子学院在非洲不仅可以传播中华文化，还可以增进中非友谊、促进中非合作，使中非成为战略合作伙伴。多年来，为了提高孔子学院的宣传力度和促进更好地发展，满足各个国家学习中国文化的要求，孔子学院的总部共派出 5 万多名志愿者，从而促进了中非和各个地区的友好发展。

孔子学院现今为了化解各个国家和地区间的文化差异，正在实施新汉学计划，以便更好地传播中华民族几千年的传统文化。今后孔子学院将会再接再厉、不断创新，让亚非拉等国家不仅可以学习到中国的传统文化，还能让这些国家学习中国技术。孔子学院将会办得更有特色，彰显文化的高层次。中国与世界各国之间还应该加强文化交流，这就需要我国加大开放力度，让更多的学生可以走出国门，将中国的优秀传统文化传播到世界各个地区，让其他国家的学生也能爱上中国文化，并能感受到中国传统文化的浓厚氛围。中国是世界四大文明古国之一，旅游和文化是密不可分的，在我国加大开放力度的同时，旅游文化可以把中国文化传播出去，使中国文化走出国门，与各国进行文化交流，旅游还能够让中国传统文化深入人心，使文化更加立体。旅游是文化的载体，能够做到承载文化、传播文化；文化是旅游的灵魂，能够丰富旅游的乐趣和价值。我国也应该利用文化带动经济发展，使中资企业走出国门，能够与全世界各个国家互相交流、互相进步。

（一）儒家文化在东亚地区的传播

孔子文化在东亚地区传播得非常广泛，对东亚地区的影响也非常巨大，学者们对儒家文化进行了深入研究，他们从不同角度对孔子文化在东亚地区的传播进行了反复分析。孔子文化之所以能在东亚地区广泛传播并且能够有所发展，是多种因素造成的。其中，较为重要的因素有：东亚地区的相关政府对孔子文化的大力支持，在制度上以科举制度的建立为保障，鼓励当地学生到中国来学习，儒家大量经典典籍文献不断被引进，设立了许多孔庙举行释奠礼来提高孔子文化的影响度。这些措施都能够促进中华优秀传统文化在东亚地区的传播和学习。

1.各国政府的积极倡导

孔子文化在韩国很早就有涉及。韩国一位著名学者柳承国说过："与燕昭王（公元前 311 年～前 270 年）同时的古朝鲜社会已习得中国儒教思想，并活用于解决国际之难题。由此可见，孔孟思想于公元前 4 世纪左右，已经在韩国社会起了机能性的作用。"另外一位韩国学者金忠烈也说过："将中国儒教之传来时期，换言之，儒教普及朝鲜半岛的渊源视为公元前 4 世纪，而儒学的受容则以三韩时代为起点。"他认为儒家思想在传播过程中会在其他国家有一定的适应时期，但是儒学在公元 100 年左右的汉四郡时代很快地被人们所接受。在 4 世纪左右儒教就已经开始被传播和广泛运用。换句话说，孔子文化从战国时期就已经传入朝鲜，到了汉代在朝鲜的作用十分明显。早在我国公元前 108 年，中国就在朝鲜设立了郡县，并且至今已经达 400 多年，孔子文化中的治理地方思想较大地影响了朝鲜的生活。公元前 1 世纪中期在朝鲜传播的孔子文化使高句丽、百济、新罗并起，并且让这三个地方在 4 世纪末期形成三足鼎立的局面。

高句丽是受到孔子文化影响最早的地方。小兽林王二年六月，高句丽为了学习中国的古典书籍而设置了太学。在太学中，人们主要学习中国文化的五经和《史记》《汉书》《后汉书》等史书。另外，还在高句丽开设"扃堂"，主要是教导一些未婚青少年学习五经三史。据古书记载："书有五经、三史、《三国志》。"这句话就是在说高句丽已经受到了孔子文化的熏陶。在 4 世纪时，百济也建立了孔子文化，这个在古书中的记载"百济近仇首王薨，子枕流王立……始立太学，颁律令"就可以充分证明。新罗地处朝鲜半岛的最南端，与中国的接触较晚，以至 377 年才来到中国。直至真德女王五年，新罗才开设国学的官职，其中就包括"大舍"二人。在 7 世纪中叶的新罗，就有学官在当地讲解儒家学问。在朝鲜人们追求学问是不分等级的，无论是贵族子弟还是平民百姓，都可以接受孔子文化教育。在新罗有学者通过对中国传统文化的学习发明了"吏读法"，就是利用中国的汉字和汉语及中国语句的理解来标记新罗的语言文化，这一举措让朝鲜进入了孔子文化学习的新阶段。

在 675 年，新罗和中国正处于交往最密切的时期。新罗统一朝鲜和中国大唐王朝的繁荣是密不可分的，两国的交往也促进了孔子文化在朝鲜的传播和发展。在新罗神文王二年时期，朝鲜在首都庆州建立了隶属于礼部的国学。朝鲜课堂上的教授内容也主要以儒家经典为主，学习的相关书籍有:《左氏春秋》《尚书》《周易》《礼记》《毛诗》《论语》《孝经》等。其中的《论语》《孝经》两册书籍是学生们的必学科目。新罗在地方上也同样设有学校。

宋代赵汝适说过："新罗国……人知书喜学，……里有庠，闾曰'扃堂'，处子弟之未婚者习书射于其中。……故号君子国。"这句话也反映了儒家经典在新罗的影响之大。李朝建立后，李太祖注意运用儒学教育官吏，并沿袭高丽末期的学制，由中央设置最高教育机构，仍称成均馆。1393年，在地方上，李太祖命令按察使将学校兴废作为考课地方官政绩的依据。李朝还用孔子的文化改善社会民风。此外，李太祖颁发了教令，以十二事晓谕军民，其中一项便是褒奖忠孝节义，具体为："忠臣孝子义夫节妇，关系风俗，在听奖劝。令所在官司，询访申闻，优加擢用，旌表门闾。"李朝将儒家经典广泛传播，使孔子文化不断普及，影响范围更加广阔，同时也使李朝的社会风气得到了优化。

日本是通过朝鲜半岛将孔子文化传入的，所以日本接触孔子文化也比较晚。应神十六年，百济人王仁携带着10卷《论语》和1卷《千字文》等中国传统文献到达日本，从此汉字在日本广为流传，日本开始将汉字作为正式的书写文字，并使用汉字为日语标注音标。日本也因此在富廷中开始教授以儒学为主的孔子文化。孔子文化不仅让百姓得到熏陶，连皇太子也拜王仁为师，皇族和高级官吏的子弟也开始学习儒家经典，品读《论语》。在此后的二百年间，日本以百济为纽带学习孔子文化，但是孔子文化传播只在王子的范围内，他们主要学习的是《论语》一书的内容。古代孔子文化越来越重视，学习的意识越来越强烈，并且利用各种方法大力传播孔子文化，让孔子文化深入人心。

到了6世纪初，儒学才作为一种学术思想传入日本，并形成了完整的教育体系。根据《日本书纪》继体天皇七年（513年）六月条载，百济"贡五经博士段杨尔"，三年之后（516年）"别贡五经博士汉高安茂，请代博士段杨尔"，在此之后才形成以轮代交替为主的制度。钦明天皇十四年（553年）派使者前往百济，要求"医博士、易博士、历博士等，宜依番上下。令上件色人，正当相代年月，宜付还使相代"。到了第二年，百济"依请代之"，并日，派出了我国许多博士前往，后续还增加了五经博士、医博士、易博士、历博士等，前往日本学习，互相探讨学术，这体现了我国的博大胸怀，对知识的渴求和对学术的向往。

古天皇圣德太子为孔子文化的传播做出了很大的贡献。圣德太子摄政期间，实施了有利于传播孔子文化的相关政治改革，其中比较著名的是604年的"宪法十七条"，在宪法中不仅有佛教思想，更多的是关于孔子文化，还有一些语句直接来源于儒家经典。安井小太郎说过："圣德太子所定的宪法十七条，除第二条述驾敬三宝外，其余十六条述君民的名分、政治之要和安民等事，都与儒教的大精神一致，又往往采用经书中的语句，如以和为贵（《礼尼·儒行》）、上和下睦（《孝经》）、惩恶劝善（《左传》成公十四年）、勉念作圣（《尚·书·多方》）、'公事靡盬'（《诗经·小雅·四牡》）、'使民以时'（《论语·学而》），等等。"并且在大宝元年修改的《大宝律令》将改革以法律的形式固定下来。另外，《大宝律令》在第二十二条"学令"中对教育制度问题做出了严谨的规定。"学令"中包括大学头、置博士、助教等，教授许多儒家经典，"凡博士，助教，皆取明经堪为师者"这句话可以充分证明。大学寮的教材主要是九经，"凡经，《周易》《尚书》《周礼》《仪礼》《礼记》《毛诗》《春秋左氏传》各为一经。《孝经》《论语》，学者兼习之"。710年，奈良时代开始，日本把平城、京（奈良）定为首都，孔子文化教育得到大力发展。奈良朝在教育方面遵循的是《大宝律令》，儒家思想和教育方式在日本得到了新的发展。奈良朝十分重视儒家思想中的伦理道德，包括忠、孝、礼等观念，其中孝的观念最为人们所认同。元正天皇养老四年的诏书中写道："人禀五常，仁义斯重，士有百行，孝敬为先。"孝谦天皇天平宝字元年四月，诏曰："古者治民安国，必以孝理。百行之本，莫先于兹。宜令天下，家藏《孝经》一本，精勤诵习。"说的是要求每一家都要收藏一本《孝经》。自从这一诏令下达，社会就开始提倡孝道，使孝道观念深入人心。平安朝也延续了奈良时期的教育制度和教育方式，并且丰富了大学的内容，扩充了大学寮中的明经、纪传、明法、算四道，其中的明经道最受当时人们的推崇和认可。在明经道中，学者们研究的是九经，包括《诗经》《书经》《易经》《公羊传》《谷梁传》《左氏传》《周礼》《仪礼》《礼记》。纪传道研究的是《史记》《汉书》《后汉书》。根据当时社会人们的需要，平安朝依然主张孔子的伦理道德、孝道。天皇本人也带头学习，并且大力宣传使用唐玄宗御注的《孝经》，提倡把儒家的伦理观念作为民风民俗的基本标准。

在江户时代，幕府的最高学府为昌平坂学问所即昌平黉。这所学校是完全教授儒学的学校。幕府十分支持儒学的发展，以至各个藩都开始学习儒学经典。江户初期，藩学的名称还可以叫作"学问所""稽古所"或者"讲释所"。到了江户后期，学校名称是自经义演变而来，比如"明伦堂""明伦馆""弘道馆""日新馆""崇德馆"等名称。另外，各个地方也都纷纷建立起寺子屋和心学供平民子弟学习，接受儒学的道德思想教育。在江户时代的初等教育机构中，心学也包括其中，心学主要内容是教授儒学修身伦理方面的知识。寺子屋及心学已经在全国各个地方开始传播，而且心学的学习不分男女，可以为社会所有人们所研究，这让儒家的孔子思想得到普及和影响。

南方的越南和临近中国的日本相比较，受到中国传统文化的影响比较早，因为南方的越南曾经是中国的郡县，所以接受中国传统文化的影响就更方便。秦始皇时，象郡在越南北部和中部设立。秦末汉初，秦朝就把赵伦派到南海做地方官，把南海、桂林、象郡二郡划分到了中国，并且在公元前207年建立了南越国。在汉武帝元鼎五年时期灭南越国，之后公元前111年在越南设立交趾、九真、日南三个郡。经历东汉、三国、两晋、南北朝、隋、唐而至五代，越南依旧是中国的郡县，所以中国学者和太守刺史在出任越南时，在越南大力宣传孔子文化，并且通过在民间的互动，让孔子文化深入百姓心中。因出任越南的太守、刺史们的倡导，东汉的郡守特别注重孔子文化在越南的传播，利用孔子文化改善落后的风俗习惯。这一时期，交趾太守锡光和九真太守任延对孔子文化在越南的传播做出了很大的贡献，三国时代的士燮在越南为孔子文化的宣传起到了初步奠基的作用。晋时我国仍然向越南派出刺史、太守等地方官，也允许越南人来到中国参加贡举，还可以在内地当官。孔子文化在每个时代都有所发展，唐朝时期在交州设都护府，地方官注重考核文教，为的是可以振兴儒学。各地都为越南学者开辟科举考试，让孔子文化在越南得到广泛传播。

939年（后晋天福四年），越人吴权独立后，建立吴朝，之后产生的丁朝、黎朝国家寿命都很短暂，记载中只有"观明堂辟雍"。1010年，李朝在越南建立，同时也开始认识到儒学的重要性。古代的例子有李朝太宗（佛玛）天成年间，对付武德、东征、翔圣三王作乱的方法是"张旗巾只，整队伍，悬剑戟于神位前，读誓书曰：为子不孝，为臣不忠，神明趣之"。李太宗通瑞五年二月，为了发展农业、繁荣经济便筑坛祠神农，帝执末欲行躬耕礼，但是当时有许多官吏劝皇帝不要整天为农事烦扰，李太宗的回答是："朕不躬耕，则无以供粢盛，又无以率天下。"越南建立从中央到地方、从官学到私学完整的儒学教育制度是从陈朝开始的。在陈朝刚立国之时，太宗陈煚雯完善了国子监在中央最高学府的位置。历史记载：陈太宗天应政平"十二年……重修国子监"。在此之后又建立了国学院，国学院主要是为了讲授中国传统经学。史载：陈太宗元丰"三年（宋宝祐元年）……六月，立国学院。塑孔子、周公、亚圣，画七十二贤像奉事。……九月，诏天下儒士诣国子院，讲'四书''六经'"。官学教师必须要能讲透"'四书，'五经'之义"。史载：陈圣宗绍隆"十五年……冬十月，诏求贤良明经者，为国子监司业，能讲透'四书''五经'之义，人侍经幄"。这些都体现着当时文人学者对古代经典的尊重。

　　越南早在陈朝就已经实行了太学教育方式，学者如果想要在朝廷中有所作为，就需要通过儒学方面的考试。据古书记载，陈明宗在大庆元年"冬十月，试太学生，赐爵簿书令，命局正阮柄教习。以为他日之用"。当时的皇帝非常重视，所以考试期间，皇帝都会亲自监考。陈朝废帝昌符"八年春二月，上皇于迁游山万福寺，试太学生段春雷、黄晦卿等三十名。夏五月，选太学生余数，为德和宫书史"。这句话可以看出儒学教育体系在当时的教育体系中占据着非常重要的地位。陈顺宗光泰十年夏四月，在于州镇设置教授、监书库职位，目的是发现民间的优秀学者。五月，陈顺宗下诏曰："古者国有学，党有序，遂有庠，所以明教化，敦风俗也。朕意甚慕焉。今国都之制已备而州县尚缺，其何以广化民之道哉! 应令山南、京北、海东诸路府，各置一学官，赐官田有差，大府州十五亩，中府州十二亩，小府州十亩，以供本学之用。路官督学官，教训生徒，使成才艺，每岁季则选秀者，贡于朝，朕将亲试而擢之焉。"虽然陈朝的诏令没有被充分实施，但陈朝的儒学教育已经形成了一套完整的制度。

　　明成祖四年至宣宗二年的 20 年间，越南北部在明成祖的统治下，大力发展儒学。史载，明成祖永乐五年在越南诏访"明经博学、贤良方正、孝悌力田"之人送京录用。永乐十五年，明朝学者又有"岁贡儒学生员，充国子监，府学每年二名，州学二年三名，县学一年一名，后又定府学每年一名，州学三年二名，县学二年一名"，并且要求每年在国子监的制度中加入儒学子弟，学习儒家思想文化。这一举措让孔子文化在越南得到传播发展。

　　在后黎，孔子文化教育有了更大的发展。黎太祖顺天元年在京城设立国子监，设置了祭酒、直讲学士、教授等职位，这是由于接受了纳阮荐的建议，而且在各个路县设立学校，置教职。黎太宗统治时期，为了提高儒学子弟的社会地位，在 1434 年让国子监生和县生着冠服，并且和国子监教授及路县教职共同着高山巾。另外，黎圣宗为了展现对孔子文化教育的重视并提高儒生的地位，有时会亲自来到学校。史载黎圣宗"洪德七年春二月，帝亲幸学"，他这样做只是为了监督、督促和鼓励支持国子监中的学生学习儒学。1484 年黎圣宗定国子监三舍生除用令，并且依照会试中场的数量把学生分为三舍，这就像是将学生按照成绩分成三个等级。1802 年，阮朝依旧延续黎朝的传统，并且更加重视和尊重儒家思想道德。朝臣吴廷价等大臣对皇子在教育方面提出建设性的意见，强烈要求并上奏提出集善堂（诸皇子讲学之处）的规章制度。除此之外，阮朝还主张各级的儒学教育。阮朝在嘉隆二年在京城顺化之西建国学，又于全国各营镇置督学，对士子的课堂进行监督和督促，并且学习科目为士法，申定教条，颁布实施。教学内容都是一些经典的儒家著作。嘉定留镇臣阮文仁等上奏提出："为国必本於人才，行政莫先于教化……请宜申定教条，俾多士有所成就。"

2. 孔子文化的传播利用

中国古代选拔人才的方式是科举制度，它在中国影响时间很长，对历史具有推动作用，是一种相对公平的选拔方式。这样一种优秀的制度，曾被中国周边的朝鲜和越南所采用，并且效果也很好。日本虽然也崇尚儒家思想，但是日本并没有效仿中国的科举制度。在朝鲜，新罗最高领导者利用儒家思想作为选拔人才的标准，希望利用儒家思想培养出对国家有用的人才。据载：元圣王四年，要想有所作为就要努力读书，成为三品之士。要想了解书中意义就要读《春秋左氏传》《礼记》《文选》《论语》《孝经》《礼》《论语》《曲礼》等书籍。博览五经、三史、诸子百家的人，就是十分优秀的人。科举制度在朝鲜的发展使孔子文化与仕途相联系，促进了孔子文化在新罗的繁荣。

918年，高丽王朝建立后，为了扩大儒学的传播范围，采取了许多制度、方法，其中利用科举制度是最主要的方法。书中记载："三国以前未有科举之法，高丽太祖首建学校，而科举取士未遑焉"，一直到"光宗九年五月，双冀献议，始设科举。试以诗、赋、颂及时务策，取进士兼取明经医卜等业"，且"大抵其法颇用唐制"。这说明了在实施科举制度期间产生了许多弊端，最后经过高丽学者们的研究，逐渐用仕进制度代替了科举制度。

在高丽科考中，主要内容基本以儒家经典为主，显宗十五年判明经则试五经。宣宗时期的科举考试中更注重的是礼，并且将《礼记》作为大经，将《周礼》和《仪礼》作为小经，三传中将《左传》作为大经，将《公羊传》和《谷梁传》作为小经。在仁宗时期《毛诗》《尚书》《春秋》《周易》四经的考察也包括在其中。为使科举切实起到尊孔崇儒的作用，靖宗十一年四月制定了一个规定：不忠不孝者与五逆五贱部曲乐工的子孙均不许赴举。这项规定让儒家思想切实地摄入在科举考试中，这些制度的实行，让文人学者对孔子文化的学习更具有积极性。

李朝时期，在文科考试中的考试科目主要以对儒经的理解为主。其中，生员试和进士试也都把儒家经典作为考试的内容。生员是以考察对儒经的理解认识为主；进士是考察作汉诗文的能力。如果想要进为官员，那就需要生员与进士再参加文科考试。

武科考试不仅考察兵学、弓术、骑术等，还把儒家经典文化作为考察方向。因为文武两科考试都考察儒经的学习，所以这就让更多的人学习儒家思想，从而巩固了儒家经典的地位。儒家思想在不断地完善发展过程中，从孔子文化提升为朱熹的理学，但是对孔子文化的传播依然有一定影响。

越南李朝时期在 1075 年第一次实行科举取士的制度。据载：李仁宗太宁"四年春二月，诏选明经博学及试儒学三场，黎文盛中选，进侍帝学"。在此之后，李高宗开始多次用儒经招纳民间人才，如1185年，李高宗"试天下士人，自十五岁能通诗书者，侍学御筵，取裴国汽、邓严等三十人，其余并留学"。将科举制度与仕途相结合，让孔子文化的推广范围更广。

科举制度在陈朝进一步被完善。据载：陈太宗建中八年（七月改元关应政平）"二月，试太学生。中第一甲张亨、刘玻，第二甲邓演、郑缶，第三甲陈周普"，科举制度被人们广泛认可。

在胡朝，科举制度被重新设定和完善，并且不断向各个地方推广孔子文化。史载："胡朝汉苍开大二年，汉苍定试举人式，以今年八月，乡试，中者免徭役。明年八月，礼部试，中者免选补。又明年八月，会试，中者充大学生。又明年再行乡试，如前年。时士人专业，期于进取，止得礼部试，遭乱中止，试法做元时，参场文字分为四场，又有书算场，为五场。"这段记载说明了胡朝虽然很短暂，但是也开设了科举制度，表明当时社会对运用儒家思想考察人才是相当重视与认可的。

科举制度在黎朝得到了完善。黎太祖决定"期以明年五月，就东京，文官考试经史，有精者许文官，武官考试武经"。黎太宗在黎朝初年就确定了"精通经史"为选拔人才的标准，但是这还不是最完善的科举制度。黎太宗在绍平元年才将科举选拔人才作为正式的制度。太宗诏曰："得人之效，取士为先，取士之方，科目为首。我国家自经兵燹，英才秋叶，俊士晨星。太祖立国之初，首兴学校、祠孔子以太牢，其崇重至矣。而草昧云始，科目未置。朕纂承先志，思得贤才之士，以副侧席之求。今定为试场科目，期以绍平五年，各道乡试，六年会试都省堂。自此以后，三年一大比，率以为常。中选者，并赐进士出身。所有试场科目，具列于后第一场，经义一道，'四书'各一道，并限三百字以上；第二场，制、诏、表；第三场，诗赋；第四场，策一道，一千字以上。试吏员，考暗写，一等补国子监，二等补生徒及文属。"其中，被选中的人才分为三甲，第一甲是进士及第，第二甲是进士出身，第三甲赐同进士出身。黎仁宗时，前三名又分为状元、榜眼、探花三种。这些制度建立之后，科举制度在黎朝才得以完善。以科举制度为主的选拔人才方式，极大地提升了孔子文化的影响力。阮朝的取士制度也依然仿照前朝。阮世祖时开创了以乡试会试的方式选拔人才。阮圣祖明命十三年十月，定乡、会试法三场。另外阮翼宗时，颁布了新的选拔制度，即除授之法，其中把考中的人分为教授、编修，并升知县知州等。科举制度被阮朝历代所运用，考试内容一直以"四书""五经"为主，所以越南自通都大邑到穷乡僻壤，官民子弟都争先恐后地学习儒家经典，想利用自身的努力考取功名。

3. 大力传播孔子文化

古代中国由于受到"礼闻来学，不闻往教"的传统思想影响，所以显得相对封闭，以至不能主动向其他地域国家传播孔子文化。这样的情况让周边国家实行"拿来主义"，孔子文化在东亚一些地区传播，并也对东亚地区产生一定积极作用。这种"拿来主义"，具体地说就是其他国家主动派遣使者和留学生来学习中国传统文化，包括孔子文化，日本和朝鲜就是明显的例子。据载："二十三年……王遣子弟入唐，请入国学。"早在 640 年，高句丽就开始多次向唐派遣留学生。据载：崔彦"十八人唐登第，四十二还国，拜瑞书院学士。新罗归附，太祖命为太子师，委以文翰之任，谥文英，其子光胤以宾贡进士入晋游学"。后期又派学者到宋朝入国子监学习中国传统文化，学习和参加中国的科举。在高丽景宗元年又有记载称："遣国人金行成人就学于国子监"和"太平兴国二年……行成擢进士第"；雍熙三年又有"十月……又遣本国学生崔罕、王彬诣国子监肄业"。淳化三年，宋太宗又说过"诏赐高丽宾贡进士王彬、崔罕等及第，既授以官，遣还本国"。宋徽宗崇宁二年高丽王侯也说"令士子金瑞等五人人太学，朝廷为置博士"。到高丽末年，来明的学生人数更多。如明太祖五年，表请遣子弟人太学，"……贡使洪师范、郑梦周等一百五十余人来京"。百济武王四十一年"二月，遣子弟于唐，请入国学"。这个时期是百济向唐派遣留学生的最初阶段。这些举措使得孔子文化在百济不断传播，到 7 世纪中叶孔子文化在百济的影响达到了顶峰。

新罗也曾派遣自己国家的学生来到中国学习孔子文化和中国传统文化。这一观点在书中的记载是"九年夏五月，王遣子弟于唐，请入国学"。孔子文化的风气逐渐发展是在新罗统一后。在新罗孔子文化发展也是相当快的，例如"唐开元十六年，遣使来献方物"，又如"表请令人就中国学问经教，上许之"和"唐开成二年三月……

新罗差人朝宿卫王子并准旧例割留习业学生并及先住学生等共二百十六人，请时眼粮料"。这些记载可以充分证明孔子文化在当时新罗的发展水平。当时，新罗派大量人员到中国学习传统文化和孔子文化，在 840 年的一年之内派往中国唐朝的留学生达到 105 人。唐朝的科举制度可以允许新罗人民来到本国考取仕途，因此当时不少新罗人来到唐朝参加科举考试。因为唐朝实行这种开放的制度，所以自 821 年以后，新罗人中有很多都考取了官职，比如金云卿、崔致远、崔匡裕等，其中崔致远的名声最大。

日本留学教育的产生要早于朝鲜。日本在当时非常重视对孔子文化的学习，所以在圣德太子时期，就派大量的留学生到中国学习孔子文化。日本在推古天皇十五年和十六年期间曾两次派小野妹子到中国学习孔子文化。之后还派了高向玄理、南渊请安、僧旻等八名留学生和学问僧同行，使日本成为到中国学习孔子文化人数最多的国家。除了派留学生到中国学习外，日本和中国还有许多非正式的交往，具体表现在日本让留学生和学问僧来到中国学习中国传统文化和孔子文化，这些留学生、学问僧经过学习探讨研究后回到日本受到日本朝廷的重视，这些留学生对传播孔子文化有着重要的作用，与此同时还促进了两国的经济政治往来。日本设置官治最早是在孝德天皇大化元年，僧旻和高向玄理被任命为国博士。南渊请安从中国学习后回到日本，通过自己的学习内容和探究撰写了许多书籍，并且成为日本有名的大儒学家。在 645 年，日本皇极女皇让位于孝德天皇，建元大化时期，任命僧旻、高向玄理为国博士，他们的主要任务是对日本的经济政治制度进行改革。另外，在大化二年，孝德天皇发布了大化改治新的诏令。在日本这一巨大的社会变革中，孔子文化起到了积极的促进作用。

大化改新之后，日本国内大力发展儒家思想，支持人们学习孔子文化，让孔子文化得到了空前的发展。在 630 年，日本第一次派出犬上御田锹作为使者到中国的唐朝进行交流学习。到 894 年的 200 余年间，日本曾派学者到中国唐朝学习次数达 19 次之多（正式派遣并到达唐朝的为 13 次）。在日本的奈良朝也同样重视孔子文化的传播，为了学习孔子文化也前后多次派出学者到中国学习探讨学问。来到唐朝学习的日本学者们一般都是来到长安，在国子监所属六学馆之一学习儒家经典文化。日本派出的学者中，为日本做出较大贡献的就是吉备真备。在回到日本后他被日本天皇任命为大学助教，让他教 400 名学生学习五经、三史及其他在中国学到的技艺。他曾经还被封为东宫之师，在孝谦女帝的少女时代向她传授自己学到的儒家思想文化。据载："孝谦帝在东宫，为学士，授《礼记》《汉书》，恩宠甚渥。"吉备真备还通过自己所学撰写出关于儒家思想方面的文学著作，其中一本《私教类聚》就是教导人们终生遵循儒家道德，以儒家思想作为道德生活准则。

4. 儒学经典和孔子文化的传播

儒家的哲学思想是孔子文化的核心内容，而儒家典籍则是哲学思想的载体，所以儒家经典书籍为孔子文化在东亚地区，如朝鲜、日本、越南等地的传播做出了很大的贡献。

儒家经典书籍在高丽地区的流传使孔子文化在高丽被大为传播。宋朝初年是禁止书籍传播到其他国家的，但是在 10 世纪，中国却只对高丽国家开放禁令，这一历史事件在高丽有所记载。比如，宋淳化四年高丽派学者到中国宋朝就记载："上言愿赐板本《九经》书，用敦儒教。"宋大中祥符九年，高丽又派本国学者到宋朝学习孔子文化，并且宋朝皇帝赐他《九经》和《史记》等书。在宋哲宗登上皇位时，又赐给高丽学者《文苑英华》一书。1314 年，元世宗再次赐给高丽宋秘阁旧藏的善本书 4371 册。同样，明太祖二年又赐高丽"六经、四书、通鉴"。当时，中国统治者还下令允许高丽人在本土购买孔子文化的史书典籍，根据记载，宋元祐七年，高丽曾经派黄宗来到宋朝"请市书甚众"，后"卒市《册府元龟》以归"。高丽宣宗时"每贾客市书至，则洁服焚香对之"，这些记载可以证明当时高丽对中国传统文化和孔子文化的重视。在宋朝的开放制度下，中国的儒家经典书籍逐步输送到高丽地区。但是从中国传入的儒经已经完全不能满足学者们的学习研究，所以高丽成宗九年在西京设置修书院，主要目的是为了让学者们大量抄写与孔子文化相关的史书典籍。文宗十年，西京留守上奏文宗认为抄写中国孔子文化典籍是存在弊端的，他说："京内进士明经等诸业举人，所业书籍，率皆传写，字多乖错"，于是高丽人民又发明了木版刻印。从此，中央和地方都开始对中国的儒家经典进行木版翻刻。但是木板印刷的印数有限，还不能完全满足人们对儒学的学习要求，所以高丽在 13 世纪中期引进了中国 11 世纪中期发明的活字印刷技术，大大地提高了印刷数量。高丽又于 1392 年设置书籍院，目的是专门铸铜进行活字印刷发明技术的不断革新使儒家经典被大量翻刻，同时也使孔子文化得到发展的机会，让更多国家的人能够接触并学习孔子文化。李朝时期大量印刷儒家经典，让孔子文化的学习更加方便。1403 年，太宗说："凡欲为治，必博观典籍，然后可致格治修齐治平之效，然书籍甚寡，故欲铸铜为字，印行所得之书。"所以，当时李朝开设铸字所，铸铜字为的是能够更多地印刷儒家经典。这进一步促进了孔子文化的传播。

　　大量向奈良朝输入儒家经典也使孔子文化得到了发展。史载：他们"所得锡赉，尽市文籍，泛海而还"。意思是每次在派遣留学生到中国学习的同时，都令他们带回大量的儒家书籍和经卷，并进行抄写。到了奈良末期，儒家典经已经广为人知。据载："神萨景云三年，太宰府言：府库但蓄五经，未有三史正本伏乞列代诸史各给一本……诏赐《史记》《汉书》《后汉书》《三国志》《晋书》各一部。"到了平安时代，日本继续派往学者到中国学习传统文化，引进儒家经典。例如，天皇宽弘三年，宋商令文将《白氏文集》及五臣注《文选》赠送给摄政藤原道长。另外，在天皇万寿年间，辅亲将从中国宋代商人中购买的《白氏文集》等书籍献给了朝廷。日本平安朝时期也多次派遣学者从中国带回儒家经典书籍。这些历史事件在古书中的记载为："雍熙元年，日本国僧奝然与其徒五六人浮海而至……奝然善隶书，而不通华言，问其风土，但书以对云：'国中有五经书及佛经《白居易集》七十卷，并得自中国。'"又有："其国多有中国典籍，奝然之来，复得《孝经》一卷《越王孝经新义》第十五一卷，皆金缕红罗标，水晶为轴。"日本从中国大量引进儒家经典书籍，为孔子文化在日本的传播提供了机会。

　　儒学在江户时代的发展主要得益于对儒家书籍的大量引进和翻刻。清朝建立以后，制定了一项政策：解除海禁，这让日本等国家与中国的经济、政治来往沟通更加密切，也让中国的古书大量销售到国外。清代康熙、乾隆年间，编纂事业的发展规模不断扩大。这一发展使中国古书大量传播到日本，其中《古今图书集成》传入的时间最早，明和元年全书一共1万卷，通过清朝商人全部运往日本，并将这些书籍典藏在江户文库中。1835年《皇清经解》全书1400卷也通过中国商人传入日本。高仓天皇统治三年，清盛获得中国的《太平御览》一书献给安德天皇。日本在其后对这些书籍进行翻刻的过程中，如江户昌平校或者圣堂官板翻刻的书籍中，清人的著述有数十部。

　　日本明治维新以后对儒家经典的翻译，以注释和研究工作最为积极。据胡道静的研究，日本是翻译我国古书最早、最多的国家。孔子文化在日本明治维新后得到大力发展。

　　越南获得儒家经典书籍在记载中最早是黎朝末年时期，其中写道："黎帝龙铤应天十四年春，造弟明诞与掌书记黄成雅献白犀于宋，表乞九经及大藏经文，宋帝许之。"另外，据《宋史真宗本纪》一书中的记载："景德四年七月乙亥交州来贡，赐黎龙铤九经及佛氏书。"这两本书中所记载的概念大致相同。

为了让孔子文化也能在越南发展，李朝派贡使将书籍传入，据载：宋徽宗"大观初，贡使至京乞市书籍，有司言法不许，诏嘉其慕义，除禁书、卜筑、阴阳、历算、术数、兵书、敕令、时务、边机、地理外，余书许买"。说明在当时的制度中，儒经是可以进行购买和传播的，并不在禁止的范围之内。《宋史神宗本纪》记载："元丰元年曾诏：除九经外，余书不得出界。"这句话也说明了当时宋朝统治者是允许孔子文化进行自由传播的，这也为孔子文化传入越南提供了契机。

黎朝时，明商将很多东西从中国运往自己的国家，其中就包括大量书籍。每当明商把书运到越南时，越南人不论价格高低都会大量购买。史载：越南"士人嗜书，每重货以购焉"。又有记载：越南递年差"使臣往来，常有文学之人，则往习学艺，遍买经传诸书，并抄取礼仪官制"。这些记载说明了儒家经典不仅通过中国商人传播到其他国家地区，还通过越南人自己前来购买大量史书典籍等途径使孔子文化在其他地区传播发展。还有记载为："越南于明英宗天顺二年，遣使人贡……其使乞以土物易书籍、药材，从之。"这说明当时黎王还通过朝贡的方式换取中国的儒家经典书籍。但是通过这些方法从中国得到的书籍数量有限，不能满足他们的需要，因而随着印刷术的传播发展，在15世纪以后儒家经典书籍在越南流通的数量越来越多。据载：1435年新刊《四书大全》板成。黎圣宗于光顺八年夏四月说过："颁五经宫板于国子监"，又于后黎朝继续推进："永庆三年夏四月，命阁院宫校阅五经本，刊行颁布。"之后，黎朝纯宗"龙德三年春正月，印五经板，颁布天下，王亲制序文。五经板成，命藏于国学"。同年，印刷了《五经大全》及"四书"、诸史流通于当地各个学官处，史载：黎纯宗龙德三年春正月，"颁《五经大全》于各处学官。先是遣官校阅五经北板，刊刻书成颁布，令学者传授，禁买北书。又令阮效、范谦益等分刻'四书'、诸史、诗林、字汇诸本颁行"。充分表明儒家经典文化在越南不断发展壮大。

5. 祭孔与孔子文化发展的关系

文庙是孔子文化的物质载体和象征。文庙是用来祭祀孔子及历代先贤先儒的地方。祭祀文庙的礼仪是"释奠礼"，而"释奠礼"是中国传统社会的"国祭"。文化史上比较独特的方式是文庙释奠礼，它出现的时期虽是在上古时期，然而它的雏形可以追溯到孔子去世的鲁哀公十六年（前479年）；但在此之后，它的发展越来越偏向于国际化。在3世纪左右，文庙祭祀就已经在时为中国郡县的朝鲜多次举行，另外新罗开设文庙是在其国家独立后的 8 世纪举行释奠礼。日本举行释奠礼是在大化革新时期，并且在江户时期有许多孔子庙被建立起来。最晚建孔庙祭祀孔子的是 11 世纪的越南地区。孔子文化的促进，其中比较重要的一点是释奠礼在各个国家的建立和发展，并且延续至今都没有摒弃，这让孔子文化不仅在当地有了知名度，还让孔子文化的影响力大大提高。在新罗地区，因为儒学的发展使孔子文化的影响力也提高了。新罗真德王二年金春秋至唐，不断治理国学，观释奠，一直有释奠之礼。717 年，在孔子文化的发展影响下，新罗的太学里也挂满了孔子和他弟子的画像。有古书记载："圣德王十六年秋九月，入唐太监守忠回，献文宣王、十哲、七十二弟子图，即置于太学。"

高丽时期，孔子文化的地位不断提升，也得到了大多数人的认可。朝鲜太学开始对孔子进行奉供。据载：高丽"国初肇立文宣王庙于国子监"。983 年，博士任成从宋取回文宣王庙图。成宗十一年，国子监里建造文庙并成为国家的最高学府。1091 年将七十二贤的画像挂在国子监里，以表示对孔子文化的重视。孔子文化的进一步发展是新罗时期，人们将孔子的画像改为孔子塑像，并效仿中国将孔子叫作文宣王，加谥"玄圣""至圣""大成"。高丽文宗时期，统治者也亲自到国子监称孔子为百王之师，对孔子文化表示深深的尊重。1267 年又将中国传统文化的创造者，伟人颜渊、曾子、子思、孟子等人的画像改为塑像，并让人们到文庙供奉。至于民间，高丽恭愍王时期，元朝的翰林学士陪鲁国长公主下嫁到高丽的孔子五十四世孙孔昭，居住在水源，并建设阙里庙，以供奉孔子像，开始了民间祭祀孔子的活动。李朝时期，最高统治者非常重视对孔子的祭祀活动。对这一事件有相关的记载："王时时亲行释奠，或不时幸学，与师儒讲论，或横经问难，或行大射礼，或亲策儒生。"孔子的地位大为提高，朝野祀孔之风极盛。李世祖时规定世子冠礼为戴儒冠人太学行谒圣礼，称孔子为"素王"。史载世祖十一年上（世祖）曰："……我将定易口诀后，率汝幸弃宫释奠素王，著汝以儒冠，与儒生齿坐，横经问难，大宴诸生。"在此之后，先行谒圣便规定成制度。李太祖自从建立王朝开始就在京城建立了文庙，以便历代人们对孔子以及古代伟人进行祭祀。文庙中的规格也仿照了中国的规制，不同的一点是在配享者中增加了朝鲜的名儒。文庙的正中被称为大成殿，大成殿正位是"大成至圣文宣王"，殿后叫作明伦堂。殿内有"四圣"，从享有"十哲"。东西两房从祀有澹台灭明等各 50 余人，其中包括宋朝的"六贤"。其他地方也建有地方文庙，只是规格略低于中央的文庙。李朝的祀孔情况在书中的记载是："祀以仲春仲秋上丁日，币用黑，牲用辟牛一、羊一、豕四、逸豆各十、尊实六，乐用雅部，舞用六僧，王冕服酌献出，易翼善冠衮龙袍还宫。"李朝对中国孔子文化的崇拜不仅体现在建立文庙方面，还体现在模仿中国建启圣祠上，这些都使孔子文化的影响更加广泛。

李朝太宗九年，在京城府崇三洞设计的经学院文庙牌中记述了孔子文化在朝鲜地区的发展促进情况和李朝君臣百姓们对孔子文化的尊重认可情况，其碑文云："圣莫如夫子，师莫如夫子。大而国学以至术序皆有夫子庙。夫子窥然当坐，门人弟子列配左右，历代群贤从享两房。天子以下，忙面跪拜，礼视师生……自生民以来未有盛于夫子也，于是有三老五更之礼，于是有成均造士之法，学校之制始如大备，而君臣父子夫妇长幼朋友之大伦，修身齐家治国平天下之大经，皆由此出。夫子道益尊于万世，夫子之泽益流于无穷，如天地之无不覆载，如日月之无不照临。"

"文武天皇大宝元年（701年）……二月丁巳，始释奠先圣先师于大学寮。"这里说的是，孔子庙在日本的设立时间大约为8世纪初，当时的日本正在进行大化革新运动，祭祀孔子的习俗得以在日本逐渐发展起来。所以，大学及国学在每一年的春秋两个季度分别进行两次释奠活动。"学令"中规定："凡大学、国学，每年春秋二仲之月，上丁释奠于先圣孔宣父，其馔酒明衣所须，并用官物。"日本把孔子作为自己国家的至圣先师。748年，在奈良朝接受采纳吉备真备的建议后，将释奠的服器和仪注进行改进和更新，对这一事件的记载为："初大学释奠，其仪未备，真备稽礼典，重修之，器物始备，礼容可观。"释奠刚开始举办时所需要的器物都非常简单、普通。由于日本对孔子文化十分重视，因此孔子在口木的地位是非常高的，并且受到了日本人民的尊崇。

祭祀孔子的活动在平安朝也有所发展。大学释奠开始的时候，当地祭祀的人物只有孔子一个人，直到平安朝贞观年间，祭祀人物中又增添了颜子和闵子。直到延喜年间，才将八哲加进祭祀的行列之中。先圣居中，颜渊、闵子骞、冉伯牛、仲弓、冉有座于先圣东，季路、宰我、子贡、子游、子夏座于先圣西。释奠的时候规矩有很多，其中由大学头第一次进献，其次是大学助，最后是博士，手里拿多少器具等都是有一定规定的，仪式非常隆重。对于释奠祭文，大学使用天子的名义，祭文中的内容主要是对孔子文化进行赞扬和认可，表达自己对孔子的崇敬心理。释奠活动和讲经活动需结合起来举行。

根据记载："承和五年八月丁亥，释奠文宣王也。戊子，天皇御紫宸殿，召大学博士、学生等十一人，递令论堆昨日所讲《尚书》之义，赐禄有差。"可以得知在大学释奠结束后，天皇还要召博士学生等入宫进行讲经。但是，各个国家地区对国学释奠之礼没有形成统一的标准，直到清和天皇时期，开始颁七道诸国释奠式以统一释奠式在各个国家的标准，据载："贞观二年八月癸丑，新修释奠式，颁下七道诸国。"自从下令后诸国都遵照并实施。平安中期以后，日本注重强调发扬自己国家的风俗特色，但大学和各地国学祀孔活动依然被参照举行，对孔子文化的学习热情也没有减少。江户时代，幕藩极力支持发扬儒学，所以祀孔的习俗盛行起来。宽永九年，德川义直在首都江户的上野忍同第一次建造先圣殿，奉祀主要是对先圣孔子，另外还有颜、曾、思、孟。据载："宽永九年壬辰冬，尾张公源义直于林信胜（罗山）赐庄造营庙宇，安置宣圣及颜、曾、思、孟诸像凡五躯。按前是庚午赐忍闪别庄及二百金于信胜，以筑学舍，越九年三辰冬，尾张公即其庄地营造庙宇，并置祭器，及圣贤绘像二十一顿，令信胜以时举祀。"到了第二年，朱子学家林罗山为献官释菜孔庙，史载："宽永十年癸酉二月十日，始释菜孔庙，林信胜献官释菜孔庙防（始）于此。"这就是幕府官学举行释奠的最开始情况。其次又记载称："宽永十二年乙亥二月，释菜孔庙，林信胜讲经。按释奠说经防于此。"在此之后，还有一项规定是释奠每年以春秋二仲。史载："万治二年己亥二月，释菜孔庙，林恕献官，八月释菜，自是每岁以春秋二仲为定式。"到了宽文元年六月，幕府把先圣殿进行大规模的修建，并改名叫作"大成殿"，另外包括其他相关的建筑并将它们一起叫作"圣堂"。

元禄三年，幕府五代将军纲吉把圣堂从上野迁移到了汤岛，为的是扩大圣堂的规模。当时把孔子及四配木刻像放置于大成殿，并绘制七十二贤及先儒画像挂在东西两房，表示对孔子文化的重视。在这一年，大学头让任林信笃担任，并且他的主要工作是昌平学，在这项活动中将军也将亲自参加释奠。在此之后，圣堂曾经遭遇过几次火灾使其破坏，但是不久朝廷就派人把圣堂修复，直到现今仍然完好。幕府将军极力倡导学习孔子文化，并且要求地方诸藩建立孔庙，从此孔子文化在日本不断繁荣起来。日本在经历明治维新运动之后，统治者主张孔子文化的教育理念，要求人们饱读孔子相关书籍并尊重孔子思想理念。在历代王朝中，孔庙一直被不断修建完善，另外的祀孔活动也被一直延续。但是，因为时代不同、统治者观念不同，所以对祀孔活动的重视度不一样，繁盛程度也不一样。其中，汤岛圣堂是日本建造的规模最大的孔庙，这座孔庙是在日本明治维新活动后建造的，它反映出对孔子文化和祀孔活动的重视程度。

1936 年，武纯仁对此有详细记载，记载中写到了汤岛圣堂的外部景观，还写到了由于"维持世道人心"的原因在汤岛圣堂进行了多次祀孔活动，还有为了体现孔子的地位，为孔子树碑，并且不断宣传孔子经典儒家文化思想。在地方也有许多圣庙被保存下来，其中包括杨木县足利市足利学校的、水户市旧弘道馆的、闪山市闲谷簧的和九州佐贺县的圣庙等许多地方。

祀孔活动在越南发展比较晚，李圣宗时期是孔庙祀孔活动的最早记载："神武二年（宋熙宁三年）……秋八月，修文庙，塑孔子、周公及四配像。词七十二贤像，时享祀，皇太子临学焉。"1171 年，李英宗时又有记载称"修文宣王庙殿"。祀孔活动的实行是在陈朝建立初期，也是儒学地位不断提高的时期。陈太宗在元丰三年设立国学院，建造了孔子、周公、亚圣的雕像，绘制了上十二贤画像，陈朝从艺宗开始就依照越儒来祀文庙。后黎时期，因为孔子文化地位大大提高，有着独尊的地位，所以孔子的影响也更为广阔。黎朝时期开国君主的主张是对孔子进行礼祀，但是到了太宗绍平元年"亲率百官谒太庙"，开始实行释奠。在此以后，释奠也成了一项制度。黎圣宗特别尊崇孔子，并在洪德三年定下了祀祭的制度，规定每年春秋二仲都要对孔子进行祭祀，也促进了孔子文化地位的提升。洪德十四年"作文脚大成殿，并东西房，及更服殿，书板库，祭器库，明伦东西堂"，第二年又"作文庙大成殿，并东西虎、更服殿、书板祭器库、明伦堂、东西讲堂、东西碑室、三舍生学房及诸门、四围绮墙"。孔庙在黎朝时期的发展过程中经过了多次的修葺、扩建，使其规模越来越大。黎显宗景兴十六年，又对在文庙祭祀孔子时所着衣服做出规定，将其规定为成王者之服即衮冕服。越南历史中就有明确的相关记载：景兴十六年十二月，"初制文庙衮冕服。政府阮辉润上言：圣人万世帝王之师，向来文庙循用司寇冕服，非所以示崇重。乃命改用衮冕之服。文庙用王者服自此始"。除京都之外，地方也普遍建有文庙。史载越南"崇儒教，交州有田学、文庙，各郡县皆建学，祭祀、配享俱如中国"。这一风俗让孔子文化在越南地区的地位不断升高，尊孔思想深入人心。

祀孔活动在阮朝举行得最为隆重。嘉隆二年正月记载有"置文庙礼生五十人，监校一人，典校二人，庙夫三十人，命诸营镇各立文庙，庙置典校二人，礼生、庙夫各三十人"，"帝崇尚儒术，垂情礼乐"。在 1808 年，仿照明嘉靖制，把以前的文宣王称号改成立神主，称"至圣先师孔子"四配、十哲、先贤，载：嘉隆七年七月，十哲、先贤、先儒，圣祖阮福皎曾亲自下旨文庙躬亲释奠。史载：明命三年，"文庙春祭，帝亲诣行礼。谕礼部：朕即位之初，常欲躬亲释奠，少仲景仰……今国事全吉，恭诣行礼。凡祭品祭器并要精洁，分献陪祀百宫各敬谨其事，川称朕尊师重道至意"。经过历历代代对孔子文化的传播学习，孔子的地位越来越高，孔子在越南的影响也越来越广泛。

孔子文化在"东亚文化圈"传播的途径方法有很多种。其中，推行儒学思想的方法是经过统治者的各种政治制度来进行的，如官办儒家教育、科举取士、广修文庙、祭祀孔子等活动制度，让孔子文化在各个国家不断传播。另外，在民间也有学者互相往来探讨学术，学习输入和翻刻儒家典籍、社会性教化活动等。无论是在朝廷还是在民间，孔子文化都得到了广泛的认可。

（二）孔子文化在欧洲的传播

因为中欧之间路途遥远等一些阻碍，孔子文化在欧洲等国家传播得相对较慢，但是到了 16 世纪末期孔子文化在欧洲的传播开始有所进展。孔子文化在欧洲地区的传播与从东方传播的方式大同小异，其中相同的一点就是都不是主动传播的。在孔子文化传播过程中，传教士起着极为重要的作用。除教士之外，还有通过海外华人对孔子文化进行传播。孔子文化在欧洲传播之后影响非常大，其中最重要的就是受到孔子文化的熏陶，促进了欧洲的启蒙运动。但是，因为欧洲殖民主义的兴起和中国的衰败，对孔子文化不断产生负面影响。直到 20 世纪新中国成立后，孔子文化才被学者们取其精华去其糟粕，最终正视孔子文化的价值。

1. 传教士对孔子文化传播的作用

欧洲在新航路开辟和发现新大陆后，各个国家开始对东方一些国家进行殖民侵略。在 1579 年，意大利传教士第一次来的就是中国澳门。1582 年（明万历十年），利玛窦来到中国学习钻研孔子文化，1595 年，他在中国南昌刊印了《天学实义》等中国国学经典（后改为《天主实义》），之后该书经过多次翻版翻译到世界各个地区，并且他把儒家理论和基督教教义相结合，将儒经中所称的上帝叫作天主。利玛窦还将自己所学到的儒家经典介绍给自己国家和欧洲其他国家，促进各国对中国的了解。1594 年，儒家经典被第一次翻译成西方文字的书是利玛窦出版的"四书"，被翻译成拉丁文。此外，还有利氏的《基督教传入中国史》《利玛窦札记》也被翻译成意文、拉丁文、法文、德文和西班牙文等。在 16~17 世纪之间，孔子文化开始传入意大利，作为一种新思想，孔子文化在意大利的影响力大大提升。儒家没有偶像崇拜，只有对祖先怀念的祭祖活动，没有鬼神之说，所以说孔子文化与宗教是完全不同的。利玛窦对儒学的认识是孔子文化作为一种自然法则基础的哲学学派，经过多年，他依然保持着教徒传统的"祭孔祭祖"习俗，在中世纪神学统治时期，这一举措对意大利乃至整个欧洲的影响是非常大的。利玛窦对儒学的研究、学习和翻译，使他获得了"博学西儒"的雅号，在意大利国内影响较深；他虽然是基督的传教士，但是他对孔子文化非常尊重、认可，并且他还把儒学和天主教义相结合，使基督教精神与中国儒家思想共同发展，因此后来有了"基督教的孔子"之称。在他之后还有许多传教士想把儒学经典和天主教义发扬完善，这促使许多学者都去研究利用孔子文化，从而大大促进了孔子文化的发展。其中，研究比较透彻、贡献较大的有艾儒略和殷铎泽。艾儒略对"四书""五经"有深刻的研究考察，并根据自己的学习写作了三十余种相关方面的书籍。他和利玛窦的相同之处在于他也在自己的著作中引用了大量的儒家经典知识。艾儒略早在1625年就开始在福建等地进行孔子文化的讲学传教，并且被闽中人称为"西来孔子"。在1662年，殷铎泽将《大学》《论语》等经典著作翻译成拉丁文。1672年，他出版的巴黎版本《中庸》一书的末页处也附有拉丁文和法文的《孔子传》。他著作的这本书在内容方面是向西方国家讲解和渗透关于中国的儒家思想，还向西方人们介绍孔子这个人的历史和丰功伟绩。1687年，他与比利时传教士柏应理、鲁日满、奥地利传教士恩理格等人一起编的《中国之哲人孔子》也被翻译成拉丁文，并大量在巴黎出版销售。读书小文标题是西文的《四书直解》，并且里面也对《孔子传》及周易六十四卦的含义进行了解释，书里还有大量的孔子画像，上书"国学仲尼，天下先师"。这本书在欧洲地区的大量销售，使其成为欧洲对"四书"和《孔子传》介绍最为详细的一本书籍。这本书让欧洲学者们对孔子有了初步的认识，并且将孔子作为天下先师及道德与政治哲学上最伟大的学者。意大利学者利奥纳格兰乔蒂曾经对该书的解释是："当1687年出现了《中国的儒家哲学》，即由神父柏应理、德赫迪希、殷铎泽和鲁吉蒙特完成的'四书'翻译本时，对儒教的颂扬达到了最高峰，只要读一读保罗·贝奥尼奥·布罗基耶里著的《论孔子和基督教》就很清楚了。"

孔子文化通过传教士们的翻译，使意大利等西方国家了解了中国文化的博大精深。通过这些学者们对中国文化以及经典著作的传播，让更多西方人对孔子文化有了初步的认识，即使在他们的著作中对孔子文化的介绍比较简单、肤浅，甚至还有一些错误，但是这些是孔子文化在西方的起步阶段。意大利对孔子的学习之风过后，法国的传教士也纷纷来到中国，并对中国的文化进行效仿。从 1611 年到 1773 年，耶稣会派遣多名法国传教士到中国学习古典文化，其中最为出名的是金尼阁。金尼阁的主张与利氏一样，要求孔子文化与基督教教义相结合，共同发展。他在利氏的基础上提出了许多自己的观点，具体表现在他于 1626 年将"五经"翻译成了拉丁文，但是翻译成文的书籍在后来的传播中散失了。后来，法国又派其他传教士来到中国探讨学习中国儒学经典文化，并对孔子文化给予了相当高的评价。1698 年，马若瑟和白晋一起来到中国访问。马氏是非常尊重孔子文化的人，他十分了解中国人祭祖尊孔的习俗，并且精心研究和探讨了中国古书中的《书经》，著有《〈书经〉以前时代及中国神话之研究》。1720 年，罗马要求马若瑟回国，那时候他对教会员司说，天主教的教理在中国很多古书中都有记载，特别是孔子之"经"中所包含的一些论述让法国对孔子文化更加欣赏、认可。在此之后，殷弘绪翻译了朱熹的《劝学篇》，赫苍壁选译了《诗经》和刘向的《列女传》，冯秉正将《通鉴纲目》十二卷翻译成法文，钱德明著有《孔子传》《孔门四贤略传》等，让中国国学经典在西方国家得到了大力宣扬。

将儒家经典书籍翻译成法文的不仅有法国传教士，还包括其他国家的传教士，影响极为广泛。比利时的传教士卫方济把《大学》《中庸》《论语》《孟子》《孝经》《三字经》等翻译成法文，将它们起名叫作"中国六大经典"，并于 1711 年在比利时出版发行。传教士们不仅对孔子文化的相关书籍进行翻译，他们还亲自写书介绍孔子文化的相关知识。其中，三大名著包括《中华帝国全志》《耶稣会士书简集》《北京耶稣会上中国纪要》。在《耶稣会士书简集》中就有 16 封关于传教士对中国孔子经典的相关书信；《中华帝国全志》在法国出版后，又有英、德、俄等国家对该书进行了翻译传播，书中包含大量的孔子和康熙像，并且在第二卷详细地讲述了儒家经典诗书和教育方式。这两部著作之后在法国和欧洲等地的作用非常大，其中伏尔泰、霍尔巴赫、魁奈等人的思想观念就受到了孔子文化的影响。德国第一次接触孔子文化也是以耶稣会传教士的方式。法国在 1735 出版的杜赫德的《中华帝国全志》一书中记载称，在 1747 年至1749 年之间就有孔子文化翻译成德文的相关证明，并且在 1798 年对《论语》一书进行了翻译。另外，柏林上俗博物馆的爱尔悟斯研究并翻译了《中庸》一书，汉堡大学的佛兰惜也把《春秋繁露》翻译成德文。孔子文化的翻译活动被大大推广，使德国人对孔子文化有了初步的了解。

因为德国的传教士将基督教和孔子文化相结合以及时中国的了解，所以在中国发动了鸦片战争，利用孔子文化对我国进行侵略。其中，以花之安和安保罗对孔子文化的研究最深。1884年花之安创作出《自西徂东》一书，并在香港大量出版销售，1888年曾在上海重新翻版印刷。该书一共包括五卷内容，即"仁集""义集""礼集""智集""信集"。花之安极为反对孔子文化的传播，但他认为孔子文化中的一些道德思想观念和西方的"耶稣道理"是有共同点的。

在1899年，卫礼贤也对孔子文化和儒家经典进行过深入的研究。另外，卫氏还曾经在民国初年将《论语》《孟子》的部分内容翻译成德文，把《大学》《中庸》《易经》《礼记》《吕氏春秋》等全部翻译成德文。1961年，他的后代发表了他生前翻译的《孔子家语》一书。他在1923年还担任过北京大学教授，后来才回到德国。在回国后他仍然没有放弃对孔子文化的研究，并于1924年在法兰福大学的汉学方面担任教授，后来还创建了中国学院和创办汉学杂志以传播中国传统文化的精神，卫氏多年来通过对中国孔子文化进行学习和研究，得出孔子文化的一些精髓部分与西方文化的发展相比有许多优点，并创立儒家经典书籍的阅读风尚，还让自己的儿子也从事汉学研究，从而让孔子的地位不断得到提升。

18世纪60年代，英国进行了工业革命。当时英国资产阶级需要广大的市场，其中中国市场最大，为了打开中国的大门，他们派遣传教士前往中国。1807年（清嘉庆十二年），马礼逊来到中国并在1824年带走中国一万卷书籍回到英国，带回的书中包括大量关于儒家经典书籍。在此之后又有许多孔子文化书籍、汉词等传入到英国，并被收藏在英国博物馆和大学中，其中不少都是中国很珍贵的书籍。比如徐光启《诗经传稿》（清康熙十二年刻本）现存的唯一一本藏于牛津大学。这对孔子文化在英国的发展和英国对中国的了解有一定作用。所以，英国在对中国发动的鸦片战争中就发现，对中国的侵略征服用武力是不能解决的，其中最重要的原因就是中国受到孔子文化形成的传统观念是抵制侵略的思想力量。因此，传教士们加强了对孔子文化的研究。庄士敦说："中国政教文化基于孔教……外教无论如何优美，亦不可与孔教并峙于中国。"庄氏就派陈焕章担任孔教的"讲经大师"，他认为"'四书''五经'是中国教育的特色"，犹希腊、拉丁文属于英国教育特色，他认为要经过研究不断了解孔子和英国文化相结合的关系。

英国人也逐渐认识到学习孔子文化是很重要的。1861年，雷祈对"四书""五经"

进行了研究翻译。在 1873 年，理雅各回到英国后，大力促进英国和中国之间的贸易及文化往来，加强本国学者对孔子文化的研究学习。理雅各还翻译了中国的《十三经》等十多种经书供本国人民学习。吉尔斯还将与儒家经典相关的各类书籍进行翻译，甚至包括一些反儒家的著作，这样就能够使英国人多方面地了解儒家思想。

同时，英国对孔子文化的研究在各个方面都有涉及，除了对儒家经典进行大量翻译外，还向本国学生开设讲座。1786 年，在牛津大学开设了汉学方面的讲座，并且聘请理雅各作为讲师。理雅各声称："设置这个讲座的目的是'出于我们同中国的政治、宗教和商务的关系'。"在理雅各的倡导和鼓励下，又有许多传教士开始对孔子文化开展研究活动，休中诚就是其中一位。他的研究目的是想通过自己对孔子文化的研究，向全英国乃至全西方介绍传播儒家经典学说。他后来在《中国古代杆学》一书中，对孔子及其弟子子思、孔门诸儒及孟子、荀子等儒家代表的思想文化进行了详细的描写和介绍，还向本国人民传播了关于中国的《论语》《孟子》《大学》《孝经》《易经》《白虎通义》等儒家经典相关内容，对这些书籍进行了专门篇章的讨论介绍。另外，一位英国哲学家马克思·缪勒写过《儒教与道教》一书，这本著作中的内容主要是从社会经济角度对中国儒家经典文化进行研究。这些英国学者的著作代表了英国对儒家和孔子思想文化的研究水准。

第二节　从理性的视角看中国的优秀传统文化

一、中国传统文化的精华

（一）中华文明的核心问题

易经是从古至今人类的智慧结晶，是阴阳五行辩证思想和自家思想的起源。"天行健，君子以自强不息；地势坤，君子以厚德载物"，这句话是易经中的经典代表。

中华文明分为六种学派，具体如下：

道家："人法地，地法天，天法道，道法自然"是道家的思想观念，道家主要对世界的客观规律进行研究，是对自然和谐的科学观生命观点。

儒家：主张的思想观点是"人之初，性本善"，并且以"修身，养性，治国，平天下"

为目标。以人性本善为出发点，希望建造和谐完美社会。

法家：其主张和儒家相反，认为"人之初，性本恶"。研究的是人性中恶的部分，并且要求利用法律约束人类，这一主张让秦国在短短的几百年中统一天下。

兵家：其中主要著作是《孙子兵法》，这是当时学者们的智慧结晶，是让全世界乃至发达的美国借鉴的书籍。因为兵家的观点让华夏民族五千年长盛不衰，并为我国军事事业提供强大的思想指引。

医家：中医无论在古代还是现代都非常适用，具有科学性、实用性与高效性。

墨家：墨家的观点是主张"兼爱、非攻、尚贤、尚同、天志、明鬼、非命、非乐、节用"。

（二）中国传统文化的精髓

1. 开放精神。中国文化具有博大精深、源远流长的特性，并且能够不断对外来文化进行学习及融合，也能够让中华民族中的 56 个民族相互促进。中国传统文化的开放精神让中华文化海纳百川、不断兼容，取其精华、去其糟粕，让中国传统文化更好地发展。

2. 相亲相爱的精神。"大道之行也，天下为公"，"四海之内皆兄弟也"，都来自中国古典书籍中。中华民族主张的是社会和谐，人类能够相亲相爱，这一精神也延续到了现代社会，并且提出了"和谐社会""和谐世界"的理念。

3. 大智慧的精神。中庸精神主要思想要求是教导人们在为人处事时要做到恰到好处，是一种"黄金分割"的大智慧。中国传统要求一个人要把"智、仁、勇"相结合，全面发展，让人格得到升华。

4. 与时俱进的创新精神。"周虽旧邦，其命惟新"，"苟日新，日日新，又日新"，都在说我们在考虑问题、解决事情时要不断根据时代需要创新自己的思想观念。

5. 以民为本的精神。从古代到现代，我国一直主张的是以百姓为主，以人民安康为标准，所以就有"民为邦本，本固邦宁""民为贵，社稷次之，君为轻""国主之有民也，犹城之有基，木之有根""权为民所用，情为民所系，利为民所谋"等观点，这是由我国传统文化和国情决定的。

6. 以天下为己任的精神。"仁者爱人""兼相爱，交相利"，说的都是要关爱他人，做人不能太自私。中国传统文化强调，只有关爱他人、关爱社会，个人才能获得真正的幸福，即"天下兴亡，匹夫有责"，要把个人命运和国家兴亡联系在一起。我们要把自己的才华能力用到完善社会上。

7. 顽强上进的精神。"风雨如晦，鸡鸣不已。"当我们面对国家危难时应该有不怕牺牲自己的精神，义无反顾地保卫国家，为人民的利益着想。

二、中国传统文化的糟粕

中国传统文化有很多优点值得我们学习研究，但是其也存在一定的弊端，即缺乏平等性、科学精神和法治观念等。以下就进行具体的分析：

（一）缺乏平等性

"平等"的意思有两种：一是指人和人之间的平等，每个人的关系和人格都是平等的；二是指社会上法律（权利义务）的平等。在国家中"平等"是非常重要的，它是民主、人权和法治现代世界三大价值观的基础。只有让每个人和整个社会平等发展，每个人才能拥有权利和独立性。

在我国古代社会，人是分等级的，"君为臣纲，父为子纲，夫为妻纲"。每个人都应该承担自己相应的义务。在古代社会严重受到礼教和宗法、国家和家族机器的强力压制影响，每个人都没有自由，只能听从于皇帝的命令，皇帝可以随意杀死臣民，父母可打骂甚至杀死孩子，而且在古代婚姻是由父母决定的。儒家的一些伦理道德观点甚至毁灭了人性。古代对于等级观念是非常重视和严格的，老百姓见了官员要磕头，官员见了皇帝要自称奴才。虽然也有人说"王子犯法，与庶民同罪"，但是皇帝是至高无上的，更有"刑不上大夫"的说法。

孟子和庄子提出过重视人的观点，但是受到人格独立和精神自由等限制。

（二）缺乏科学精神

我国古代社会重视的是人伦和社会，对自然界关心较少。在儒家中的"四书五经"和科举考试制度方面并不考虑科学知识。李约瑟就认为道家思想"最具科学精神"，但是所谓道家的科学成果不过是追求长生术的副产品。在中国这种落后思想的背景下，不可能出现完整系统的科学理论。在中国曾出现的四大发明属于技术成果，并非科学。

在我国古代重农的社会中，工商业发展缓慢，并且得不到重视。"万般皆下品，唯有读书高。"这句话说明了在当时商人是社会中的底层，经商被认为是不务正业。中国的古代商品经济极其不发达，还处于萌芽阶段。后来产生的工业革命推动了近代科学的产生，促进了社会经济的发展，并在科学技术和社会发展中相互促进。

形式逻辑是科学发展的基础，而我国古代缺乏形式逻辑。在诸子百家中也涉及过形式逻辑的思想观点，但是他们的研究只是片面的，其本质是诡辩论，没能建立完整的形式逻辑体系。在古书《易经》和《道德经》中提出了朴素的辩证法思想，这为形式逻辑的形成发展做了准备，但是它不能代替形式逻辑。《易经》和《道德经》对科学的发展起了反作用，破坏了科学的推理和实验精神。形式逻辑的建立是很重要的，对科学、政治和法律都有促进作用。

（三）缺乏法治观念

在诸子百家中，涉及法律观念的只有法家。法家主张法治社会，而儒家主张的是德治，所以法家对社会发展起到了很大的作用，但是法家思想的刻薄寡恩的缺点让法家随着秦朝的灭亡而失势。自从西汉确立了"罢黜百家，独尊儒术"制度，中国封建社会就开始施行"德主刑辅"的治国思想。法律的重要性在于可以对人的行为有所规范，可以让社会稳定，促进人与人之间和人与社会之间的和谐发展。

法律和道德是相辅相成的，法律是最大的道德。从概念和性质上分析，道德是属于行为规范，而法律则是高级行为规范，国家可以通过法律强制力促进社会稳定。要想让一个国家和社会能够提高守法、执法观念，让人们拥有道德素养，就要大力完善法律意识和道德观念，让法律和道德相结合、相辅相成。法律和道德也是有区别的。在我国古代，人们把儒家思想中的"礼"作为法律标准，这就误解了道德和法律的区别。法律规范的概念是非常严谨的，孔子文化中的"礼"是不具备法律的严密性的。所以，"以德治国"的观念在本质上是"以人治国"。"出礼入刑"则是混淆了民法和刑法，"原心定罪"的观点则败坏了刑罚的原则。

三、取其精华，去其糟粕

中国传统文化是随时代发展而发展的，我们应该在历史的进步中辨别出孔子文化中的精华和糟粕部分，更应该探讨传统文化是否合时宜。我们应该对其不合时宜或者糟粕部分进行批判，封存（留而不用）或改造。在改造传统文化的过程中，应该从心态上和实际上两个方面考虑，其中心态上的改造指的是对文化降低笃信程度及其价值认同；实际上的改造指的是彻底改造不合时宜的成分并将新成分加入其中。例如，舞龙在古代是一种求雨仪式，在今天舞龙就用作娱乐表演；此外，多子多福的文化观念在现代社会逐渐被优生优育的观念所取代，这些都是人类的进步。如果我们希望自己的国家进步并走向世界，就要以德治国，对中国传统文化取其精华、去其糟粕、扬长避短，使不合时宜的传统文化彻底改变。对一个国家和民族来说，我们要对传统文化中优秀部分继承发扬，让中国人心灵得到净化，让中国优秀传统文化能够发扬光大。

第六章　中华优秀传统文化传承实践

第一节　在当代管理方面的应用

一、优秀传统文化与企业经营管理

组织行为学认为，只要有人存在的地方必定有文化的存在。特别是对于具有组织性与纪律性的企业而言更是如此，一个有文化的企业不仅能够强化团队建设，同时对外可以展示出良好的企业形象，相反，没有文化的企业则如同一盘散沙，没有丝毫的竞争力。这也是国内外众多大型优秀企业都格外重视企业文化建设的根本原因。可以说没有企业文化，企业就难以长远发展，更不能够建立起现代化的企业组织。传统文化为企业文化的建设工作提供了一定的营养，特别是优秀传统文化部分更是为其提供了人文管理思想，成为现代化企业进行企业文化建设的重要源泉。

（一）人本精神与企业忠诚文化建设

市场中，企业之间的竞争简言之就是人才的竞争。伴随着知识经济的到来，人才已然成为最为宝贵的资源。对于现代企业的发展而言，拥有高水平的人才团队直接关系到企业的存亡，因此重视人力资源管理已成为企业进行文化建设的首要工作。企业文化理论在本质上是倡导以人为中心的人本管理哲学。从企业文化角度看，企业一切经营管理活动都应以人为中心，对内实现员工精诚团结，对外谋求社会和谐发展。中国古代人文思想博大精深，对企业文化建设具有重要借鉴价值和应用意义。主要体现在：一是高度重视人的价值与作用。以儒学为主干的传统文化高扬人的主体性，充分肯定人的价值，提出"唯人，万物之灵"（《尚书·泰誓上》)，"天地之性人为贵"（《孝经·圣治》)，"天地人之才等耳，人岂可轻？人字又岂可轻"，乃至"人者，天地之心"（《礼记·礼运》)，等等，突出了人高于天地万物的特殊地位，强调了人贵于万物的特殊价值。这种以人为本的观念，要求企业文化建设应坚持以人为中心，摒弃见"物"不见"人"的落后观念，充分调动每一位员工的积极性、创造性，"役其所长"，"避其所短"（《抱朴子·务正》)，使其认识到自己的价值和使命，激发其荣誉感和责任感，形成企业员工有效配置的合力。二是努力满足员工的合理欲望和需求。传统文化有着丰富的人性论思想，许多思想家都认为欲望是人性的正当需求，统治者应尽量满足人的欲望。在此基础上，古人还认为"水不激不跃，人不激不奋"，提出系统的激励措施，比如情感激励、表率激励、奖惩激励、荣誉激励等。这些思想要求企业文化建设要承认个人欲望的合理性以及需求的差异性，注重通过有效的激励机制和激励措施，调动员工积极性和创造性。三是充分尊重员工尊严与人格。现代社会中文明开化程度加深，企业个体更为注重自身价值的发掘与实现，因此更为珍惜人格与尊严，员工也渴望在企业中获得认可，赢得尊重。正如儒家文化所倡导的仁者爱人，指出"爱人者，人恒爱之，敬人者，人恒敬之"（《孟子·离娄下》)，对于企业管理者而言就应当心怀仁爱之心，强化同员工之间的交流沟通，培育情感，从而加深员工对企业的归属感与忠诚度，同时还能够激发员工的个人潜能，为企业的业绩提升做好准备。

（二）中和之道与企业和谐文化建设

企业管理的本质在于能够在内外经营管理过程中始终营造一种和谐融洽的氛围，这对于企业的长远发展来说是十分重要的。中华传统文化重视中和之道，其中儒家理论的中庸之道最为经典，以"和"为天下达道，形成了丰富的和谐文化，不仅将和谐作为一种理想的状态，而且将其作为待人处世的方法原则，对于培养健全人格、协调人际关系有积极意义。首先，弘扬中庸至德，促进企业内部和谐融洽。和谐融洽的人际关系，能够凝聚员工意志形成合力，减少企业内耗，激励员工同心同德，共同为企业努力工作。在企业文化建设中要将"人和"看作事业成功的重要保障，强调"天时不如地利，地利不如人和"，以"和为贵"作为处理人际关系的价值取向，以"中庸"之道作为处理人际关系的基本准则，在工作生活中提倡无过无不及、反对走极端、重视和谐人际关系等。其次，汲取和谐智慧，促进企业与外部环境和平共处。企业也是社会整体的一部分，企业的生存与发展离不开所处的社会环境，其经营好坏与企业的社会环境、市场环境、资源环境等外部生态息息相关。传统和谐文化将人自身、人与人、人与社会、人与自然视为一个有机整体，各部分之间都相即不离、和谐共生。借鉴传统和谐文化，要在企业与外部环境之间建立一种和谐、有序、畅通的关系，在企业与社会关系方面，企业要坚持经济效益与社会效益相统一，既要赚取利润，也要勇于承担社会责任；在企业与生态环境关系方面，要坚持人与自然相统一，正确处理经济发展与生态保护的关系。最后，树立和而不同理念，辩证处理企业发展中遇到的实际问题。企业在经营管理中，对内面对着数量不一的员工队伍的管理，对外面对着激烈的市场竞争，会遇到各种各样的实际问题，如何处理这些内外交织的矛盾，传播和谐文化能够提供有益启示。传统的和文化认为，中和之道不仅仅是个人身心与企业内外关系的和谐，同时还是一种思维与处世方式，不能够走极端。企业只有秉承中和之道，构建和谐企业文化，才能够在处理实际问题时刚柔并济、严宽相辅，更好地促进企业的管理与发展。

（三）诚信精神与企业契约精神文化建设

社会主义市场经济体制要求企业经营务必遵循诚实守信的基本原则，诚信精神也成为经济市场中不可或缺的一种良好价值观念，成为企业树立良好口碑与长远可持续发展的不竭动力。内诚外信，是每个企业的立业之本，在以契约为纽带的市场经济活动中，企业离开了诚信就会寸步难行，最终难逃被淘汰的命运。因此，对企业而言，诚信是一笔关系企业生死存亡的重要的无形资产。企业要谋求长远发展，必须在企业文化中凸显诚信价值追求，打造诚信经营的企业形象。如前所述，传统文化把诚信作为基本道德规范之一，认为诚信不仅对于个人立身、社会秩序和治国理政具有重要意义，而且体现于经济活动之中，是商业道德最基本的内容。企业在文化建设过程中就应当树立诚信理念，倡导诚信道德规范，积极弘扬中华民族优良传统与诚信文化，同社会主义市场经济发展大潮相契合，构建现代市场经济的契约精神，从而形成崇尚与践行诚信的良好道德风尚，体现在行为上就是要秉承"客户至上，诚信经营"的运营理念，重视产品品质，重视客户体验与整体服务，同客户建立良好的合作关系。这样，企业才能够充分赢得客户的信任，获得更为宽广的发展空间。

（四）伦理价值与企业制度文化建设

现代企业要想实现高效有序运转，自然离不开规章管理制度的约束，中华优秀传统文化中提出，有德者，行必远。这也是由于伦理具有自律自觉的特点，因此依靠自我约束远远要比外力干预效果要理想，从而能够使得被管理者"心悦而诚服"（《孟子·公孙丑上》），因而深受儒家推崇，将其视为管理之根本。在儒家看来，管理的本质就是"修己安人"，主要是指领导者通过道德修养成为道德表率，然后在日常生活中通过言传身教以潜移默化、润物无声的方式影响、同化被管理者，从而达到"安人"的目的，实现管理目标。这一思想对构建现代企业文化具有积极作用。一方面，要重视管理者个人道德修养。儒家管理思想认为，"正人必先正己"，管理者道德素质的高低决定着管理的成败，因此强调修身是管理的起点。管理者要加强自身修养，不断提高道德水平，通过自身的表率作用，创造出人人自觉遵守的制度文化。另一方面，要重视提高企业员工整体道德素质。要想发挥伦理在企业管理中的作用，在发挥企业领导模范带头作用的同时还要营造良好的企业道德大环境，强化企业的德育建设，弘扬中华民族的传统美德与现代优秀的社会公德，融入到职业道德管理教育过程中来，最终培育企业员工优秀的价值观。还可以发挥企业道德榜样示范作用，构建激励约束机制，对于企业中优秀道德模范进行奖励，对员工管理予以正向引导，从而培育企业员工的企业凝聚力。

二、优秀传统文化与国家经济管理

（一）传统文化与民生事业建设

市场经济要想良好稳健发展必然离不开完善的社会保障，特别是社会主义市场竞争中那些处于弱势的群体更是需要社会保障体系予以支持。要想构建完善的社会保障体系，必然要获得全社会的重视，得到社会大众心理上的认可与支持，这就是所谓的民生事业建设工作。有关社会保障的思想和实践，在我国古代很早就产生了。儒家主张"仁者爱人""四海之内皆兄弟"，要求人与人之间互相关爱，对天下人情同手足。墨子主张"爱无等差"，要求人们"兼相爱"。在这些思想指导下，传统民本思想特别强调对贫而无助、困而无靠的人进行社会救助，提出国家要给以衣粮或收养，保障基本生存需要，这就是所谓的"保息六政"（《周礼·地官·大司徒》），即"慈幼、养老、振（赈）穷、恤贫、宽疾、安富"，成为传统社会保障的主要内容。同时，古代社会生产力低下，灾害经常发生，社会抗灾力较弱，给人民基本生活带来极大苦难，因此赈灾济贫、救民水火也是社会保障的重要内容。这些纯朴的仁爱思想对于人们积极建立、完善社会保障体系无疑会起着巨大推动作用。要按照全面深化改革的总体部署，必须紧紧围绕更好保障和改善民生，促进社会公平正义，深化社会体制改革，推进社会领域制度创新，推进基本公共服务均等化，建立更加公平可持续的社会保障制度。

最后，还应当充分规范政府的职责与权限，能够为市场资源的良好配置创设有利条件，这也是同当下社会主义市场经济不断深入发展的现状相适应的，唯有将国家宏观调控与市场杠杆彼此有机结合，才能够为社会主义市场经济发展以及民生事业工作提供经济保障。

（二）传统文化与微观经济干预

当下，社会主义市场经济体制不断深化，企业成为市场中的主体。然而，政府对企业行为过多干预必然不利于企业的良性发展，最好的方式就是政府对企业的微观经济干预。有关政府过多干预和统揽微观经济活动的严重弊端，古代许多思想家和政治家已经有了相当深刻的认识。道家提出"自然无为"与简政放权思想，主张处理经济社会事务要顺乎规律，反对一切有悖规律的主观妄为，以"无为"的方式达到无不为的目的，要求君主应简政放权，顺民安民。法家也主张对人们的求利行为采取适度放任政策，提出"上无事则民自试（用）"（《管子·形势》）。司马迁认为，"富者人之情性"，国家对待国民经济生产的最好态度就是"因之"（《史记·货殖列传》），即顺应人们求利的"情性"，听任人们从事追求财利的经济活动，不加干预，采取放任的方法。这些思想给人们重要启示，正如于光远所说："实行'市场经济'有一条，就是政府要懂得，对许多事应采取'积极无为'的方法。"就是要有一个把市场经济搞好的目的，而"无为"是实现这个目的的手段之一。健全宏观调控体系要更加尊重市场规律，更多借助间接引导，努力提高政府调控的科学性、针对性、有效性，最大限度减少政府对微观事务的管理。要切实简政放权、减少行政干预，市场机制能有效调节的经济活动一律取消审批，让市场优胜劣汰，由企业自负盈亏。

微观干预过程中，政府部门应当积极为社会主义经济市场营造积极的氛围。其实，在市场经济发展中，政府与市场二者之间一直存在着博弈，既有理论认识问题，也有思想观念问题，更有利益藩篱问题。在市场经济条件下，政府的职能应当是如何做好裁判，如何规范好市场行为，从而保证市场的有序健康运转。如果政府一旦过多干预市场经济主体，那么必然会对企业自身的发展乃至整个市场经济的发展造成不良影响。

因此，在市场经济下，政府要更好地发挥作用，必须有合理的"边界"，《中共中央关于全面深化改革若干重大问题的决定》指出："政府的职责和作用主要是保持宏观经济稳定，加强和优化公共服务，保障公平竞争，加强市场监管，维护市场秩序，推动可持续发展，促进共同富裕，弥补市场失灵。"这一论述清楚地界定了政府发挥作用的"边界"。在这个"边界"内就容易更好地发挥作用，超出合理的边界通常容易出问题。要通过政治发展，使政治体系能够有效地起到规范市场行为的作用，并形成一种能够保障市场经济正常运行的制度环境和人文环境。市场化改革的深化依托政府的支持，但是政府的干预应当坚持适度原则，尽量减少政府对市场资源的直接配置，构建和谐有序的市场环境与体系，建设公正透明的竞争规则与制度，将市场活动的主导权交给市场，最终实现市场各项资源的最优化配置。

第二节　在当代教育方面的应用

一、中华优秀传统文化教育的内涵

教育与文化是相辅相成的关系，教育促进了文化的升级与发展，而文化的优化则有助于教育的进一步推广与深化。正因为文化传统作为民族难以拒绝的历史传承，因此直接决定了文化传统成为实现教育活动的基础与前提。教育唯有继承文化传统才能够得以延续，当下弘扬中华优秀传统文化成为开展现代化教育的重要内容。新中国的《教育法》第一章总则的第七条明确规定："教育应当继承和弘扬中华民族优秀的历史文化传统，吸收人类文明发展的一切优秀成果。"文化正是通过教旨传播到社会个体及群体当中，形成特定的心理倾向、思维习惯、审美意识和道德观念等，并逐步积淀下来，凝聚为传统。中华优秀传统文化通过教育方式影响着数代人，依托教育，传统文化得以延续和普及，并实现了文化的创新。

中华传统文化同传统教育活动是相伴而生的，中国传统教育是在中华传统文化的大熔炉中铸造出来的，是中华民族长期形成的、已定型的教育遗产，是已经成为实际的教育历史实体，是中华民族文明进化过程的教育渊源。无论是中国传统教育、近代教育还是现代教育，都注重对中华优秀传统文化的传承。中华优秀传统文化教育，就是以中华优秀传统文化为主体内容的教育。中华优秀传统文化教育内容庞杂，体系庞大，其中儒家的思想体系成为中华优秀传统文化教育的主流。

二、培育民族精神的内涵

党的十六大报告中将"弘扬民族精神"变为"弘扬和培育民族精神"，这新增的"培育"二字，标志着中国共产党对于我国民族精神的认知进入到了一个新的层次。一个民族传统文化的历史积淀与精华所在就形成了民族精神，民族精神并非是固定不变的，也不是一蹴而就的。中华优秀传统文化的教育不单纯是文化知识的传播，更重要的是根据时代发展的要求，凭借崇高的理想、坚定的信念与不断拓展民族精神的内涵，逐步建立起与社会主义市场经济相适应的与社会主义法律相协调、与中华民族传统美德相承接的当代中华民族精神。弘扬中华优秀民族精神的同时还要充分结合当下时代发展的需求，这样才能够为传统民族精神注入新的活力，实现优秀民族精神的与时俱进。

民族精神唯有与时俱进，方可以适应不断变化的社会，才能够适应新世纪与全球化的挑战，见贤思齐焉，见不贤而内自省的精神永远都不会落后。民族精神的新发展，需要新的系统的核心理念来支持。要用先进文化来支撑当代中华民族精神的结构体系，树立正确的世界观、人生观和价值观，坚定信仰和信念，增强自立意识、竞争意识、效率意识、民主法制意识和开拓创新意识等，这正是我们民族精神的发展蓝图。民族精神的培育工作是一项长期的、不能够中断的工作，唯有在传统文化中汲取精华、摒弃糟粕，才能够继承并发扬优秀传统文化，为民族精神的培育提供精神食粮。

三、中华优秀传统文化教育与民族精神培育的内在联系

中华优秀传统文化教育同民族精神培育工作是相辅相成、缺一不可的。中华优秀传统文化是经过几千年历史发展积淀下来的文化遗产，博大精深、源远流长，凝聚了中华民族共同的文化心理、价值取向和民族精神。它在促进民族团结、融合、统一和发展中所起的巨大凝聚作用是无与伦比的。民族精神并非孤立地存在着，而是渗透在我们民族的优秀文化之中，并通过优秀文化的传播而不断发扬光大。我们的民族精神，具体地体现在以儒家思想为主流的中华民族特有的政治、教育和伦理道德之中，体现在"威武不能屈，富贵不能淫，贫贱不能移"的民族性格之中，体现在固守优良传统而又勇于革新、自强不息的变革精神之中，体现在追求美好的"大同"世界的理想之中；

体现在多言数穷、不如守中的辩证哲学思想之中。中华民族五千年源远流长的灿烂文化，是我们培育新时代民族精神的历史出发点。抛开中华优秀传统文化，也就等于抛开了中华民族的民族精神，最终将会导致民族精神的滑坡。因此，我们可以把优秀的民族文化称作民族精神的"载体"。优秀传统文化中蕴含着民族精神，而民族精神又为优秀传统文化的延续与发展提供精神动力，可以说当下继承中华民族优秀传统文化最重要的渠道就是民族精神的培育。

正是由于中华优秀传统文化的教育，才实现了大众思想道德修养的逐步提升，从而为培育良好的民族精神提供了不竭的文化动力。同时，民族精神的培育对提高人们的思想道德素质具有决定性作用，传统文化教育的成效要靠民族精神的培育来检验。一方面，要立足于民族精神的培育，突出抓好优秀传统文化教育。民族精神的培育离不开对优秀传统文化的深刻理解与把握，离不开民族自尊心和自豪感的树立与增强。而这些不是人们生而知之的，必须通过教育来实现。深入持久的中华优秀传统文化教育，可以使人们全面了解中华民族自强不息、百折不挠的发展历程；充分认识中华民族对人类文明做出的卓越贡献，进而引导和帮助人们全面地把握民族精神的实质，不断增强参与民族精神培育的主动性、自觉性。另一方面，积极推动民族精神培育，借此来深化优秀传统文化教育。围绕民族精神培育过程中迫切需要解决的问题，创造新的教育形式，实现寓教于乐的新形势，从而在陶冶大众情操的同时培育自身的素养，为优秀传统文化的教育注入时代感与实效性。

第三节 在社交与法治方面的应用

一、中华传统文化在现代社交的应用

有人的地方就有社交。人作为社交群居动物在千年发展过程中形成了独特的社交礼仪，特别是中华上下五千年文明中，中华传统文化对人们社会交往行为产生了各种影响。中国素来是礼仪之邦，和谐社交自然是传统文化社交的规范，这对于现代社会交往礼仪同样有着积极的影响。

高扬"仁者爱人"价值追求的儒学倡导"和为贵"，重视建立融通的人际交往、

和谐的社会关系、"人和"的社会环境，以实现有序的社会秩序。儒家一直强调建立和谐人际关系的重要性，提出"天时不如地利，地利不如人和"（《孟子·公孙丑下》），认为人之所以"最为天下贵"是因为人能"和"，而"和则一，一则多力，多力则强，强则胜物"（《荀子·王制》）。因此，儒家主张做人要宽厚处世、协和人我，把"和"作为理想人格的重要内容。为了实现"人和"，儒家提出在处理人与人之间关系时要遵循仁爱原则，要自觉关心他人。"仁"是儒家道德的核心，也是最高准则，坚持仁爱原则就是要严于律己，宽以待人，与人为善，推己及人。儒家倡导的："人和"不是无原则的一团和气，而是要遵循"和而不同"原则。孔子说"君子和而不同，小人同而不和"（《论语·子路》），又说"君子矜而不争，群而不党"（《论语·卫灵公》）。这就是说，一个有道德的人应该是保持和谐而不结党营私，善于团结别人而不搞小团体。和谐的社交主题对于当下人们的个人社交以及构建和谐社会具有深远的教育意义，唯有坚持人和，方是人与人社交的正确之道。

中国道家同样重视社交的和谐，提出了人人应当和谐友爱，社会才能够太平安定的思想，主张无为而治、无为不争的处世态度。道家崇尚谦虚大度、柔善仁慈、为而不争之德。对待别人要"善者，吾善之；不善者，吾亦善之""信者，吾信之，不信者，吾亦信之"（《老子》第四十九章）。主张用这种虚怀若谷的大善、大信去感化别人，使不善者、不信者得以转化提升。老子反对锋芒毕露、咄咄逼人的处世态度，提倡"不为天下先"、崇尚"不争"之德。他说："上善若水。水善利万物而不争，处众人之所恶，故几于道。居善地，心善渊，与善仁，言善信，政善治，事善能，动善时。夫唯不争，故无尤。"（《老子》第八章）正是这种与世无争的平和处世态度才使得道家思想得以备受推崇，这也为当下现代人如何进行人际社交提供了思想借鉴。

而佛家思想则提出了"自他不二"的社交主张，"自他不二"产生于佛教缘起性空、诸法无我等观念。所谓的"自他不二"就是指个人与众生皆有同一体性，是平等不二的，因此相互依存、密切关联。所以，人与人之间、人与众生之间，应和睦相处，和谐共存。就个体而言，要常怀慈悲心、菩提心、报恩心，以利乐众生、无私奉献为幸福，以"观彼冤家，如己父母"（《圆觉经》）的心胸和度量，淡化甚至去除人们之间的恨心，从而形成良好的人际关系、和谐的社会氛围。

当下，构建社会主义和谐社会成为发展大方向，首先就要协调好社会个体之间的人际关系，从而在全社会中形成友爱和谐、互相帮助、平等共进的现代化人际社交关系。习近平总书记强调：加强和创新社会治理，"核心是人，只有人与人和谐相处，社会才会安定有序"。这就要求人们仁爱、诚信、宽容，坚持与人为善。仁爱是中华优秀传统文化的精华，是实现人与人之间关系和谐的基础，要把仁爱精神由对待亲人推广到所有人，使之成为构建社会主义和谐社会的道德支撑。诚信是传统伦理道德的根本，在传统文化中，蕴含诚信内涵的"一言九鼎""一诺千金"等格言一直是备受推崇的行为准则和道德规范，要大力弘扬诚信美德，在全社会树立诚信为本、守信光荣、失信可耻的诚信意识和道德观念。重视宽容心与理解信任的社交精神，倡导宽以待人，营造平等自由和谐的社会氛围，从而为促进人人之间的和谐交往、构建和谐社会打造夯实的基础。

二、传统文化与民主法治建设

（一）法治思想与法律体系

法学的主要代表人物是韩非子，他提出国家要想实现法治必须先有法，"世未有法而长治久安者矣"（《韩非子·五蠹》）法国者，圆不失规，方不失矩，本不失末，为政不失其道，万事可成，其功可保。韩非子不仅重视国家立法工作，还提出了应当建立成文法的规定，这样才能够做到"明白易知"，将"法律布之于百姓"，使人人知所避就。此外，韩非子还认为法律的制定应当充分结合国家实际情况，并且要根据时代的发展变化随时进行修订。同样，"不以规矩，不能成方圆"，当今依法治国首先也要有法。经过不懈努力，2011年3月，十一届全国人大四次会议宣告中国特色社会主义法律体系已经形成。今后，还要根据改革发展的新情况及时修改现行法律，进一步健全完善法律体系。习近平总书记明确指出："我们要以宪法为最高法律规范，继续完善以宪法为统帅的中国特色社会主义法律体系，把国家各项事业和各项工作纳入法制轨道，实行有法可依、有法必依、执法必严、违法必究，维护社会公平正义，实现国家和社会生活制度化、法制化。"因此，唯有不断提高立法质量，确保法律体系的健全与科学，才能够发挥其实效性，才能够为国家和社会大众所服务，从而切实维护人民的根本利益。

（二）传统法治与法律实施

新中国具有社会主义特色的法律体系形成之后，法律的实施工作就成为法治的主要矛盾。中国传统法治理念所推崇的是体现法治的客观与公正，所倡导的是"法不阿贵""刑无等级""一断于法"，树立法令的权威，使其成为判断是非和进行赏罚的唯一标准。习近平总书记强调，全面建成小康社会对依法治国提出更高要求。其中，一个重要方面就是营造良好的法治环境，确保法律有效实施。优化法治环境，就要树立法律信仰，确立法大于权、法律面前人人平等的观念，养成全民自觉守法意识，加强法律实施，就要坚决打击有法不依、执法不严、违法不究等突出现象，推进科学立法、严格执法、公正司法、全民守法，保证有法必依、执法必严、违法必究，切实解决执行难等问题，逐步实现从"法律体系"到"法治体系"的转变、从"法律大国"向"法治强国"的跨越。

（三）法律监督制度

中国古代的统治者对于法律监管工作十分重视，目的就是"纠察官邪，肃正朝纲"，实现国家司法管理活动的规范化，避免法治流于形式。例如秦汉至唐宋时期的御史台、明清的都察院，都是中国古代监察的专职机关，主要是对行政管理和司法管理执行监督管理的职权。古代的法律监督，是国家法制体系中的一种自我调节、自我约束机制，为治官安民、促进法律统一执行、防止和减少司法舞弊发挥了应有的作用。实践证明，没有健全的法律和制度来监督保障法律的实施，即使决心再大、法律再全、措施再好，也难以保证执法者严格执法。因此，必须加强对各种执法行为进行有效监督，形成系统严密的监督网络。要把权力关进制度的笼子里，"加强党内监督、民主监督、法律监督、舆论监督，让人民监督权力，让权力在阳光下运行"；要"严格规范权力行使，加强对领导干部特别是主要领导干部行使权力的监督"；要"健全权力运行制约和监督体系，有权必有责，用权受监督，失职要问责，违法要追究"。只有不断深化司法体制改革，坚持中国特色社会主体司法体制，完善立法与监察体系，才能够做到有法可依，执法必严，违法必究。

（四）传统文化与法治意识

依法治国要想得以深化开展，其基础与关键就在于社会公民的法治意识，正如法国的卢梭所言，一切法律之中最重要的法律既不是刻在大理石上，也不是刻在铜表上，而是铭刻在公民的内心里。这充分说明了培育公民法治意识的重要性。培育公民法治意识，不仅要让公民"知法、守法"，更要让公民"懂法、用法"，让每位公民在内心深处确立法治理念，使其充分相信法律、自觉遵守法律。习近平总书记指出："我们要在全社会加强宪法宣传教育，提高全体人民特别是各级领导干部和国家机关工作人员的宪法意识和法制观念，弘扬社会主义法治精神，努力培育社会主义法治文化，让宪法家喻户晓，在全社会形成学法尊法守法用法的良好氛围。"从公民法律意识的内在要求来说，传统法治文化与现代法律观念之间颇多矛盾，相冲突的部分必须纠正和重构。

比如：在权与法的关系上，皇权至上，权大于法；在德与法的关系上，德为治国之本，法为德之补充。在司法实践中，忌讼贱法，法律处于很低的地位。在这种观念背景下，法律缺乏应有的精神支撑，成为消极被动的规范。从现代法治角度看，这种陈旧的法律观念必须得到纠正，要在全体人民中树立主体观念和公民观念、权利和义务观念、平等与法治观念等，以增强公民法律意识。同时，优秀传统文化中的榜样道德教化作用，通过知情意行并重的方式开展也不失为增强公民法律意识的有效方式之一。

第四节　在科技与文化产业方面的应用

一、中华传统文化在科技的应用

（一）治学态度在科技创新的应用

科举考试制度在中国存在了上千年的历史，科考重视对知识的记忆，从而塑造了中国人脚踏实地的严谨治学态度，重视知识的积累与转化，从而为科技的发展与社会的进步提供了坚实的基础。"不积跬步，无以至千里""千里之行，始于足下""冰冻三尺，非一日之寒""天行健，君子以自强不息"等励志格言正是激励广大学子扎扎实实、一步一个脚印地去学习的生动写照。这种学习态度也造就了中国人学习勤奋的特点，这对科技创新来说也是有积极的意义的。从世界科技史中我们亦能看到，科学上的重大发现、技术上的重大发明都是由脚踏实地做学问、做实验的人做出来的。"机会总是偏爱有准备的头脑"，勤奋的中国人，做好了充分的准备来迎接机会。

此外，中华传统文化中对于学问的谦逊态度是值得借鉴的，从善如登，从恶如崩，不骄不躁，谦虚谨慎，从而不断进取。谦虚的美德在中国人心中刻下了深深的烙印。科研组织中成员之间如果都具备这种美德，有利于组织内部的团结，将减少由于介入同事之间纷繁复杂的人际关系而导致的精力损耗。同时，谦虚的态度还可以培养科技工作者认真谨慎的处世态度。在现在的大科学时代，这种认真谨慎的态度，在进行像制造精密仪器等要求细心的工作方面具有先天的优势。另外，谦虚的治学态度使得学者深知自己的不足，从而更能积极地投身于求学之中。"学无止境"就是拥有这种谦虚的治学态度的人求学路上的心理反应。

再就是中华传统文化中对于悟的推崇，也是有助于国人形成较强的抽象思维能力的，从而大大推动了物理学科以及数学等基础科学的发展，进而为新中国的现代化建设提供了学科保障。事实上，对数学来说，在 1900 年，中国几乎还没有人懂得微积分，中国第一所大学——京师大学堂也没有开设这门课程。1925 年，才有少数的大学开设微积分，像清华大学也是大约在 1926 年到 1927 年才正式成立数学系。但是，到 1938年时，西南联大的数学教学水平已经达到世界先进水平。中国的第一个现代数学研究机构——中央研究院数学研究所是 1947 年才成立，但那时就开始开拓纯数学研究了。华罗庚任首任所长的中国科学院数学研究所在 1952 年成立后，就开始积极进入世界数学先进领域，到 20 世纪 80 年代，中国已经能够在世界数学前沿领域占据一定位置了。同样，对于当代物理学研究来说，中国科学院理论物理研究所的一大批物理学家，在混沌现象、凝聚态理论、场论、粒子物理等当前国际上最活跃、竞争最强的前沿领域，均取得了具有国际先进水平的研究成果。而这些成绩的取得，在一定意义上正是中华传统文化中推崇"悟"的结果。

（二）凝聚力文化在科技创新的应用

中华优秀传统文化中一个重要的功能就是民族凝聚力的功能。作为一个统一的多民族国家，中华优秀传统文化博大精深，源远流长，历经千年发展跨越了种族、地域以及时代的界限，从而使中华儿女紧紧凝聚在一起。新中国的长远发展也成为华夏各民族儿女的奋斗使命。自西周以来，作为一种理性自觉，大一统观念便深深地扎根于中国人的心中，《春秋》大一统"是人人皆知的名言。作为中国传统精英文化主流的诸子百家学说，尽管各是其说，有的甚至形同水火，但在国家统一、民族融合、使天下"定于一"的思想方向上，却有共识，可谓相反相成。这种政治上的大一统观念，实际上是天人合一、以和为贵的民族文化精神熏陶的结果，是它的折射。不仅如此，"天下一家""民胞物与""四海之内皆兄弟"的观念，还成为凝聚全社会的精神力量。这种大一统观念，经过儒法两家从不同思维路向的论证，特别是经过秦汉时期封建大一统国家的建立而带来的民族融合、共同发展的历史事件，逐渐转化为民族文化深层社会心理的结构。这种心理结构使得在当代中国科技组织中很容易形成强大的凝聚力，从而使得科研人员保持一致，便于大规模科研协作活动的开展。当下大科学时代里，唯有团结一心，服从党的领导，才能够确保科技的不断发展与社会的不断进步，整个民族的竞争力才愈发增强。

（三）轻利思想在科技创新中的应用

中国传统伦理道德中对于义利关系进行了阐述说明，提出了轻利重义思想，重视民族发展的大义，将个人利益放在次要的位置，正如那句"苟利国家生死以，岂以祸福避趋之"。正是这种轻利思想鼓舞着无数的仁人志士全身心投入到国家与民族的伟大复兴使命中来。鲁迅先生曾把那些埋头苦干、拼命硬干、为民请命、舍生求法的人称为我们民族的脊梁。这些观念体现在我国传统文化中强调抑制本能、克制欲望的轻利思想。他们有利于培养勇于坐"冷板凳"、默默无闻的科学家。众所周知，科技前沿领域的探索充满艰辛，随时都与失败相伴，若没有默默无闻做研究的精神，很难在科技前沿领域取得成就。如陈景润的论文《大偶数表为一个素数及不超过两个素数的乘积之和》就是在政治上遭受严酷迫害的情况下取得的，这种精神一直激励着国人安心坐下来做科学研究。

这里的轻利并非是对于任何物质利益都没有要求，而是对于外部的不良诱惑进行抵制，不因为糖衣炮弹而偏离正当的工作或者心生不良心思，这些都不是轻利行为的表现。在市场经济的今天，我们有必要挖掘中华传统文化中这种轻利的思想，使广大学者抵制住外界的诱惑，认认真真地搞科学研究。"为伊消得人憔悴，衣带渐宽终不悔"似的甘于寂寞、无怨无悔的精神，正是现时代我们需要在科技组织中大力提倡的科研精神。

中华优秀传统文化中的轻利思想对于我国当下科学技术的发展进步产生了积极的影响，这也是优秀传统文化现代化的一种尝试与实践。只有不断创新与传承，传统文化经过改造之后才能够重新焕发活力，才能够推动社会发展与进步，为实现中华民族的伟大复兴提供动力。

传统文化能够为文化产业的发展提供丰富资源，没有对传统文化的开发利用，文化产业就是无源之水、无本之木。有效开发和利用传统文化资源，促进文化产业发展，实现经济发展方式转变，是文化建设面临的重大课题。

（一）传统文化是文化产业的发展根基

国家要想开展文化事业建设，自然不能够脱离本民族的优秀传统文化，同样文化产业要想深入发展也需要优秀传统文化的支持。当下的文化产品消费是一种精神消费，文化产品中所渗透的理念为大众所认可、赞同，才能够备受欢迎，才具有市场竞争力。而传统文化正是文化产业特别是创意产业确立自身文化标识的根本所在。对内来说，带有地域特色的传统文化可以使文化创意者寻找差异、发掘个性、找准定位；对外来说，传统文化可以表明民族文化的国际身份。虽然文化也经受着全球一体化的冲击，但事实上英国的文化产业不同于美国的，美国的文化产业又不同于日本的，都体现出独特的民族气质，深深地打上了民族的烙印，归根结底都得益于这些国家对本民族文化的传承利用。正如文化传播学者梅特·希约特所说，只有当我们以自己的特色展现自己时，我们才能得到别人的认同。面对激烈的市场竞争，文化产品和服务本身越来越难以带来竞争优势，而我国文化科技又没有在国际上引领潮流，只有利用传统文化资源为文化产品赋予独特的符号价值，才能使文化产业在国际竞争中占据一席之地。我国传统文化资源极其丰富，能给文化产品符号价值的生产提供原料，并因其不可复制而呈现独一无二，可成为发展文化产业的重要文化资本。这是我国发展文化产业的优势所在。正如鲁迅所说："有地方色彩的，倒容易成为世界的。"因此，"我们应该回到我们的根上，回到我们文化的根基与原点上。回到我们的母体文化中。只有在那里，才能找到我们鲜明的文化个性，我们的文化血型，以及骄傲和自尊的依据"。事实上，近年来我国也不乏由于从民族文化中汲取营养而获得成功的文化作品，如《霸王别姬》《洗澡》《秋菊打官司》等电影，将京剧、方言和旧式澡堂等民族文化元素融入文化生产中，提升了文化产品的国际竞争力。但是上下五千年的中华文明中还有很多有待开发的优秀传统文化，如少数民族的文化以及民间技艺等，只有借助现代化的手段实现其传承与创新，才能够确保中华优秀传统文化的延续与发展，从而转变为现代化的文化产业。

（二）传统文化是文化产业的精神支撑

文化产业蕴含着丰富的民族精神内涵，向社会大众所传递的正如文化产品中的精神，文化产业发展的灵魂就是正确的价值观念与精神信仰，这也是文化产业得以持续发展的根本。可以说，没有精神内涵的文化产品仅仅是一具空壳，毫无生气可言，更没有任何吸引力与价值，竞争力也是无从谈起。我国传统文化是华夏民族几千年来在从事物质生产和精神生产的实践活动中逐渐积淀而成的，体现着一代又一代先人对自然、社会与人生的思考和体验，彰显着人的理性智慧和主体能动性，饱含着丰富而深厚的精神价值。其精神内核、艺术价值、历史价值及舆论导向都有正面的、积极的内容，仍是现代人重要的精神食粮，可为文化产业提供精神价值支撑。当前，我们已经引进了前沿多媒体科技，拥有了国际领先的技术团队，使得文化创意制作获得了崭新的承载平台和传播通道，但却很少能拿出与之相应的高水平成果，许多作品甚至是粗制滥造、低俗庸俗。其中一个重要原因是国人在发展文化产业中一味追求商业价值，在学习西方先进科技的同时，忽略了许多传统文化的精华，不能赋予文化产品以文化内涵，造成"文化空巢"现象，导致国产文化作品难以在国际市场确立自身地位。针对于此，唯有不断深挖中华传统文化中所蕴含的宝贵民族文化与精神内涵，树立积极的价值观念，对其进行创造性发展，才能够确保中华传统文化的产业化转变。

（三）传统文化是文化产业的创意源泉

对于文化产业的发展而言，创意是最富有创造性的部分，同时也成为文化产业得以不断发展的关键要素。中华传统文化源远流长，且中国幅员辽阔，民族众多，具有多元化的优秀传统文化，为文化产业的发展提供了不竭的创意源泉。同时，中华优秀传统文化能够为文化产品的基调以及风格提供艺术上的独创性，因此更能引导大众的心理与审美共鸣，这也使得带有历史印记的优秀传统文化成为文化创意的重要来源。世界上文化产业比较发达的国家和地区都十分注重对传统文化的发掘，例如，日本、韩国、意大利、英国等国，极为重视保护本国的文化资源，通过传承和发扬本国传统文化，取得了文化保护、文化传播和经济收益等多重效益。在文化遗产与创意产业对接实践中，最有影响力的是美国，好莱坞的很多电影都取材于文化遗产，迪士尼公司甚至开发我国古代民间故事，拍摄的《花木兰》《功夫熊猫》等动画片，在全世界赢得了较高收视率。20 世纪 60 年代，上海美术电影制片厂创作的水墨动画片《小蝌蚪找妈妈》以及《鹬蚌相争》等，把传统水墨画技法和动画有机结合起来，创造了一代经典。中华文明具有上千年的发展历史且从未中断过，因此传统文化资源无论是在数量上还是在文化价值方面都位居世界前列，具有世界公认的历史文化宝库之称，这成为当下发展文化产业不容忽视的重要创意素材。

（四）传统文化利于文化产业品牌塑造

文化经济价值和精神价值共同构成了文化品牌，这也是一个国家文化软实力与文化竞争力强弱的重要表现。对于中国文化产业发展而言，只有打造良好的文化品牌，才能够带动文化产业的再发展，才能够进一步拓展市场。而这个过程必然离不开优秀传统文化的支持。传统文化蕴含的古老文明是众人趋之若鹜的最大"财富"，先天具有一种品牌效应。近年来，影视界热衷于翻拍《红楼梦》《西游记》《三国演义》等名著，一个重要原因就在于这些经典本身具有巨大的品牌价值。据调查研究，2009年杭州在入境游客人次、海内外游客接待量增值、旅游接待硬件等方面均超过苏州，但在"区域旅游总收入"这个关键指标上，杭州却少了苏州375个百分点，也落后于它的近邻南京。针对这一现象，专家分析指出，杭州文化旅游的最大"短板"是缺乏世界文化遗产地所具备的国际品牌影响力，导致旅游投入远高于苏州、南京两地但获得的回报却低于这两地。事实表明，文化遗产尤其是世界级、国家级文化遗产，能够赋予当地文化发展巨大影响力、竞争力。如果把自己的历史文化精华倾注于文化产品生产中，不仅会大大提高文化产品的知名度、美誉度及文化品位，而且还会为当地经济社会发展增光添彩。剪纸是山西定襄县的一大民间艺术品牌，"张氏三姐妹"将传统的"喜鹊登梅""孔雀开屏""花好月圆""鸳鸯戏水"等图案定型、成册走向市场，其剪纸作品不仅出国展演，在中央美术学院展出后被收藏，而且在各种展览和推介会上深受青睐。河南宝丰县民间艺术产业每年收入都在1亿元以上，2004年达到近2亿元，2006年又超过3亿元，收入占当地农民人均纯收入的70%以上。为了满足人们形式多样的文化需求，许多地方将传统文化与旅游"联姻"，使旅游文化呈现出新亮点。例如广西壮族的三月三民歌节以及苗族的踩山节、西双版纳地区傣族的泼水节等，传统文化元素为现代文化产业的发展注入了独特的文化韵味，成为展示各民族地区风情的重要名片与标识，为文化产业的持续发展增添了助力。

第七章　中国传统文化与新媒体艺术设计的创新融合

纵观人类发展史和艺术变革史，生产力的发展与科技进步无时无刻不在影响着艺术特征的形成和创造。本章围绕新媒体艺术设计与中国传统文化的融合与应用，分别论述新媒体艺术和传统文化的融合，艺术传承视角下茶文化与艺术设计，以及我国传统绘画与现代数码艺术设计的融合应用，详细讲解传统水墨艺术在数字媒体艺术作品中的运用和数字媒体艺术在中国传统文化包装中的应用。

第一节　新媒体艺术和传统文化的融合

随着科技的发展，以数字化媒体为核心的新媒体时代已然来临，对文化的传播方式也需要适应时代的变化。审视传统文化的现状、媒体的数字化，如何在新媒体语境中对传统文化进行更好的传承与发展，需要从认识技术层面加以实践与探索。

一、新媒体艺术和传统文化的认知

新媒体（New Media）是一个相对的概念，是报刊、广播、电视等传统媒体之后发展起来的新的媒体形态，包括网络媒体、手机媒体、数字电视等。

传统文化（Traditional Culture）是文明演化而汇集成的一种反映民族特质和风貌的民族文化，是民族历史上各种思想文化、观念形态的总体表征。传统文化落脚在文化，即历代存在过的种种物质的、制度的和精神的文化实体和文化意识。

二、新媒体艺术与传统文化的相互联合

新媒体艺术对传统文化的再现需要两者之间的相互联结。对传统文化进行深入理解，与新媒体艺术表现手法相结合，形成最初的设计方案，再通过技术与艺术相结合的影像、音像合成，实现对作品的呈现。

（一）传统文化的传播

传统文化的原生环境和传播途径有其特殊性、局限性。从信息传播形式上看，传统文化从"口口相传""言传身教"到纸质媒介的传播，信息并没有得到最大化的传播效率。人的大脑每天通过五种感官接收外部信息，根据美国哈佛商学院研究资料表明，人的大脑每天通过五种感官接收外部信息的比例分别为：视觉83%，听觉11%，嗅觉3.5%，触觉L5%，味觉1%。要获得对客观事物的全面了解，这五种感官必须协同活动才能完成。从信息传输理论上看，通过综合刺激人的感官，才能得到信息传递的最优效果。

（二）新媒体艺术促进民族文化的传播

新媒体有传统媒体无法比拟的优点，主要通过视听原理进行音乐、音效配合动态影像，使原本单调的文字、图形图像变得更加生动和多元化，突破了原有空间、时间的局限，拓宽了传统文化传递面积和传递深度，对传统文化中的古老文字、画作、老旧影像进行全新的表达，加强了信息的传播能力。

（三）新媒体技术实现历史资料的数字化

数字技术有先进的信息采集、处理和传播的方式，改变了传统文化的存在形态和保护方式。新媒体艺术借助音频、图形、影像，动态捕捉、虚拟现实、互动媒体以及网络等技术，对传统文化中保留下来的历史资料进行加工，以一种更加直观、形象、便捷的方式向人们展示传统文化的形态。

三、传统文化对新媒体艺术的哺育

艺术源于生活而高于生活，传统文化随人类活动的发展而衍生，文化生于心，艺术现于形。传统文化于艺术如同血脉之于躯体，太阳之于万物。新媒体艺术是随着科技的发展和社会生活多元化需求下的产物，是通过扩展传播媒介，更多地运用声、光、色来刺激和影响人的意识行为的艺术手段。新媒体艺术并非艺术的分支，更不是颠覆"艺术"的"艺术"，但它将艺术变得更加精细化、技术化和数据化，在传播媒介飞跃发展的今天，让艺术具有更多样化的表现形式，更广阔的传播空间。

传统文化在现代社会的传承和发展离不开现代技术的支持，新媒体艺术正以其勃勃生机，展现其强大的生命力和号召力，我们必须清晰地认识到新媒体艺术之根，不是更新迭代的技术和日新月异的硬件，失去传统文化的滋养，只会留下空乏的躯壳和昙花一现的虚无。

传统文化支撑了整个艺术脉络，传统文化是艺术的灵魂，借助新媒体技术能够让"古老的艺术"焕发新的生机。在数字化的今天，在新媒体环境下，充分运用现代新媒体艺术和技术手段，使传统艺术跨越时空局诠释和演绎，有利于传统文化的继承和发扬；而新媒体艺术只有融合传统文化，才能在主流艺术浪潮中展现自身优势，实现其艺术价值。

第二节　艺术传承视角下茶文化与艺术设计的融合与应用

一、将茶文化与艺术设计进行融合的重要性

（一）实现艺术传承的新方式

茶文化作为艺术形式中的一种，在中华文化中占据着重要的地位，因此要做好茶文化的继承与发展工作，以此弘扬中华文化，推动中国建设成为文化强国。但是，文化传承绝不能仅仅流于形式，只依靠传统的课堂教学、文化基地和研究中心的建立来维护茶文化的延续，必须要实际地落实到文化产业中去，与现代艺术相结合，与国际接轨，赋予其鲜活的生命和与时俱进的思想，使得传承茶文化不仅仅是社会上少数人的义务，而是社会成员普遍的义务；使其成为社会所普遍关注的事情，拥有为大多数人所接受并喜爱的生命力。这种新方式顺应了时代趋势，能使茶文化这种艺术更好地传承下去。

（二）符合茶文化发展的要求

茶文化发展历史悠久、内涵丰富，是中华文化的象征之一。如今，中国将实现中华民族伟大复兴作为中国梦的重要内容之一，其中包括实现文化的复兴。茶文化作为中国传统优秀文化中浓墨重彩的一笔，在推动中华文化走向世界的进程中起着重要作

用，是打开国际文化市场的窗口。弘扬茶文化，实现其创造性的发展，势在必行。

茶文化的发展既包括理念方面的，又包括物质方面的，这就要求在物质层面也要体现茶文化的理念，将茶文化与艺术设计相结合，在日常设计中体现茶文化的内涵。

（三）作为艺术设计发展的新途径

艺术设计就是将艺术的形式和美感运用到实物中来，以此提高人们生活品质的艺术。艺术设计来源于生活，最后也将运用到生活中去。人类有史以来的一切文化都可以作为艺术设计的灵感来源，包括古老文化和现代文化，东方文化和西方文化。消逝已久的古罗马文化、古埃及文化便是众多元素题材中的一部分，中国茶文化作为同样具有辉煌历史的文化，极具中国特色和东方韵味。不同的是，中国茶文化从古代延续至今，一直随着时代发展，从未中断过，中国人的饮茶习惯由来已久，茶文化已成为人们日常生活的一部分，将茶文化这一传统文化作为艺术设计的元素，是艺术设计汲取生活元素和传统元素的体现，为艺术设计发展开辟了新的道路，提供了新的素材宝库，增加了艺术设计的发展空间和灵感来源。同时，文化基础上的艺术设计更加贴近人们的生活，具有地方特色和民族特色，极易引起人们心理上的共鸣。

二、茶文化与艺术设计进行融合的措施

（一）全面融合

艺术设计风格包括现代、传统、混合三种类型，茶文化就属于传统风格中的元素，这类设计风格的特点就是在设计中体现出传统文化的文化内涵，茶文化作为文化底蕴丰厚、内涵丰富的传统文化，十分符合文化设计的要素要求。艺术设计的综合性非常强，许多东西都可以作为艺术设计灵感的来源和创作要素，包括自然、科学、经济等各方面。同时，茶文化包含的面也非常广，有茶文化历史典籍、茶业经济、茶艺表演等各方面，在将两者进行融合时，可以在各个方面都进行融合，而不是仅仅关注于茶文化的某一个方面。

关于茶文化中包含的茶艺表演，各个地方都有自己不同的茶文化表演形式和表演内容，例如浙江有龙井茶礼，沿海地区有工夫茶，云南地区有三道茶。可以结合这些地方的茶艺特色，采用其茶文化符号作为艺术设计的元素。将设计运用到日常用品、商业包装、室内装修等方面。对于发展茶文化旅游业的地区来说，还可以结合当地特

色，设计纪念品和茶包装。

在建筑方面，也可以借鉴茶文化理念，采用对称的设计、使用隔音材料，尽量体现茶文化注重的"清""和""静"。

（二）注重科学性

艺术设计除了注重设计产品的美感外，还要兼顾其科学性，不能只依靠设计师的直觉和对美的认知行事，要结合实际生活，让产品设计兼顾美感和实用性。设计是一种提高人们生活品质的艺术，因而设计也应当体现到物质层面中去，例如将茶文化提倡的"和"运用到一些建筑或者工艺品中去，可以增强人们观赏的舒适度和愉悦度。此外，还要避免过于看重茶文化元素的融入而使物品失去其自身特点和优点的做法，要恰当地将两者进行融合，不能强行进行不合理的设计。总之，不管融入什么元素，艺术设计都应当遵循自身本有的理念，在实际的设计过程中不能只是简单地将元素叠加在一起、变成机械的拼接，必须体现出设计美感，具有条理性、层次性，否则就不能将其称之为真正的设计。

（三）注重灵活性

将艺术设计与茶文化相结合体现了艺术设计的本土回归，使艺术设计再次将关注点放回到本土文化，即茶文化中来。在设计过程中不仅仅要体现茶文化外在的特点，还要注重探寻茶文化的内在理念，将文化内涵渗透到设计过程中去。再者，虽然是以传统作为设计的主体风格，但也不能局限于某一方面，还可以适当融入现代元素、西方元素，注重灵活变通。在设计理念方面，可以结合茶文化过去的主张和现在的内涵，体现茶文化变化着的理念，促进茶文化的创新发展。

（四）举办主题活动

在两者的融合过程中，可以举办一些主题活动，邀请茶文化和艺术设计两个领域的专家和学者参加，相互交流学习。术业有专攻，每个领域都有一套自己独特的体系，精通两个领域的人少之又少，跨领域的交流可以让双方取长补短，促进两个领域的融合。在交流会上，采用头脑风暴的形式，让大家各抒己见，共同探讨运用茶文化的艺术设计。还可以举行设计大赛，激发设计者的创造力，让不同层次的设计者进行切磋；还可以设计融入了高科技技术的体验馆，让游客在体验馆中体味茶的本色。

三、茶文化与艺术设计融合的影响

（一）对茶文化发展的具体影响

艺术设计涉及面广，包括平面设计、工艺品设计、多媒体设计等，日常生活中的许多东西都离不开艺术设计，将茶文化融入艺术设计中有利于茶文化的广泛传播，有利于其传承。

中国制造在世界经济中享有重要地位，充斥着国际市场，诸多外国家庭日常用品都是中国制造，如果在这些产品的设计中融入中国茶文化元素，有利于扩大中国茶文化的影响，使得茶文化在潜移默化中走向世界，使得中国茶文化更为大众所青睐。

还有，将艺术设计融入茶文化发展进程中，能够为茶文化增添新的内容，使其发展跟上时代的步伐，从而受到更多人的喜爱。

（二）对艺术设计发展的具体影响

艺术设计的灵感来源于各方面，其中包括传统文化。例如，现在较为兴盛的中国风，在许多国际大秀上可以看到中国古代的水袖、蒲扇、水墨画等元素，将茶文化融入艺术设计能够为艺术设计增添新的元素，促进艺术设计的发展，实现艺术设计的创新，使其展现出更强的生命力。茶文化作为中国优秀的传统文化，民众根基较深，符合中国人的理念，使得某些设计更能引起共鸣，受到民众喜爱，两者的融合有利于中国茶文化的发展和传统文化方面艺术设计的发展，是艺术传承的新方式，很好地体现了传统文化与时代相融合的新方式。

茶文化作为中华文化不可或缺的一部分，在中华文化走向世界的过程中起着先锋作用，曾几何时，欧洲各国都对中国的茶竞相争要。如今，中国政府将茶文化作为中华文化推向世界的一张王牌，更是十分重视。将茶文化与艺术设计进行融合是实现茶艺术传承的新方式，符合时代发展的趋势。

第三节　我国传统绘画与现代数码艺术设计的融合与应用

一、中国传统绘画与数码艺术设计的融合

无论是艺术的发展还是其他领域的发展，都要做到继承、吸收和融合，通过继承优良传统，吸收原有的与新出现的艺术形式的精华，最终实现自身发展与现有新鲜元素的有机融合。在这个过程中，创作者应充分挖掘和利用传统艺术形式的优势与长处，并与其他相关学科有效融合，以此弥补自身艺术的不足。

数码艺术设计的出现打破了一些人对绘画仅限于传统绘画的理解。创作者应充分认识到传统绘画与数码艺术设计的共存性．既要继承和发扬传统绘画艺术中的精华，又要接受数码艺术设计这一新兴事物。数码艺术设计的出现是时代发展的必然趋势，是现代生活方式下当代群众艺术追求的必然趋势。正视两者之间的融合，相互取长补短才是大势所趋。

中华民族的传统绘画历经千百年的锤炼，各式各样的绘画手法和绘画形式发展得炉火纯青，数码艺术设计要获得进一步的发展和广泛的认同，需要借助传统绘画的力量。将中国传统绘画中独特的民族元素融于其中，在数码艺术设计中体现中国传统绘画的独特元素和风格，有利于实现数码艺术设计与传统绘画的真正发展。

数码艺术设计作为新出现的艺术形式，目前的发展水平有限，要实现数码艺术设计的突破性发展，可以对传统绘画进行新的解构，挖掘并吸收其艺术表现中的精华，以之作为数码艺术设计发展的艺术基础。从审美上讲，传统绘画是历经千百年积淀的艺术成果，传统绘画的绘画技巧和手法为大众所熟知，但传统绘画依然需要在时代演变中不断发展和进步。

数码艺术设计的出现为传统绘画打开了一扇新的大门，为传统绘画的发展开拓了一个崭新的领域，传统绘画通过更新自身的创作手段，突破定式，适应当代大众的审美需求，从而找到有利于自身发展的途径。可见，传统绘画与数码艺术设计的充分融

合，能够在两者的相互促进、相互补充中实现其共同发展和进步，这也是新时代对当代艺术设计者的要求。

二、中国传统绘画与数码艺术设计的发展

（一）数码艺术设计的创新应用

随着科学技术的飞速发展，数码艺术设计创造性地产生了。随着计算机应用的推广以及计算机技术的稳定发展，人们对数字技术的认可度不断提高，这对数码艺术设计的推广起到了促进作用。然而，在这种繁荣的景象之下，创作者需要虚心审视数码艺术设计的不足。数码艺术设计尚处于发展阶段，仍存在一定的不足，例如，利用数码艺术设计的部分作品画面较为呆板、生硬，不易于被大众接受和认可，这就需要创作者寻找数码艺术设计的发展契机，大胆创新创作手段和技巧，充分发挥数码艺术设计的优势，利用其形式多样、传播渠道广泛等优势，将中国传统绘画与其充分融合，突破创作禁锢，以新型的数码艺术体现创作理念。比如，更新数码打印技术和设施，丰富打印色彩，尽可能地实现数码打印作品与传统绘画作品相差无几，通过绘画笔法、生动形象的色彩等，实现预期的创作效果，有效促进数码艺术设计的长远发展。

（二）数码艺术设计渗透于传统绘画中

人们在欣赏传统绘画的过程中，能够感受到画家的创作意图，从而与之产生共鸣。在数码艺术设计迅猛发展的背景下，传统绘画应寻找自身突破的契机，打破大众对传统绘画的认知，推陈出新，通过数码艺术设计开拓崭新的发展领域，使自身具有更加广阔的发展空间。当下，一些有先见的传统绘画艺术家已然认识到这一点，逐渐在自身的创作中融入数码艺术元素，在运用传统绘画技法创作的同时，运用数码艺术的表现形式，创作出当代题材的绘画作品。

新的绘画作品不断在各种画展中崭露头角，并为大众所追捧和喜爱。由此可见，在传统绘画中渗透数码艺术设计，有利于解决部分传统绘画创作者创作理念滞后的问题，扩展传统绘画的发展渠道，真正在传承传统绘画艺术的同时，重铸传统绘画的强大生命力，实现传统绘画的创新发展。

（三）数码艺术设计要具备民族性和创造性

数码艺术设计由西方传入我国，在我国的发展尚处于起步阶段，部分创作者的创

作思想和创作方式受到西方数码艺术创作的影响，有的创作者还停留在满足商家需求的阶段，并没有充分挖掘数码艺术设计本身的艺术性。所以，要想充分发挥数码艺术设计的艺术性审美需求，实现数码艺术设计的长远发展，就需要创作者从根本上注重对传统绘画手段和技巧的借鉴。只有这样，才能使数码艺术设计作品具备较高的艺术欣赏价值。

此外，数码艺术设计创作者应适应当下时代的发展与审美需求，以当下社会的艺术要求为基础，结合传统绘画的表现手段，创作出高质量的数码艺术设计作品，从而真正地传承和发展我国的传统文化。

第四节　传统水墨艺术在数字媒体艺术作品中的运用

媒体艺术的进化过程其实也是数字化技术的发展过程。伴随着数字化时代的发展，媒体逐渐形成了以"数字化技术"为基础的"声、画、动"三者合一的新形式，通过图文并茂的方式，很好地将所要传递出来的情感表现出来。很多设计师从不同角度为媒体艺术增加了更多新的血液。然而在整个发展过程中，本土文化对任何一门新型艺术形式都具有极大的促进作用。

水墨元素作为中国传统文化中的一个重要组成部分，将其运用到数字媒体的艺术创作之中，能更好地丰富其艺术形式，增加其内在文化内涵。

一、传统水墨画的元素

传统水墨画的创作元素有很多，主要从"水墨颜色"和"造型语言"两个角度展开论述。

（一）传统水墨画的水墨颜色

翻开一幅水墨画作品，给人带去的第一印象总是那种"若隐若现"的画面情感，而这种情感的营造主要元素就是"墨色"。与西方绘画不同的是中国传统水墨画注重通过单一的"墨色"展开描绘。所谓的单一，是因为墨只有一种颜色，就是黑色。然而在古人眼中，墨的这种黑色却不是那么简单。古人云："墨分五色，即干、湿、浓、淡、焦。"通过将不同干湿、浓淡的墨绘制在画面之上，能产生不同的画面效果。正是这种"五色的理念,使得画面产生"色不碍墨、墨不碍色"的境界。随着笔墨技术的快速发展,后来的山水画中,已经能够看到古人通过墨色的转变来更好地表达自己对于天、人、物和自我本质的表达。在笔法的处理过程中,墨色可以呈现出干和湿两种不同的笔墨效果。通过用这种不同效果的笔墨进行绘制,可以让画面更加富有"诗情画意"。

在中国古代水墨画发展的各个阶段中,不同的画家尽管对于画法的使用、画面节奏的安排和画面形式的经营都有很多属于自己的理念,但对于墨色的使用却是一致的。人们普遍认同墨色的这种划分形式,认为尽管墨本身的颜色是单一的,但通过各种调制的方式所形成的不同墨色,的确能对画面产生不同的艺术效果。

(二)传统水墨画的造型语言

水墨画的造型元素更加丰富,其中最让人们感到"叹为观止"的就是水墨画中对于"线条"的创作和使用。

中国水墨画向来以"线描"著称,在中国的水墨画中,看不到西方绘画中所强调的"严谨"的"透视"和"丰富"的光彩变化,却能深刻体会到线条在画面中的重要地位。由于水墨艺术是一种以"点、线、面"为主要造型元素的绘画艺术,因此,如何更好地使用线条,成为历代画家所共同探讨的一个话题。不论是以人著称的"曹衣出水、吴带当风",还是形容线条节奏感的"行云流水""出神入化""淡逸劲爽"等词,都是对水墨画线条最好的一种概括。

通过这种线条的变化,能丰富笔墨创作的灵活性,增加水墨画中的刚与柔,让画面变得更加富有生机感。在这种不同节奏、不同形式、不同形状的线条的协助下,能看到险峻的山岭、动态的河流、栩栩如生的花鸟鱼虫,这些原本静止的物体,通过线条的描绘变得活灵活现。

(三)传统水墨画的文化元素

中国水墨画往往与各个时代的"文化"有着紧密的联系,特别是当"文人画"产生以后,水墨画中逐渐出现了"诗中有画、画中有诗"的局面。翻开任何一幅水墨画,不仅可以看到栩栩如生的画面,看到画家本人的留名和诗歌作品,更能看到后来历代对于这幅作品的评价和记录。这些看似与画面内容毫无相关的内容,已经在历史的潮流中与画面很好地结合在一起。正是这种水墨灵活化的造型方式和文化视觉，导致水墨画与其他文化元素能快速融合，创造出新的适合当下的造型元素。

二、水墨元素在数字媒体艺术中的运用

当今，真实感渲染研究逐渐成熟，以传统 3D 渲染流水线为理论基础，从传统水墨画本质着眼的，具有极大灵活性和可扩展性的 3D 水墨渲染模型中不难看出，传统水墨元素确实是一种不同于其他艺术形式的绘画类型。这种绘画形式主要是以单一的"墨色"和简单的"线条"为主，如果深入挖掘其中元素，会发现原本简单的墨色和单一的线条在笔者的意愿下可以转变成另一种色彩和形状，这种灵活多变的元素正好是现在数字媒体艺术创作所需要的。为此，将传统水墨元素运用到数字媒体艺术创作中，的确有很高的实用价值。

（一）增加造型的视觉冲击感

数字艺术时代下的大部分艺术创作都是可以借助"相机""摄影机"等高技术设备直接进行创作的，且大量的创作素材的选择和使用都是比较简单的，通过网络、媒体等相关媒介，可以轻松地获取这些素材。然而，正是这种简单的获取方式，为数字艺术创作增加了一些"定式"：一方面，人们会发现很多在网上见过的元素在这张作品中重复出现，给人们一种极强的因"抄袭"带来的"欺骗感"；另一方面，无论画面风格是抽象还是具象，都是这一时代的产物，因此给人们一种"厌倦"的心理感受。这时，将传统水墨元素中的"五色"和"造型语言"运用到数字化的作品之中，通过点、线、面的造型方式来丰富视觉效果，会给人带来"眼前一亮"的心理感受。

例如，央视广告的《水墨篇》，它以墨人水中形成的水墨图景为线，勾勒出富于层次和动态的一系列文化元素，很好地诠释了"从无形到有形""从有界到无疆"的宣传理念。在广告的意象选择上，创作者以水墨晕染这种传统的中国艺术绘画手法为创意出发点，通过水墨晕染而生的层峦万象，借助绘画的表现手法以传达"从无形到有形"，而这种"从无形到有形"的理念不只是水墨画艺术的精髓，也是当今数字媒体艺术本身所期望达到的传播效果。这种数字媒体艺术表现方式使作品基调统一，富于文化特色。这种艺术形式，采用水墨形变的方法，将中国特色进行串联，衔接自然，弱化了时间，造出深邃的中国文化意境人为数字媒体艺术的发展注入深层的文化内涵。

（二）增添视觉美感

数字媒体艺术存在整体和局部的和谐关系，因为局部的变化能引起整体视觉的转移，在艺术审美实践中，整体和局部以及局部与局部之间保持某种确定的制约关系，也是人们长期心理经验形成的要素之间的一定对应关系；在进行水墨画的创作过程中，各个环节之间的关系是十分紧密的，也就是说，水墨画注重整体和局部的统一。比如，在山水水墨画中，人与自然之间的关系永远都是十分和谐的，在既定的环境中出现了既定的人物，在既定的空间中流露出既定的情感画面，这种整体与局部的关系处理是目前数字化艺术创作所欠缺的内容。因此，在运用水墨元素的数字艺术作品中，整体与局部的和谐关系仍然存在，在数字技术二维和三维的艺术空间内，使得整体与局部的美感在更为广阔的空间内表现出来，增强和谐的美感。同时，这种美隐含在互动的过程中，在观看的过程中，视觉形象、人的知觉以及内在情感都相互作用，水墨元素的运用在这里能够让观看者身临其境地感受到真实感，引起情感上的共鸣。

（三）挖掘并继承传统文化精髓

数字媒体艺术与生俱来就具有向往和追求真理的天性。在追求真理的征途上，要想看见时代的进步和人类文明的发展，就必须继承传统文化的精髓，弘扬艺术发展的魅力。

人类科学证明，传统文化和现代科技艺术是硬币的两面，是不可分割的整体，就像太阳光芒那样具有波和粒子的双重属性。数字媒体艺术是建筑于现代科技基础上的新艺术形态，是名副其实的科学和艺术的结晶。水墨元素中的文字、山水、花鸟、虫鱼及人物等，都在体现大自然与美学之间的联系。然而，数字媒体艺术的图案与水墨元素有着千丝万缕的联系，通过计算机编程，产生这些令人目不暇接的精美图形，这种从平面转化为立体三维的图形，让人们更清晰明了地知道故事的来龙去脉。

（四）丰富画面内涵

中国水墨画形体的"像"与"不像"有着太多的关联。一方面，可以看到很多水墨画中的物体都是写实为主的，可以轻松地在画面中看到很多现实生活中有的事物，无论是花鸟鱼虫还是山水人物，都非常真实。另一方面，这种真实性更多的是通过线的方式去勾勒，或者说，只是通过线条的方式去营造出一种"外观"的造型。

　　然而，正是这种看似"不像"的图形中，却隐藏着深层次的内涵。这种内涵不仅表现在对人物、动物情感的表现方面，也表现在通过各种虚实的方式所创作出来的那种虚无缥缈的境界，这些都是现代数字媒介所无法达到的境界。为此，完全有必要将这种"似与不似"的情怀引入数字化艺术创作之中，将水墨艺术作为传统文化的典型，将数字技术作为现代媒体的主要发展方向，将二者结合起来。这是传统文明与现代文明的激烈碰撞。传统文化与现代文化的相互交融，才能碰撞出激烈的火花，这不仅是对传统艺术的发展，也对现代社会文明的进步起到一定的推动作用。

　　在这样一个数字影像多元化的时期，数字媒体艺术的多元化在于其独特的表现形式和多样化、个性化的艺术风格。现今的三维计算机图像和动画技术，提供了大量的十年前甚至几十年前都无法想象的奇妙技巧，但不管技术如何进步，都不能忘记承载历史发展的传统文化，因为没有先前的艺术发展就实现不了当今的数字合成。那些能够流传下来的传统经典之作，也必须通过当今的科学技术来充分体现人类的情感、智慧和哲学理念。

第五节　数字媒体艺术在中国传统文化包装中的应用

　　数字媒体艺术是一种以高新技术为主的艺术形式，充分应用了艺术与科技，促使艺术在保留传统传承含义的同时，具备较强的现代化时代感，同时艺术气息会更加浓厚。在我国的传统文化包装当中，合理应用数字媒体艺术，不仅能够提高我国传统文化的时代感，还可以促使我国的传统文化得到更加鲜明的发展，获得新时代的传承价值与魅力。无论是对于传统文化的传承、发扬还是再利用，数字媒体艺术都有较强的应用价值。

一、数字媒体艺术的特点

　　数字媒体艺术从简单的角度来说，就是科学技术和艺术的结合；从深层次来说，数字媒体艺术是多种学科的有机结合，是计算机学、艺术学等不同学科的有效结合。数字媒体艺术是一门跨学科性的综合艺术，主要包含编程、传导、感应、视音频、计算机图形学、艺术学、网络艺术等多门学科。数字媒体艺术的最大特点便是技术化的改进，这也是数字媒体艺术在科学技术方面的发展成就，是时代不断发展所呈现出的条件与资源。

伴随着科学技术的不断发展，各类型高新技术在数字媒体艺术中的应用越发普遍和成熟，数字媒体艺术可以将各种电子、灯光、影像、图形等结合起来应用，促使艺术的表现能力得到显著提升。另外，数字媒体艺术在交互技术、网络技术方面的应用，可以实现与观众更直接交流，和传统时代的技术不同，它能够为观众呈现别样的感受，观众在观看的时候可以借助直观的视觉体验获得更加深刻的观看体验。对于我国传统的文化艺术而言，数字媒体艺术的应用交互性更强，直观性、互动性更高，视觉体验也更加丰富。我国传统文化属于内敛性的文化，而数字媒体艺术自由、奔放的特点更加突出，将两者结合起来，可以获得一举多得的改进效果。

对于传统文化而言，应用数字媒体艺术进行包装，不仅能够更好地传承传统文化，还可以让传统文化的文化层次更加突出，文化内涵更加丰富。

二、中国传统文化包装对数字媒体艺术的表现形式

数字媒体艺术属于艺术与科学技术的结合产物，艺术和科技的有效结合，可以让数字媒体艺术不再是简单的艺术，更不是单调性的技术，而是一种以先进技术表达，内涵丰富、价值突出的新产物。在我国的传统文化中，积极应用数字媒体艺术，可以有效优化与改进传统文化的价值与水平，是我国传统文化魅力与价值的直接体现。

（一）传统文化在数字媒体艺术中的应用

在数字媒体艺术中，合理应用我国的传统文化内容，可以充分借助我国传统文化中的多种类型元素，促使传统文化获得再利用或创新利用。我国属于历史悠久的国家，以汉族文化作为基础，有着非常丰富的文化内容与内涵。虽然数字媒体艺术属于科学技术创新之下的产物，但是数字媒体艺术中也需要素材的表现，这都可以借鉴传统文化中的素材，进而让数字媒体艺术形成更加丰富的素材类型，奠定更加扎实的素材文化基础。数字媒体艺术在表现方式方面有明显的创新与改进，在传统文化中挖掘素材之后，再实行提炼与发展，便可以实现创新性的表现模式。

伴随着信息技术与网络技术的不断发展，从游戏角度来说，各类型大型网络游戏、网页游戏逐渐成为人们生活中的交流话题与休闲方式，这些游戏当中，许多都是按照

我国的传统文化当中的素材而改编。这些改编与创新，尤其是年轻的游戏玩家并不会对这一类元素产生排斥，反而会更加喜欢。数字媒体艺术的应用，不仅可以实现文化的传承，同时还可以实现题材的趣味性。

（二）中国传统文化对数字媒体艺术的表现

数字媒体艺术是一种全新的艺术表现形式，在应用中国传统文化之后，可以增加数字媒体艺术的表现内容，尤其是在素材资料方面可以更加丰富和完善，这也促使着数字媒体艺术的表现价值得到明显提升。相对而言，传统文化艺术在应用数字媒体艺术表现后，在方式方法、形式等方面均有改进，这也间接提高了传统文化的传承效果，促使我国的传统文化展现出别样的魅力与价值，提高传统文化的现代感与时代感。

另外，在数字媒体艺术的应用中，不仅可以应用传统文化本质元素，还可以对传统文化的元素进行改编后再实现创新、应用。我国传统文化非常多，其表现形式也较多，例如音乐、舞蹈、剧目、书法、雕塑等，都是传统文化的重要表现方式，这些表现方式都可以获得重新再应用。在数字媒体的帮助之下，传统文化在形式内容方面会更加多样化，特色会更加鲜明，在长期发展之后，便会形成独特的元素符号以及形式的审美规律等。这些元素符号与表现形式，主要包含了传统的色彩、图形纹样、造型、材料工艺以及表现手法等。将这些传统文化的元素符号、表现形式进行提炼、精炼，并融入数字媒体艺术当中进行再加工，最终呈现出来的表现形式，会具备风韵独特、形式丰富、时代特征鲜明、视听感受丰富、较强文化冲击力等特点。

目前，我国传统文化正遭受着严峻的挑战，部分传统文化的表现形式已经濒临灭绝，除了部分书法、舞蹈、音乐、戏曲等主流性的传统文化艺术获得了较好的保护与传承，其他部分小众化的表现形式已经濒临灭绝。根据我国传统文化的表现形式，充分应用数字媒体艺术的特征与技术形式，可以有效提高传统文化的传承效果，并丰富传统文化的传承方式。随着对传统文化保护宣传的不断普及，各类电视台、网络媒体等都主动参与到了传统文化的传承与发扬中，部分电视媒体借助公益广告的方式进行宣传，并将传统文化中的精髓文化和数字媒体艺术结合起来表达，尤其是书法艺术，可以借助动画的方式表现，促使书法的内涵与脉络等得到展现，从而以别样的方式呈现在观众面前，让观众可以获得更加丰富的视觉感受。可见，数字媒体艺术在充分应用数字媒体艺术形式之后，可以将传统文化表现得更加具体，同时获得显著的优化与升华，实现文化的传播与保护。

三、中国传统文化包装中应用数字媒体艺术的案例

数字剪纸动画的制作目的主要在于剪纸文化的传承，并结合二维动画的制作流程，呈现大胆包装、大胆创新的特点，将数字化技术应用到剪纸动画的制作过程中，同时探索出一整套完整的剪纸动画制作流程。

以数字化的采集、设计、生产、播出为流程，这种制作方式可以满足数字化放映方式对于剪纸动画播出质量与数量的要求。运用数字媒体艺术对剪纸动画的造型进行设计，并充分考虑剪纸动画与数字媒体本身的特点，首先需要做好剪纸素材的数字化采集，这样更利于后续的设计与改进，同时还需要实行数字化的制作，在制作大规模或长篇动画的过程中，数字化的图像可以更好储存与应用，数字化的设计可以让角色更加丰富，美感更加突出。应用数字设备对北方的剪纸文化作品进行采集，获得大量的剪纸艺术作品，可为以后的造型设计提供参考素材，并借助数字化的软件实现动画造型的设计，可以应用 Nikon D70 或 Nikon AFS28-70 数码设备与背景纸实现对剪纸作品的扫描与摄影。在摄影的过程中，考虑到后期修改问题，采取蓝底或绿底，便于后续的修改。另外，还可以借助 Anime Studio Pro 这一类数字媒体技术赋予动态表情功能，可以让人物产生微笑、眨眼、生气等细微变化，从而让文化的表现更加丰富。

伴随着信息化与网络化的不断冲击，传统文化虽然面临着更加严峻的挑战，但是具有更加广阔的发展。在数字媒体艺术的环境之下，传统文化有着更加突出的包装改进技术手段，可以达到以往无法实现的视听功能。数字媒体艺术在传统文化的应用过程中，可以有效地规避进入单纯性的技术化误区，应用数字媒体艺术的强大表现能力与技术手段方式，将传统文化与艺术进行结合，在数字媒体艺术中实现文化与艺术的融合表现，达到传承、发扬和再利用的包装目的。

第八章 中华优秀传统文化传承创新发展思路

第一节 坚守正确的文化发展理念

坚守正确的文化发展理念是推动中华优秀传统文化创新性发展的重要前提，发展理念作为一种认识，对实践有着重要的指导作用，因而坚守正确理念在中华优秀传统文化创新性发展中便占据不可替代的重要地位。

一、坚持马克思主义指导思想

马克思主义自传入中国，便以其与时俱进的理论品质对中国历史起到了重大而深远的影响。马克思主义作为一种先进的理论，不仅在中国革命、建设与改革的历史关头发挥了重要作用，对文化的发展亦是如此。马克思曾就文化与哲学的关系明确指出："哲学正变成文化的活的灵魂。"在当前文化自信越发重要、中华优秀传统文化发展的重要关头，坚持以马克思主义为指导是基于历史而做出的正确抉择。

坚持马克思主义指导思想，便是要坚持一切从实际出发，立足中国实际，这是马克思主义思想中所蕴含的一条重要方法论。在这一方法论的指引下，中华优秀传统文化的发展需要从人们的现实生活中汲取灵感与营养，走近大众的生活。对于那些脱离群众生活、不愿意从实际中获取创作灵感的行为应予以摒弃，对于那些过度宣传负能量的文艺作品也应加以制止。文化创作者应从实际生活中提取有益的生活素材，将其与中华优秀传统文化相结合，创作出反映文化自信的正能量文艺作品。如若一味脱离实际，将中华优秀传统文化的发展束之高阁，那么便与最初的创作宗旨背道而驰，也背离了以马克思主义为指导这一重要理念。

坚持马克思主义指导思想，便是要把握意识形态主导权，引领社会思潮。意识形态决定文化前进方向和发展道路，在当前社会思潮多元化的环境下，意识形态领导权对于文化建设的引导作用更为显著。坚持以马克思主义为指导，可防止广大民众迷失在西方国家宣扬的"普世价值"中，也可防止其盲目崇拜西方的思想文化及生活方式。牢牢掌握马克思主义在意识形态领域的主导权，能够在最大程度上凝聚民族向心力，引导广大民众树立正确的思想观念，从而为中华优秀传统文化的发展提供良好的舆论氛围。

二、坚持民族精神与时代精神相结合

中华优秀传统文化要想在新时代背景下实现创新性发展，除了要坚持以马克思主义为指导，还应坚持民族精神与时代精神相结合。这两者各有侧重，但都是推动中华优秀传统文化创新性发展的催化剂。民族精神与时代精神这二者不是相互独立的关系，民族精神为时代精神的形成打下了深厚的基础，时代精神是民族精神在当代的重要体现。坚持两者的统一融合，才能让中华优秀传统文化在原有的基础上有所突破。

坚持民族精神与时代精神相结合，便是要将爱国主义与改革创新两者有机融合，这一特点在近几年的热门电影中表现得尤为突出。《战狼2》的横空出世，不仅屡次打破票房纪录，也将爱国主义情怀贯穿电影始终；《我和我的祖国》以多个单元剧的形式，创新性地向观众展现了中华人民共和国成立70周年以来一些具有纪念意义的历史事件；《夺冠》以不一样的视角向观众展现了中国女排精神，再一次展示了中国人的集体主义精神。这些电影的大获成功，不仅仅是因其将爱国主义精神展现得恰如其分，更重要的是，电影工作者在创作的过程中，别出心裁地采取全新的形式或视角，让观众有了耳目一新的观感。由此可以看出，坚持民族精神与时代精神相结合，的确能够取得一加一大于二的功效，在文艺创作方面尚且如此，广而概之，在中华优秀传统文化的创新性发展方面亦是如此。

三、实现内容与形式相融合

中华优秀传统文化的发展离不开内容与形式的融合，只有将两者恰到好处地结合，才能将中华优秀传统文化的影响力发挥到极致。如若只重内容而忽略形式，则容易造成传统文化欠缺一定的感染力，难以引起人们的共鸣；如若只重形式而忽略内容，那么传统文化中所蕴含的诸多思想、情感与审美价值都难以挖掘出来。因而，中华优秀传统文化的发展既需要充分挖掘至今仍有时代价值的内容，也需要将其以恰当的形式呈现出来，正如习近平总书记所说的那样："文艺创作是观念和手段相结合、内容和形式相融合的深度创新。"唯有如此，才能让中华优秀传统文化在新时代背景下重新焕发生命力。

实现内容与形式相融合，需要始终遵守的一个原则便是与时俱进，将不同的内容配以相应创新的形式，赋予其全新的面貌。文化类纪录片便是传统文化形式创新的一种重要表现。以《我在故宫修文物》这一大火的纪录片为例，它通过独特的视角记录下了故宫内的稀世文物修复的过程，因其全新的内容与独特的形式，不仅获得了极高的点击量，引发了观看狂潮，更让观众零距离感受到了文物的魅力，不得不将其称之为传统文化内容与形式巧妙融合的典型案例。此外，如今古风音乐的大热也同样是抓住了这一点，《琵琶行》本是白居易的一篇名作，而今经过古风音乐人的改编而迅速在网络上走红。将传统文化中的经典名篇以歌曲的形式重新加以诠释，有利于古代诗词的迅速传播，从而提高人们对传统文化的兴趣。由此可知，中华优秀传统文化并非落后于时代的文化，将其内容与恰当的形式相融合，便能碰撞出不一样的火花。

第二节　实现多重教育引导的有机结合

文化的传承与发展终究需要靠一代又一代的青年来推动，因而，实现多重教育引导的有机结合在推动中华优秀传统文化的发展过程中至关重要。在这一教育引导中，不仅需要年轻一代集体从自身出发，提高自身的文化修养与积淀，注重个人教育，也需要家庭、学校与社会教育多管齐下，让更多的青年意识到中华优秀传统文化的魅力所在，让其在传统文化的熏陶中，自觉承担起传承中华优秀传统文化的重任。

一、注重个人教育

加强教育引导最先应从个人教育方面入手，青年唯有关注自身，切实提高自己的文化修养，才能更为贴切地了解文化自信的内涵，从而自觉主动地了解中华优秀传统文化。

其一，关注自身文化修养，增强对中华优秀传统文化的认知与了解。在当前这样一个信息大爆炸的时代，广大青年在成长过程中会受到许多不同文化的冲击，这便会直接导致其在面对纷繁复杂的世界中对中华优秀传统文化了解不够深入、认知不够明晰。具体表现为：部分青年对中华优秀传统文化缺乏必要的文化自信，在新鲜文化的刺激之下，盲目认为中华优秀传统文化是一种过时的文化；部分青年对中华优秀传统文化的认知有碎片化倾向，往往流于表面，对其中所蕴含的深刻思想不曾去挖掘或思考；还有部分青年仅从实用性方面出发，认为中华优秀传统文化无法为其带来显性的用处，从而忽略了传统文化潜移默化的影响力与润物细无声的感染力。因而，在这样的境遇之下，广大青年亟须关注并提高自身的文化修养，多渠道了解中华优秀传统文化的宏大内容与隽永思想，能够从文化自信的视野辩证看待中华优秀传统文化的历史地位，提升传统文化的认同感，从内心感受到传统文化的魅力所在，摒弃对其碎片化的了解。唯有如此，广大青年才能提高明辨是非的能力，自觉抵制不良文化与思潮的影响，在中华优秀传统文化的熏陶中提高自身的综合素质，自觉成为中华优秀传统文化的传承者。

其二，线上线下多种方式了解中华优秀传统文化。首先，积极参与中华优秀传统文化相关活动。在文化自信愈发重要的社会背景之下，与中华优秀传统文化相关的活动也愈渐繁多，因而广大青年可以抓住这一时机，多多参与宣扬中华优秀传统文化的活动，以便从中得到不一样的人生体验，更为细致地体会到中华优秀传统文化的魅力所在。其次，还可以通过互联网经常观看一些与中华优秀传统文化相关的节目或纪录片，如《中国诗词大会》《如果国宝会说话》《上新了·故宫》。这些节目都以独特的方式为广大受众了解中华优秀传统文化提供了一个全新的视角，打破了人们对传统文化的刻板印象，拉近了传统文化与普罗大众的距离。最后，主动接触中华优秀传统文化相关文艺作品。通过阅读相关书籍，广大青年可以从中直接领悟到传统文化所传递的价值观；通过欣赏我国古代书法绘画，可以从中感受到传统文化所蕴含的深刻内涵。唯有如此，才能让广大青年更为系统、更为客观地了解中华优秀传统文化。

二、注重家庭教育

在推动中华优秀传统文化创新性发展的过程中，提高个人的文化修养、注重个人教育固然重要，但同时也需要家庭教育的合理引导。家庭教育在一个人的成长过程中有着不可替代的作用，它贯穿人们一生的成长过程，对大多数人都有不可磨灭的影响。因而，家庭教育的重要性不言而喻。

营造良好家风,传达正确教育理念。家风作为一种看不见摸不着的隐性形态,一般而言,具有传承性与稳定性,这些特点便注定良好的家风对一个人一生的成长都是受益无穷的,无论是道德养成方面,抑或是文化修养方面都是如此,这其中便自然包括中华优秀传统文化修养。因而,为了以家庭教育推动中华优秀传统文化发展,家长应努力营造良好的家庭氛围,传达正确的教育理念,将中华优秀传统文化潜移默化地植入到孩子的日常生活中,成为其受用一生的智慧法宝。为此,家长需努力提高中华优秀传统文化在家庭教育中的地位,高度重视中华优秀传统文化修养培育问题。就目前而言,诸多家庭教育中普遍存在着重视学习成绩而忽略文化修养这一问题,久而久之,便容易造成"唯成绩论"这一现象,同时,部分家长与孩子缺乏必要的沟通,对孩子的兴趣所在也无从知晓,某种程度上便无法完全发挥家庭教育的优势。如此一来,不仅不利于孩子健康心理的养成,也不利于中华优秀传统文化修养的培育。在如何对待中华优秀传统文化这一问题上,家长的态度便奠定了孩子对此的态度。因而,形成良性的代际互动,营造良好的家风,传达正确的教育理念便亟须提上日程。

创新家风文化,做好示范作用。家长作为孩子的第一任老师,从孩子呱呱坠地之日起便无时无刻不在影响着孩子的言行举止,因而家长须以身作则、重言传身教,从点点滴滴的行为习惯影响孩子对中华优秀传统文化的态度与看法。作为一名合格的家长,应努力提高自身的文化修养,或阅读相关典籍,或观看相关节目,不断陶冶自身情操。同时,将中华优秀传统文化植入家风建设中,创新发展家风文化,以适应新时代发展要求的良好家风,培育孩子的中华优秀传统文化修养。家风所具备的时代性便注定其需不断地创新发展,以便更好地在家庭教育中发挥教化作用;家风所具备的长期性便注定其需要一代又一代人的努力,才能形成较为稳定的思维模式,延续家庭文化与家庭教育。家风文化的创新发展与家长的言传身教都是不可或缺的,两者的相互作用才能更为有力地激发孩子对中华优秀传统文化的兴趣,促使其积极主动地学习中华优秀传统文化,从而提高文化自觉与文化自信,提升文化境界与文化认同。

三、注重学校教育

学校教育在推动中华优秀传统文化创新性发展方面同样功不可没,学校教育与家庭教育的结合才能取得教育效果的最大化。为此,各学校不仅需要在教学内容上做足功课,也需要在师资力量方面下功夫。

优化教学内容，重视课程设置。加强学校教育来推动中华优秀传统文化创新性发展，应尽量甄别恰当的传统文化，将此融入课堂教学之中，从而逐步提高学生的传统文化修养。中华优秀传统文化范围之广，其诸多内容皆可用于课堂教学。以古诗词为代表的传统文学提高了学生的文学修养，以书法绘画为代表的传统艺术丰富了学生的内心世界，历史的不断更迭在时刻培育学生的大局观与家国情怀，古代文人志士的嘉言懿行也在不断激励学生奋发图强。为此，学校在教书育人的过程中，可将中华优秀传统文化作为教学重点，并以学生喜闻乐见的方式教授给他们，必要时可适当借助新媒体手段来实现教学效果最优化。同时，在此基础上，学校教育也应高度重视课程设置，精心开设一些与中华优秀传统文化相关的课程。课程设置需充分考虑到学生的认知水平与学习能力，分学科分阶段地逐步推进，切不可搞一刀切，也不可毫无重点目的地推进。这样的做法既能够有效避免传统文化的碎片式学习，充分保证学生对传统文化有一个较为系统完整的了解，也是对学校传统教育的有益补充。

提高师资力量，开展文化活动。教师的职业特殊性便使得其综合素质与文化修养会直接影响到学生对中华优秀传统文化的看法。如果教师本人对传统文化了解不够深入，那么便很难让学生发自内心地喜爱中华优秀传统文化。因而，学校教育在提高学生传统文化修养的过程中，应高度重视师资力量的培养，一方面要不断加强对教师的传统文化修养培训，另一方面也需通过恰当的方式检验教师的传统文化修养培训成果。这两者的相互结合才能最大程度提高教师的传统文化修养，提高师资力量。同时，教师本人也应根据时代发展要求主动学习中华优秀传统文化，并在实际教学过程中将之与课本内容融会贯通。此外，学校也应大力开展中华优秀传统文化相关的课外活动，让广大学生在学习之余能在实践中感受到中华优秀传统文化的吸引力。例如，学校可举办文化讲座，邀请传统文化相关领域的名人为学生进行讲解；可举办相关的知识竞赛，号召广大学生积极参与；可举办传统文化节，定期为学生普及各类传统文化知识。这些文化活动都是为了促使学生进一步增强文化自信，提高对中华优秀传统文化的喜爱程度，从亲身体验中增强中华优秀传统文化认同感与自豪感。

四、注重社会教育

在新时代的背景之下推动中华优秀传统文化创新性发展，除却个人教育、家庭教育与学校教育之外，还有一个重要关注点便是社会教育。从个人维度而言，社会教育有利于激励广大青年自觉主动学习中华优秀传统文化；从社会维度考虑，社会教育有利于构建学习型社会，营造良好的传统文化学习氛围，从而提高文化自觉与文化自信。强化社会教育，可从宏观层面与微观层面入手，两者的有机结合才能将社会教育的影响力与感染力最大化。

宏观层面，注重舆论导向。社会教育主要是通过社会教化的方式来实现的，不同的文化资源、生活方式会造就不同的群体。宏观层面的社会教育主要包括整个国家和社会意识形态和核心价值观念，社会政治、经济、法律、文化、社会生活方式等，它是国家和社会从宏观层面提供给青少年发展的一种累计性的效应。每一个个体都在时刻接受着社会教育所带来的濡化与影响，因而从宏观层面考虑社会教育便要时刻注意其导向性作用，让广大民众获取到有利于中华优秀传统文化发展的信息，把握舆论导向，充分发挥舆论成风化人、润物无声的作用。尤其在当下信息纷繁的时代，社会教育便更应如此，对宣传中华优秀传统文化的新闻报道加以推广，对发扬中华优秀传统文化的时代楷模加以褒奖，从而形成良好的舆论导向。

微观层面，营造文化氛围。由于城乡之间、东西部之间存在经济差距，各地的教育资源与教育设施也不尽相同，因而每一个个体所处的文化氛围与文化环境也存在较大差异。为此，从社会教育微观层面上推动中华优秀传统文化发展，便要十分注重文化氛围的营造。以博物馆、天文馆、纪念馆、图书馆等为代表的社会教育教体能够为广大民众提供独特的文化体验，让身处其中的参观者获得身临其境之感，对于营造良好的传统文化学习氛围有着非同一般的影响力。因此，广大民众需善于利用这些教育设施，提高中华优秀传统文化认同与文化自信。一方面，广大教育载体需不断完善，尽快转变工作理念，将馆内所展示的文化资源以民众喜爱的方式呈现出来；另一方面，民众也需自觉地利用这些文化载体，主动接受中华优秀传统文化的熏陶。

第三节 激活文化发展的生命力

无论是从文化发展的内在规律来看，还是从文化发展的时代要求来考虑，不忘本来、吸收外来与面向未来都可谓是激活文化发展生命力的重要法宝。

一、不忘本来

不忘本来，便是要合理继承中华优秀传统文化，充分挖掘其中的精华所在，将中华优秀传统文化的优势充分发挥，不忘本来主要指对传统文化本身所应持有的态度。

继承传统，充分挖掘传统文化精华。顾名思义，不忘本来首先要做到的便是充分挖掘中华优秀传统文化的精华所在。四大文明古国中，唯有华夏文明历久弥新不曾中断，五千年文明历史孕育而成的中华优秀传统文化，从唐诗宋词到明清小说，从诸子百家到四大发明，从琴棋书画到古玩器物，都为坚定文化自信提供了深厚的基础。然而，并非所有的传统文化都利于推动文化强国的发展进程，依然还有一些传统文化碍于时代发展要求而与当今社会格格不入。为此，需以辩证的态度看待传统文化，对于那些至今仍有重要价值的传统文化，要合理地加以继承，充分挖掘其中仍有借鉴意义的思想与内容；对于那些不符合时代发展潮流的文化则要采取相反的态度，即加以剔除。充分挖掘传统精华不仅是时代发展的必然要求，也是基于现实所做出的正确抉择。

推陈出新，充分发挥传统文化优势与时代价值。仅仅挖掘传统文化精华是远远不够的，还需要将其优势充分发挥出来，这同样是一个值得深思的问题。为此，需要从两方面入手，一方面是加强宣传，让广大民众认识到传统文化的价值；另一面则是将传统文化与当下的时代条件相结合。加强宣传的重要性不言而喻，在宣传中华优秀传统文化的过程中，不仅要注重宣传方式的与时俱进，通过各种广大民众喜闻乐见的方式来进行宣传，适应当下人们的生活习惯与方式，也要注重宣传载体的充分利用，这其中既包括物质性文化载体，也包括非物质性文化载体。另外，中华优秀传统文化的发展还需和时代发展同进步。诸多传统文化虽说在如今依然熠熠生辉，但是碍于各种因素的限制，其影响力终究有限，因而在"不忘本来"的过程中，尤其需要注意将其以一种全新的面貌呈现出来。例如，《上新了 故宫》便是结合时代特点所推出的一档原创类文化节目，它不仅使得人们对故宫的了解更为深刻，也通过文化创意衍生品开启了传统文化发展新模式。

二、吸收外来

吸收外来，便是指通过各国各民族文化之间的交流互鉴，合理吸收世界各国的优秀文化成果，使得中华优秀传统文化在文化全球化的过程中始终占据一席之地，从而提高中华优秀传统文化的感召力与影响力。

交流互鉴，洋为中用。在漫漫的历史长河中，不止中华民族形成了本民族的文化特色，世界各国都创造了本民族的璀璨文化。无论是诗歌、绘画，还是文学、建筑，由于生活方式、地理环境等多因素的影响，不同民族形成了不同的文化风格。随着各民族文化之间的交流互鉴不断深入，中华优秀传统文化需抓住这一历史性时机，不断吸收融合其他民族的文化精华，并进行辩证取舍。如此一来，方能有效推动中华优秀传统文化与外来文化的融合互鉴。"洋为中用"这四个字的核心便在于"用"，因而明辨哪种外来文化可供借鉴、哪种外来文化需要摒弃是极为重要的一点，这是践行"洋为中用"的关键所在。如若不加以区分地全盘吸收，那么便容易造成水土不服，从而出现适得其反的现象。此外，在明晰这一问题的基础之上，更要明确如何将外来文化与中华文化相融合，采取恰当的方式将两者融合，这样便既能充分吸收外来文化的优势与价值，又能大大提高中华优秀传统文化的生命力，为其注入新鲜血液。

以我为主，为我所用。"以我为主"便是要始终站在本国的立场上，推动本民族的文化发展，切勿盲目跟风。关于这一点，美国的文化发展成就尤为突出。无论是原创类的电影动漫，抑或是吸收借鉴其他国家、其他民族文化而创作出的作品，最终都推动了美国文化产业的发展。以《功夫熊猫》和《花木兰》为例，这二者都是取材于中国文化，功夫是中国的，熊猫是中国的，花木兰这一人物也是源于我国古代的一首民间诗。然而，这些元素却成了美国文化产业的组成部分，这不得不引发人们对国内文化发展现状的深思。由此需充分吸收这一经验教训，无论是面对我国的传统文化，还是吸收外来文化，都要"以我为主"，将其与本国的文化发展特点相融合，使其成为我国传统文化发展的重要推动力。此外，吸收外来文化的目的终究是"为我所用"，因而切不可将这一主次顺序颠倒。纵观诸多外来文化，美国在电影、音乐方面享誉世界，独特的风格加之强大的经济实力，使其在文化全球化的浪潮中独树一帜；日本的动漫产业因其清新治愈的风格同样成为其文化输出的重要标签；韩国则以韩剧作为其文化产业的重要窗口。这些国家的文化发展都有一个共同特点，那便是巧妙地结合了本国文化特色，并将这一优势充分发挥出来。中华优秀传统文化的创新性发展也需将此作为重要经验，形成本民族的文化特色。

三、面向未来

面向未来与不忘本来、吸收外来，都是推动中华优秀传统文化创新性发展的重要方针，也是提高文化自信的重要途径，这三者之间没有主次之分，互为补充，互相作用。新时代背景下的面向未来，便是要将文化发展同中华民族伟大复兴牢牢结合，为推动社会主义文化强国进程添砖加瓦。只有面向未来，才能为中华优秀传统文化创新性发展提供既定的方向，使其按照历史发展规律循序渐进向前发展，不断创新，始终保持生命力与活力。只有面向未来，中华优秀传统文化才能有一个更为显性和具体的发展目标，推动其朝着思想性、艺术性、观赏性有机统一的方向发展。面向未来是中华优秀传统文化创新性发展的题中应有之义，在新时代背景之下显得尤为突出与重要。

面向未来，便是要大力坚持文化创新。不忘本来、吸收外来固然重要，然而这些举措都是为了更好地与时代发展同进步，使得中华优秀传统文化内容更加广泛、意蕴更加深刻，能够更为适应当下的社会发展，更好地面向未来。因而，推动中华优秀传统文化创新性发展需大力坚持文化创新，使其始终保持生命力与先进性。中华优秀传统文化的面向未来，需将传统文化建设与实现中华民族伟大复兴的中国梦相结合。这样的举措不仅是为了满足人民群众日益多样的精神文化需求，也是为了让中华优秀传统文化的感染力与影响力最大化。文化创新不应只是一味地止步于继承传统文化精华，也不能盲目地受外来文化的影响而产生文化自卑之感，"创新"二字便注定中华优秀传统文化的面向未来要将目光放得更为长远与深刻。此外，中国作为一个负责任的泱泱大国，传统文化建设的面向未来也不能仅仅只是为了推动本国发展，还要为人类命运共同体的发展做出贡献，将传统文化与人类命运共同体的发展有机结合。如此一来，才能更好地推动中华优秀传统文化建设的面向未来进程。

第四节　抓好文艺创作的关键环节

作为推动中华优秀传统文化创新性发展的必要路径，抓好文艺创作的关键环节具有十分重要的战略意义，文艺创作具有超越时间与空间的神奇魔力，能够为广大民众提供不一样的体验。因而，推动中华优秀传统文化的创新性发展需从抓好文艺创作关键环节这一方面狠下功夫。

一、加强文化传播推广

文化自信的提出使得人们对中华优秀传统文化的认识更为深入，更为自觉地了解传统文化，然而仅仅依靠人们的自觉主动性是远远不够的，还需要加大传统文化传播推广的力度，从传播载体、传播范围等多方面入手，使得文化传播达到最大程度的发挥。纵使中华优秀传统文化浩如烟海，如若传播与宣传力度有限，则会大大制约其影响力与辐射力。因而，大力推动中华优秀传统文化传播是一个亟须引起广泛关注的重大话题。

创新文化传播载体。文化载体的多元化创新可通过不一样的方式全方位展示中华优秀传统文化的独特魅力，在当下多元文化碰撞的时代，要想使得传统文化牢牢占据一席之地，创新文化载体显得尤为重要。以亭台、园林等为代表的物质载体，以网站、电视节目、综艺等为的网络载体，以及以各种传统文化节日为代表的活动载体都是文化载体的重要表现。不同的文化载体可承载不一样的文化，使其具有不一样的表现形式。物质载体的直观性可使得人们直接感受到传统文化的与众不同；网络载体本身便具备互联网传播的特点，因而可极大拓展文化传播的广度；活动载体通过举办各种与文化相关的活动使得参与其中的人们有身临其境之感，能够更为强烈地感受到传统文化的美感。充分利用并创新各种文化载体是推动中华优秀传统文化传播的重要手段。

扩大文化传播范围。此举不仅是指中华优秀传统文化传播范围的广度，还是指传播内容的广度。首先，从传播范围的广度来看，传统文化不只是深深影响了国人的心性和道德养成，提高了本国的文化软实力与影响力，也极大地推动了世界文明的发展进程。"在五千多年的文明发展历程中，中华民族为人类文明进步作出了不可磨灭的贡献。"因而，要想在新时代背景下推动中华优秀传统文化的创新性发展，不仅要注重传统文化的国内宣传，也要注重国际传播，以推动中华优秀传统文化的国际影响力，从而增强我国的国际话语权。其次，从传播内容的广度入手，中华优秀传统文化的传播不应只是局限于书法、绘画、文学等耳熟能详的范围，也应多多关注一些鲜有人知的传统文化的范畴，将其充分挖掘出来并根据时代发展赋予其新的含义，这才是最大程度发挥中华优秀传统文化作用的创举。

二、创作以人民为中心的文艺精品

坚持创作以人民为中心的文艺精品是推动中华优秀传统文化创新性发展的重要途径之一，以人民为中心这一思想源于马克思主义群众史观，也是贯穿习近平文艺思想始终的重要核心观点。

之所以要坚持以人民为中心，是因为人民需要文艺。自改革开放以来，我国社会生产力得到了显著提高，人们的物质需求基本上得到了满足，随之而来的便是精神文化需求的满足，为此，需着力加强文化建设，从而推动中华优秀传统文化的发展，提高文化自信。同时，由于互联网的快速发展，使得人们可接触到的文化越发多样化与多元化，因而对文艺作品的要求也就随之提高了很多。传统文化文艺作品如若只是站在原地，而不以广大民众喜闻乐见的方式重塑新的表现形式，那么便很快就会被大众遗忘。坚持以人民为中心的创作导向，将中华优秀传统文化的精华与广大民众的需求相融合，才能使得各种传统文化文艺作品重新焕发生机与活力，以一种全新的面貌呈现在大众面前，给人焕然一新之感。

坚持以人民为中心，就是要将中华优秀传统文化文艺创作深深扎根人民生活，文艺需要人民。"人民是文艺创作的源头活水，一旦离开人民，文艺就会变成无根的浮萍、无病的呻吟、无魂的躯壳。"《舌尖上的中国》可谓是将中华优秀传统文化与人民生活巧妙结合的经典案例。这一节目包含了诸多传统美食，从南方到北方，从四大菜系到日常小菜，全都囊括其中。与娓娓动听的旁白随之而来的便是人们的劳作，无论是哪一集都可以看到广大劳动人民的身影。不同地理环境所造就的不同的饮食习惯，餐桌上各种主食的制作过程，经由时间流转而形成的不同的食物保存方式，以及经过不同的烹饪方式和五味调和而成的各地美食，都是我国古代劳动人民的智慧结晶。这一纪录片常年高居榜首，不仅在国内大受欢迎，也为中华美食俘获了一大批海外粉丝，它的大获成功充分证实了中华优秀传统文化和以人民为中心的创作理念相结合的巨大威力。与之形成鲜明对比的，便是当前一些节目、影视作品为创作而创作，严重脱离人民生活，既没有传播正能量，也没有反映广大民众最真实的生活样貌。由此可见，坚持创作以人民为中心的文艺精品便要从广大民众的生活与实践中汲取养分、挖掘创作素材，创作反映人民心声的传统文化优秀作品。

三、建设现代文化产业体系

文化产业作为提高文化软实力的重要途径之一，义不容辞地承担起了推动传统文化发展的重任。为此，需努力推动文化产业供给侧结构性改革，建设现代文化产业体系，这是应对经济全球化与文化全球化浪潮的有效措施。就供给侧而言，当前的文化产业在中高端领域的内容供给略微不足，而低端领域则出现严重过剩的状态；就需求侧而言，既有需求下降现象，也有需求外溢现象。面对这样的困境，推动文化产业供给侧改革、建设现代文化产业体系迫在眉睫。

一方面，需要坚持经济效益与社会效益的统一。诚如习近平总书记所说的，"一部好的作品，应该是经得起人民评价、专家评价、市场检验的作品，应该是把社会效益放在首位，同时也应该是社会效益和经济效益相统一的作品。"以近些年的电影电视剧市场为例，一系列以流量明星为噱头的电影院取得了较好的票房成绩，然而这些影片的质量却令人堪忧，粉丝文化的兴起不仅助长了这一现象的发生，而且有愈演愈烈趋势，这一趋势不仅存在于电影市场，也广泛存在于电视剧市场，与之形成鲜明对比的便是正午阳光团队出品的一系列优秀电视剧，《琅琊榜》《父母爱情》等电视剧不仅注重经济效益，也注重社会效益，强调两种效益的统一，推动了文化产业的良性发展。因而，各大文化生产者在生产传统文化相关的文化产品时，不仅要考虑成本、盈利等因素，也要考虑到其中所蕴含的价值理念与深远影响，要兼顾经济效益与社会效益的统一。

另一方面，需要激发各类文化企业活力。作为文化产业市场中的主体，企业的积极性与活力对于推动传统文化发展有着举足轻重的重要地位，为此，各大文化企业需采取措施，致力于提高本企业的文化产品质量，从而推动现代文化产业体系建设的顺利进行。首先，需明确企业定位。只有在明确企业定位的基础上，才能制定出详细具体的经营战略，创作出符合市场规律的优质文化产品，从而从供给侧一端为广大民众提供优质的文化产品，满足其精神文化需求。其次，将尊重需求与引领需求相结合，加大文化产品的创新力度。对此，需将文化产业与其他产业进行深度融合，将文化产业的优势与其他产业的特色充分显示出来，促进文化产品的中高端供给，以文化产业的供给侧结构性改革推动中华优秀传统文化的创新性发展。唯有如此，才能更好地建设现代文化产业体系。

四、组建高素质人才队伍

人才的发掘与培养对于推动中华优秀传统文化创新性发展同样不可忽视，习近平总书记多次强调人才培养的重要性，他在中国文联十大、中国作协九大开幕式上的讲话中明确指出："我国文艺事业要实现繁荣发展，就必须培养人才、发现人才、珍惜人才、凝聚人才。"对于人才的培养，不仅要采取措施，多吸引新人投身文化建设，更要留住原本的人才。

吸引新人投身文化建设是人才培养的重要环节。首先，相关部门需连同高校共同注重人才的系统培养。相关部门可以制定与文化建设相关的政策并加强宣传，吸引各行各业的人才能够注重本行业与文化相关行业的融合发展。同时，高校可根据实际情况加大对文化相关专业的资金投入力度，从文化素养、专业素质等方面，多培育文化从业人才，使其对中华优秀传统文化建设产生浓厚的兴趣，进而自觉主动地投身文化相关行业。其次，文化企业应加大对从业新人的培训力度，使其能够快速掌握本行业的实际操作能力，尽快投身于文化建设，为中华优秀传统文化的创新性发展贡献力量。

对于原本便从事文化相关行业的人才，需要健全人才保障机制，使其能够更为安心地投身文化建设。首先，提高薪酬水平。薪酬的高低直接影响文化从业人员的积极性与热情。如若薪酬水平偏低，那么会容易造成文化从业人员流失，进而使得文化建设失去重要的主力军。因而，适度提高薪酬水平便成为一个行之有效的措施。其次，完善考评机制。这不仅是肯定文化从业人员绩效的重要举措，也能够有效激发其积极性，为其提供一个更为透明的晋升渠道。考评机制的合理及公正会在很大程度上影响文化从业人员的工作热情，因而这一机制需根据各个文化企业的具体情况而制定不同的考评标准。薪酬水平的提高与考评机制的完善两者相互作用，才能最大程度地留住人才。

第五节 中华优秀传统文化传承创新多项并举

一、适应时代需求，推动中华优秀传统文化的创造性转化

"努力实现传统文化的创造性转化、创新性发展，使之与现实文化相融相通，共同服务以文化育人的时代任务"，是中国特色社会主义思想的关键内容，其主要观点是对中华传统文化"去其糟粕，取其精华"的过程，在此阶段中华传统文化正在经历一个历史性的转变，进而为世界文明发展贡献中国智慧，提供中国方案。面对如何实现创造性转化的问题，习近平总书记强调，必须"使中华民族最基本的文化基因与当代文化相适应、与现代社会相协调，以人们喜闻乐见、具有广泛参与性的方式推广开来"。创造性转化就是在新的时代条件下，对传统文化中的精华部分加以革新，给予优秀传统文化新的内涵和表现形式，为社会主义经济建设赋予动力。在此基础上，实现中华优秀传统文化的创造性转化，需要从以下三个方面出发：一是对中华优秀传统文化中蕴含的深刻理念进行深入阐释，中华优秀传统文化基因要与当代社会发展相适应，符合社会发展的主旋律。二是建立传统文化传承保障机制，构造鼓励文化创造的环境。三是要将创造性转化与培育和践行社会主义核心价值观相结合。

（一）研究阐释，赋予新的时代内涵

传承与弘扬中华传统优秀文化的主要内涵是如何有效地将传统文化与现代建设相结合，使产生于古代社会的传统文化同现代政治、经济、文化、社会相衔接。中华传统文化在经历无数的磨砺后积累了一定的内涵，在传统的历史文化长河中发挥了至关重要的引领价值。新时代背景下的中华优秀传统文化将会在一定程度上努力推动传统文化的创造性转化，要加强对中华传统文化的挖掘阐发。优秀传统文化是指自古至今一直存在于社会中的思想观念，对于中华传统文化的内在价值而言，无论是从广义范畴上分析和研究，还是从狭义范畴上深入挖掘，其内在的知识内涵均是庞大的，基本的内涵条件中还存在较大一部分未能详细研究的内容。换句话说，现在我们研究的中华优秀传统文化就是传统文化的一个小的部分，还有更多的中华优秀传统文化被淹没在历史发展的长河中。这样就需要新时代的人们结合社会发展的需求，以中国特色社

会主义思想为指导，深入探索历史文化，从而使得更多的中华优秀传统文化彰显于世。在此过程中对于目前现存的历史文化，也需要在了解的基础上进一步深入研究，总结出历史的经验和教训。我国是拥有五千年历史文化的国家，历史文化底蕴深厚，在历史文化发展的长河中产生了诸如重民本、尚正义、为政以德等优秀的文化理念。

中华优秀传统文化中包含着许多对社会发展非常有价值的内容，要学会理性分析它的概念和内涵。只有积极地将中华传统文化与新时代下的社会发展相融合，才能在一定程度上将优秀历史文化的优势充分展现出来，从而发挥其自身的魅力。与此同时，中华优秀传统文化能够在相应的范畴内促进人们的思想进步，推动社会科学技术发展。

优秀传统文化是中华民族的"根"和"魂"，中华优秀传统文化的深厚内蕴滋养着当代中国人的精神世界，提振着当代中国人的精神力量。优秀传统文化必然要与时代相呼应，与现实相契合。因此，习近平总书记指出，我们必须"深入挖掘中华优秀传统文化蕴含的思想观念、人文精神、道德规范，结合时代要求继承创新，让中华文化展现出永久魅力和时代风采"。我国所提倡是"以人为本"的宗旨，也是对中国传统文化中"为政以德"和"以民为本"基本思想理念的转化，社会主义和谐社会的发展是我国立足世界的根本，是社会和谐主义思想的价值理念。与此同时，加强对中国传统文化的理解，从而推动中国传统文化与现代化建设相融合。

讲清楚传统文化所包含的意蕴、价值理念、基本特征等问题，让人更好地以通俗化的语言理解和把握中华优秀传统文化。我国是一个拥有五千年历史文化的国家，中国优秀传统文化的传承是我国发展的血脉与灵魂，在现代化社会主义建设过程中，需要时刻关注我国的科学发展，将我国传承下来的优秀历史文化进行保存，且学会对传统历史文化的取舍，在继承中创新，赋予文化新的活力。传统文化是一种随着时代的改变而不断发展和变化的文化形式，对于长期在历史文化积累下来的历史资源，其自身顽强的生命力在社会发展进程中逐渐成长。中华优秀传统文化是历史文化发展过程中浓缩的精华部分，是经过岁月洗礼过程的优秀典范。优秀历史文化的传承需要适应社会的整体发展，能够被现代化社会发展的理念所接受。我们今天所提及的优秀传统文化，主要就是在历史发展过程中被广大人民群众所接受的文化，是我国社会主义建设的结晶，是促进我国发展的原动力。中华优秀传统文化在推动时代发展的同时，也在不断地吸收世界不同文化的精髓。对中华优秀传统文化进行研究阐释，深入发掘其蕴含的思想精华和价值理念，充分认识其具有的时代价值可以有效推动传统文化的创造性转化。

（二）建立传统文化传承保障机制，构造鼓励文化创造的环境

新时代建设中国特色社会主义现代化，提升文化自信，离不开传统文化的发展，而传统文化的发展，离不开制度的保障。制度是规范约束人们行为，规定社会组织结构的准则。良好的制度要依靠正确的改革才能保证社会健康运行。

一是要形成统一的管理体制。新时代中华优秀传统文化要想得到传承和弘扬不是单一的政府部门能做的，需要多部门的协同合作，共同努力。这就需要地方政府立法工作取得进展。但是，我国的文化法治建设还处于初级阶段，对于传统文化的保护性规定还不够全面，保障工作不够有力，监管力度需要加强。要建立健全有效保护传统文化资源的机构及制度机制，加大法律约束和舆论引导，实施文化立法，完善文化传承相关法律法规，深入分析并立足于我国优秀传统文化的发展情况，紧跟时代潮流与未来趋势，强化文化立法工作。要建立行政管理制度，建立传承传统文化的人才培养制度，形成有利于构建传统文化传承保障机制。

二是要加大对传统历史文化基础建设的财政支持，与此同时与其他相关机构相互结合进行传统历史文化建设。在对传统历史文化建设的过程中不能仅单纯依赖于单一的政府资金，还需要在一定程度上从全方位、多角度入手，探索更多的资金投入模式。如政府可以根据国家相关政策，鼓励其他相关机构以资本投入的方式积极地参与到传统历史文化建设中。完善传统历史文化的建设工作是社会发展的必经之路，在基础建设过程中可以根据自身的经济，建设符合实际情况的设施，如创建文化活动室、图书借阅室、博物馆等活动场所，让前来的人们可以在其中体验传统历史情景，激发人们对优秀传统文化的探索和学习，进一步填补他们对传统文化的认识。在完善传统历史文化基础建设的过程中，需要时刻注意的一点是不要出现重复建设、搁置文化设备的状况发生，若是发现该类状况的存在，需要立即采取相应的对策，在一定程度上提高传统历史文化建设的需求性。传统历史文化基础设施建设主要是基于社会整体的发展，建设人民群众真正需要的文化设施，提高文化社会的使用率，让人民群众的需求得到最大幅度的满足。

（三）将创造性转化与培育和践行社会主义核心价值观相结合

社会主义核心价值观是通过理解传统文化的思想与道德观念的基本理念而形成的基本价值观原则。在这个创造性转化阶段，优秀传统文化的转化将会推动社会主义核心价值观的践行。社会主义核心价值观是我国优秀传统历史文化的创造性转化成果，是坚持社会创造性发展的核心力量。在对其详细分析的过程中需要以下几点内容为核心：一是中华优秀传统文化将在发展的进程中与国民教育相互融合。将社会主义核心价值观融入不同阶级中，与此同时，结合不同的受教育对象针对性地采取相应的策略。二是中华优秀传统文化在发展进程中时刻注重家庭文化氛围。加强对家庭、学校和社会三者之间的联系性，增进大众对优秀传统文化的认知度。三是注重在社会教育中进一步弘扬中华优秀传统文化具有悠久的历史文明，是我国五千年历史文化的传承者，是当代社会主义发展的驱动力，对当今社会的发展具有一定的促进性。随着社会主义核心价值观的提出，社会的文化建设已经得到全面发展，学生群体作为社会主义的接班人，需要在优秀传统历史文化的建设中坚定文化信念，努力做好接班人的角色。

首先，在校园生活中需要加强我国优秀传统文化教育。在教育的过程中需要深入挖掘中华优秀传统文化的内在含义，同时积极探索中华优秀传统文化的传承模式，努力提高全体学生的文化修养和综合素质。校园主要是学生学习和交流的重要场所，校园不仅能够为学生提供丰富的知识，还能够在一定程度上赋予学生其他优势。学校作为教学的主体，教授学生深入分析中华优秀传统文化的优势，理论与实践相结合，让学生通过参与活动实践，充分领略到中华优秀传统文化的魅力所在，从而激发出学生对中华优秀传统文化的学习热情。由于学生思维活跃、吸收能力强，所以是弘扬和传承中华优秀传统文化的主要群体。重视学校对于学生进行的中华优秀传统文化的教育，不仅有利于优秀传统文化的传承弘扬，而且对学生的成长成才具有一定的促进性。

其次，需要在家庭生活中加强对优秀传统文化的教育工作。若说学校的教育理念更加注重学生是否成才，那么家庭教育将会更加注重学生成人。家庭是孩子认知中的首个生活环境，家长应在孩子成长的过程中埋下爱的种子，将健全孩子的人格，完善品德发展放在首位，努力培养孩子独立自主的优秀品格。家庭教育是每个人最早接触到的教育模式之一，对自身的发展和启蒙具有至关重要的作用。家长作为孩子第一任启蒙教师，将会担任较重的责任，营造和谐的家庭氛围，对孩子的成长具有潜移默化的影响。家长需要以身作则，做到言行相统一，从而为孩子树立良好的榜样。在培养孩子优秀品格的过程中，可以让孩子多看一些传统文化的相关书籍，让他们更多地了解中华优秀传统文化的内容，更加确定中华传统文化的影响力。

最后，社会教育是家庭教育和学校教育的有效补充，是传承和弘扬中华优秀传统文化的有效教育方式。社会教育可以通过社会团体等相关的组织机构，在培养学生文化素养的过程中，需要向全体社会成员提出弘扬优秀传统文化的重要性，这样不仅能够促进社会个体成员的有利发展，还能够稳定社会的发展。在传承中华优秀传统文化的过程中，首先需要人民群体对我国优秀传统文化的理解，而提高认知度的最有效的方法就是转化传统文化形式，使其与普通民众的日常生活紧密相连。比如将传统文化主题广场作为优秀传统文化的有效宣传平台，这样既可以学习传统文化，又可以作为群众日常劳作之后休息的场所；定期举办传统文化相关的民间艺术表演，既传承优秀的民间艺术，又丰富了群众的精神文明生活。提升普通民众对中华优秀传统文化的认识，是传承弘扬中华优秀传统文化的基础。

二、弘扬创新精神，推动中华优秀传统文化的创新性发展

中国特色社会主义现代化事业的发展需要传统文化的创新。只有在发展的过程中不断地对传统历史文化进行创新和改革，才能在一定程度上实现质的飞跃，使传统历史文化的精神得到更广泛的发扬。创新理念是传统历史文化的本质需求，若文化在社会发展的进程中不存在创新作用，那么其将会缺乏一定的生命力。只有当传统历史文化不断地进行创新，才能推动优秀文化理念的与时俱进，传统文化才能永葆生机与活力。从某种程度上说，文化创新代表了一个国家、一个民族创新发展的能力，同时，也是一个国家综合实力的象征。进入新时代以来，中国特色社会主义文化事业蓬勃发展，但是文化创新能力稍显不足，尤其是在优秀传统文化的创造性转化和创新性发展方面应当继续努力。

随着科学技术的不断发展和创新，人类社会文明已经创造了巨大的时代发展机遇，赋予人类更多的挑战。社会的变革为人类社会的发展带来优势，在一定程度上改变了人们的基本生活模式，使人们的日常生活变得更加丰富多彩。中华优秀传统文化与现代化的生活模式相结合是时代发展的必然趋势，也是弘扬中华优秀传统文化的必经之路。习近平总书记在党的十九大报告中与时俱进地对新时代中国的社会主要矛盾作出了新表述；指出"中国特色社会主义进入新时代，我国社会主要矛盾已经转化为人民

日益增长的美好生活需要和不平衡不充分的发展之间的矛盾"。在传统文化的弘扬上，也同样面临着这一矛盾。因此，弘扬优秀传统文化要想更加贴近"人民日益增长的美好生活需要"，就要丰富中华优秀传统文化的弘扬形式，这也是今后加强文化建设的一个重要途径。

（一）因地制宜，培育地方性传统文化品牌

中华民族历史悠久、地大物博，有着较为丰富的自然资源和文化资源，是人类历史文明的智慧结晶，其中蕴含着深刻的道理。其中，对于不同地域的发展而言，由于地域的历史文化和社会文明存在一定的差异性，使得我们不能以统一化的原则去评价每个地域的发展。既然这样，开拓传承传统文化新境界，需要重新挖掘文化传承的新渠道，从实际出发，因地制宜，从本土去寻找优秀传统文化传承发展的有效途径，打造一批各具特色的传统文化品牌。

我国国民所讲的生活理念是"靠山吃山，靠水吃水"，显然竭泽而渔的生活方式存在错误性，但合理地运用各个地域的发展优势和资源条件，打造属于不同地域间的特色文化，可以振兴当地的传统历史文化建设，从而有效地推动社会科学技术的发展。传统历史文化的发展需要与地域优势相结合，且在发展的进程中需要满足社会的实际状况，打造属于不同地域的特色文化项目。发展地域性的传统历史文化，一方面可以加深人们对不同地域优势的了解，另一方面还能够使人们的心灵感受得到寄托。真诚的传统文化更加能够贴合人们的心灵需求，能在绚烂的文化长河中保持长盛不衰。创新是历史永恒不变的主题，历史传统文化需要在发展的进程中跟上时代的步伐，新时代的发展也需要与历史文化相统一，这样与时俱进的文化才能成为社会发展真正的中华优秀文化。对于具有独特优势的文化而言，其不是将普通的民俗文化进行复制重演，而是将历史文化与现代文化结合，从中汲取优秀的精神养分，其中蕴含着较为丰富的文化底蕴，能够在一定程度上警醒人们。创新在传统历史文化中需要满足人们的价值观和精神文明建设，也需要符合时代发展的基本要求，做到传统而不落后，新颖而不俗套，最终创造属于自身的文化新风尚。

（二）推进传统文化日常化，激发传统文化活力

新时代，应坚定文化自信，传承弘扬中华优秀传统文化，推动社会主义精神文明建设。新形势下各级职能部门面对弘扬中华优秀传统文化的新要求，积极推动群众性

精神文明创建活动，使中华优秀传统文化能够潜移默化地融入人民群众的生活当中去。这样既能使人民群众的精神生活需求得到极大满足，又能更好地激发出人民群众的创造创新能力，从而使中华优秀传统文化充满新的生机与活力。

开展群众性精神文明创建活动，做好弘扬传统文化的基础设施建设，使传统文化融入人民群众的生活当中。比如，保护发展传统文化品牌。传统文化品牌能够存在发展到今天，与其所遵循的传统美德中的"仁义礼智信"是不可分割的，保护发展传统文化品牌可为传承中华优秀传统文化提供遵循。保护好文化遗产。文化遗产是中华民族的瑰宝，保护好文化遗产可以让人们更好地了解传统文化，打造特有的城市名片，推动传统文化旅游，使中华优秀传统文化得到更好的传承。重视中华民族的传统节日，通过以春节、中秋节等为代表的重要传统节日以及其他少数民族传统节日，举办丰富多彩的民俗活动让人民群众切身体验中华传统民俗文化活动，既能使传统节日得到更好的传承，又能使人民群众在体验中弘扬优秀传统文化。这样，坚定了人民群众的文化自信心，同时也满足了人民群众的精神文化需求，增强了人民群众的文化自觉意识，激发了人民群众的文化创新力，使人民群众更好地为继承优秀中华传统文化建言献策。将中华优秀传统文化融入人民群众的生活之中，通过举办与弘扬中华优秀传统文化相关的群众性精神文明创建活动，增强了人民群众在精神文明创建活动中的文化自觉性，在传统价值得到充分挖掘的同时，激发传统文化的活力。

（三）运用新的传播媒介，创新传播载体

对于传统的媒体传输介质而言，主要通过官方渠道将相关信息传播给广大群众，采取的方式属于广播形式，该方式在信息传输过程中渠道较为单一化。随着文化多元化、信息网络化的发展，出现了基于信息技术的互联网等新媒体，其优势在于快捷、方便、多元化、传播形式多样、传播自由度极高，而且传播影响力巨大。伴随着中国经济的加速发展，信息技术发展日新月异，一些中华优秀传统文化被忽视，甚至陷于流失境地。互联网在逐渐发展的进程中已经成为各种意识形态发展的基本形式，必须时刻把好互联网的关口。习近平总书记强调："根据形势发展需要，我看要把网上舆论工作作为宣传思想工作的重中之重来抓。"由此可见，在当前新媒体飞速发展的背景下，如何将新媒体信息技术方式与中华优秀传统文化结合在一起，值得我们花费时间和精力进行深入研究的。

在现代化社会不断发展中，新媒体技术已经进入人们日常生活。在此过程中需要从三个方面进行详细思考：一是要与时俱进地弘扬中华优秀传统文化，创造出受广大人民群众欢迎的作品。二是将中华优秀传统文化与信息技术相结合，在大数据发展的新时代下，通过网络信息技术来阅读和了解我国的传统历史优秀文化。三是媒体传播中华优秀传统文化，通过电视等媒体将中华优秀传统文化进行扩散，使人们在日常生活中时刻接触到优秀文化，潜移默化地对人们的价值观产生一定的影响力。四是可以将传统文化主题植入电子游戏中，开发具有历史意义的游戏，在游戏中真实地还原历史发生过的场景，让人们可以亲身体验。新媒体的发展，对于中华优秀传统文化的传承与弘扬具有一定的推动性作用，对于我们践行社会主义核心价值观，提升公民自身综合素质，均具有一定的推动性。

三、博采众长，提升中华优秀传统文化国际影响力

随着经济全球化和政治全球化的不断深入发展，文化全球化已经成为全球化时代的另一个显著标志。在国际发展的文化舞台上，并不是将社会主义经济发展的总量与速度视为唯一的核心竞争力，在此过程中我们需要不断地加强社会主义文明建设，展示我国优秀的历史文化传统，"要着眼于推动中华文化走向世界，形成与我国国际地位相对称的文化软实力，提高中华文化国际影响力"。推动优秀传统文化走出去，提高中华文化的国际影响力，我们要面向世界，继往开来，借鉴、吸收世界各国文化的有益成果，更好地实现中国优秀传统文化的传承与弘扬。

（一）积极吸纳其他国家优秀文明成果

无论哪一个国家想要发展就需要学会"取长补短"，应该善于从世界其他国家的文明成果中汲取能够滋养本国发展的养分。在全球化的背景下，文化变得更加具有开放性，在发展的长河中既需要有海纳百川的博大胸怀，也需要有批判反思、创新发展的科学态度。目前，我国人民在文化发展的大环境中需要以积极的心态来面对文化的变革，将一切有利于我国发展的外来文化吸收，在中华民族伟大复兴的道路上实现中华文化的繁荣强盛。

社会现代化的变革是一个整体性质的运动，其变革的原因主要在于国家是动态发展，其在发展的进程中不断地吸收外来的文化，是一个创造性的过程。当两种文化相

互碰撞时，需要用科学理性的态度积极面对，对于人类文明一切有价值的成果，我们都要学习借鉴、继承和吸收。对于其他外来的文化，无论是全盘接受还是否定，都是错误的做法。因此，对于外来文化的审视需要采取客观的心态、理性的头脑来判断其是否具有发展性价值。因此，在全球化发展的环境中，我们既要做到继承本民族优秀传统文化，又要吸收外来的文化，将两者在一定的约束条件下相融合。兼收并蓄，博采众长，积极吸纳其他国家的文化精华，"我们应该在继续吸收外来优秀文化的同时，也要在文化的传统土壤中汲取精华，辅之以西方文化的优质资源"，使文化的"引进来"和"走出去"紧密结合起来，通过不断地吸收外来文化的优点，为新时代环境下的弘扬中华优秀传统文化注入新鲜血液。

在世界全球化的发展进程中，整体的外在环境正在逐渐发生变化，我们的日常生活模式也在悄然地发生转变，它主要体现了整个人类社会文明的共同追求。从某种价值理念上来说，外来文化与我国内在的文化可以相互借鉴和发展。中华优秀传统文化以其自身固有的博大胸怀，在吸收外来文化的同时完成自身文化的创新和发展。西方文化的不断渗透使社会在发展的过程中逐渐走向信息模式，这对于中华优秀传统文化的创新具有至关重要的价值性。中华优秀传统文化的发展将会有助于向世界展示我国优秀文化的影响力，对历史文明的发展具有一定的推动性。

随着中西方文化沟通和交流的频繁，对于中华优秀传统文化而言既是机遇，也存在一定的挑战。不同文化理念间的交流和融合，一方面有助于我们能够了解多种文化的内涵，推动中国传统文化走向世界舞台，增强传统文化的核心创造力及竞争力。面对全球化的社会发展，现代化的基础建设如何才能顺应社会的潮流为外来文化提供更好的适应环境，是需要思考的问题。另一方面因为全球化快速发展，中国同其他国家的交流联系进一步加强，文化的国际竞争力显著增强，与此同时，西方文化的一些不良文化也在文化的交流过程中不可避免地渗入我国文化中，这对于我国文化的主流价值观的发展产生巨大影响力，使我国传统文化的发展面临更多的挑战。在今后与其他国家进行文化交流的过程中，我们需要不断地强化自身的文化素质，以积极的心态面对不同文化的冲击，做到"古为今用，洋为中用"，把现代化建设推进到一个更具发展性的新阶段。

（二）拓宽对外传播渠道，推动传统文化产品出口

新时代，将中华优秀传统文化与世界优秀文化对接，可以依托于"一带一路"和"人类命运共同体"，推动传统文化产品出口。积极培育优秀的对外品牌文化，充分运用它们在传统历史文化中的媒介作用。鼓励对外文化企业参与到国际市场化竞争的体系中，建立属于我国独特优势的文化产品，增强人民群众的社会责任感，提高企业在国际市场的竞争力，能够在一定程度上更好地推动传统文化产品的出口。

改革开放以来，国内文化产业的不断发展，国际文化市场需求的不断扩大，促使我们不再是单纯地对外宣传优秀传统文化。我国的传统文化产品在以前几乎没有走出过国门，相反国外的文化产品却在我国市场上占据着很高的份额，因此，很难形成自己文化的国际竞争力。随着对弘扬传统文化的不断深入进行，我们开始重视打开国际文化产品市场。近年来，随着我国国际地位的提升，全世界范围内形成了一股"中国文化热"的潮流，但是目前我国的传统文化产品缺乏核心竞争力，创新性依然是制约传统文化产品出口的限制性因素。对外出口的传统文化产品缺乏新意，依然处于手工制造的层面，缺乏具有"中国特色"的创新性产品。我们鼓励创新，激发传统文化的创造活力，创造更多具有"中国特色"的高质量的传统文化产品，真正树立起民族文化的品牌意识。在树立民族文化品牌时，我们应该重视中华优秀传统文化中所特有的优势，比如，中华民族勤劳勇敢的优良传统，将勤劳勇敢作为主题打造出我们自己的品牌意识，使国际社会增强对中华文化的认同感；中华民族的天人合一思想，主张与自然和谐相处不仅有助于美丽中国的建设，而且对于全球范围内的生态文明建设都具有十分重要的意义。

为了让传统文化产品更好地"走出去"，在国际文化市场上形成独具中国特色竞争优势，要"充分发挥社会主义市场经济体制的优势，创作和生产贴近实际、贴近生活、贴近群众和面向现代化、面向世界、面向未来的文化产品"。在新的时代背景下，根据社会发展的新需要和新内容，需要在一定程度上加强社会主义文明建设，使得我国传统文化能够走出国门，形成真正的竞争优势力量。在此过程中不仅单纯地依赖于相关机构政府部门的资金支撑，还需要加强社会市场经济的推动力。在社会市场经济的发展作用下，以市场为导向，促进企业在传统优秀文化中不断地进行自我创新和改造，使其真正在世界舞台上占有一席之地。"一带一路"倡议为我国优秀传统文化提供了重要的条件，是优秀传统文化走出国门的有利时机。我们应该充分利用好中华优

秀传统文化发展的机遇期，让优秀传统文化走出国门，提升自身的文化竞争力，增强文化软实力。

（三）讲好中国故事，扩大优秀传统文化传播范围和影响力

古代中国的发展曾经遥遥领先于世界各国，并且保持了长期的辉煌灿烂。一些西方学者和思想家对于曾领先于世界文化几千年的中华文化表现出了高度认同。中华民族故事，扩大优秀传统文化传播范围和影响力，为国际社会提供一个全面而崭新的认识中国的视角。

党的十八届三中全会明确指出，应当"扩大对外文化交流，加强国际传播能力和对外话语体系建设"。在科学技术不断发展的新阶段，优秀传统文化的传播模式和介质也在逐渐发生着改变。因此，我们在发展的过程中改变优秀传统文化的传播方式，增加传播载体的多样性，扩大传统文化的传播范围。中华优秀传统文化在这样的发展理念下，才能将其蕴含的深刻内涵传播至世界的各个国家，让世界其他国家的人民更好地了解中国，更好地认识中国的优秀传统文化。无论是多么优秀的传统文化，想要得到更好的弘扬和传承，必须具有一定的媒体传播力度。因此，想要讲好中国故事，想要得到更多国家对于传统文化的认可，必须提高传统文化的国际影响力。首先，要推进国际话语权的建设。要在解决国际事务时坚定地维护本国的合法权益，必须掌握国家话语权。只有不断地提高文化软实力，促进中华优秀传统文化在顾及社会的多元化、全方位推广，才能更好地掌握国际话语权。其次，要创新文化传播模式。运用现代化的传播方式向其他国家传播中华优秀传统文化，使中华优秀传统文化可以通过现代化的手段与其他国家的文化进行交流。另外，要扩大对外传播主体，注重发挥民间社会组织的作用。社会各个组织团体之间的沟通和交流相比于政治领域的官方谈论，更加容易使优秀传统文化被世界各国的人们所接受和喜爱，从而需要鼓励他们走出国门，更好地在国际舞台上传播中华优秀传统文化。为了更好地交流，需要培养优秀文化的传播者。促进优秀传统文化的发展必须以"人才"为基石，因此，我们在文化传播的过程中需要积极地向其他国家进行学习和借鉴，打造和培养一支高水平高素质，业务能力突出的对外文化交流的人才队伍。

文化是历史的产物，更是时代的产物。每个时代，都有其特有的文化。新时代弘扬中华优秀传统文化不能固步自封，我们要用世界的眼光、长远的眼光理解、弘扬与

发展本民族文化，实现其创造性转化创新性发展，从而凝聚成实现中华民族伟大复兴的深厚精神资源与动力。文化软实力是当代国际竞争中的一个重要组成部分。因此，我们要积极提升中华文化在世界上的引导力与话语权，培养大量学贯中西、文通古今的人才，讲好中国故事，提出中国方案，发挥中华文化的引领作用，为实现中华民族伟大复兴，构建人类命运共同体做出积极贡献。

参考文献

[1] 张丽君，黄靖.习近平关于中华优秀传统文化新论述的意义 [J].学校党建与思想教育，2022(22):54-56.

[2] 吕英飒.中华优秀传统文化的创造性转化与创新性发展 [J].长春师范大学学报，2022，41(11):183-186.

[3] 许元政.传承中华优秀传统文化讲好中国故事 [J].长春师范大学学报，2022，41(11):187-191.

[4] 赵秀红.探索工匠精神与中华优秀传统文化的传承创新 [J].大众文艺，2022(21):220-222.

[5] 董学文.马克思主义基本原理同中华优秀传统文化相结合的重大意义 [J].中国高校社会科学，2022(06):13-25+154.

[6] 王一博，李广艳.马克思主义基本原理与中华优秀传统文化相结合的路径探索 [J].佳木斯职业学院学报，2022，38(11):13-15.

[7] 朱家镠.新时代中华优秀传统文化的传承与发展研究 [J].汉字文化，2022(20):170-172.

[8] 鲍硕来.新时代中华优秀传统文化创造性转化的思考 [J].安庆师范大学学报(社会科学版)，2022，41(05):102-106.

[9] 刘亚宁.习近平中华优秀传统文化观四维探析 [J].中学政治教学参考，2022(39):94-96.

[10] 余嘉敏.传承中华优秀传统文化离不开创新 [N].南方日报，2022-10-19(A10).

[11] 刘声扬.中华优秀传统文化传承与高职院校思政教学的创新研究 [J].现代职业教育，2022(37):132-135.

[12] 周建新.中华优秀传统文化数字化：逻辑进路与实践创新 [J].理论月刊，2022(10):82-88.

[13] 高欣，龙翔云.新时代弘扬中华优秀传统文化的价值研究 [J].文化创新比较研究，2022，6(28):189-193.

[14] 王彬华.中华优秀传统文化进校园的传承创新模式探究 [J].才智，2022(30):73-76.

[15] 高闰青.中华优秀传统文化在家庭教育中的传承 [J].当代教育与文化，2022，14(05):90-94.

[16] 苗润笛.自媒体时代下中华优秀传统文化的发展与传播路径研究 [J].时代报告（奔流），2022(09):74-76.

[17] 杨九龙，贺秉花，尹莉.中华优秀传统文化传承发展：渭南鼎礼文化的弘扬创新 [J].图书馆论坛，2022，42(09):9-14.

[18] 袁安妮.中华优秀传统文化融入高校德育研究 [D].西安理工大学，2019.

[19] 宋雨江.当代青年中华优秀传统文化认同研究 [D].山西师范大学，2019.

[20] 马恬.中华优秀传统文化在培育时代新人中的作用研究 [D].山西师范大学，2019.